浙江省社科规划课题成果（11JCWH27YB）

WOGUO JUMIN TIYU XIUXIAN CUJIN SHENGHUO ZHILIANG DE
LILUN YU SHIZHENG YANJIU

我国居民体育休闲促进生活质量的
理论与实证研究

◎ 高红艳 著

ZHEJIANG UNIVERSITY PRESS
浙江大学出版社

图书在版编目（CIP）数据

我国居民体育休闲促进生活质量的理论与实证研究 / 高红艳著. —杭州：浙江大学出版社，2015.11
ISBN 978-7-308-15186-3

Ⅰ.①我… Ⅱ.①高… Ⅲ.①文娱性体育活动－影响－居民生活－生活质量－研究－中国 Ⅳ.①D669.3 ②G89

中国版本图书馆 CIP 数据核字（2015）第 232469 号

我国居民体育休闲促进生活质量的理论与实证研究

高红艳　著

责任编辑	樊晓燕
责任校对	杨利军　於国娟
封面设计	刘依群
出版发行	浙江大学出版社
	（杭州市天目山路 148 号　邮政编码 310007）
	（网址：http://www.zjupress.com）
排　　版	杭州中大图文设计有限公司
印　　刷	杭州杭新印务有限公司
开　　本	710mm×1000mm　1/16
印　　张	15.5
字　　数	254 千
版 印 次	2015 年 11 月第 1 版　2015 年 11 月第 1 次印刷
书　　号	ISBN 978-7-308-15186-3
定　　价	48.00 元

序

随着经济发展和社会的进步,休闲已成为我们这个时代的重要社会特征之一。休闲的发展意味着居民生活质量的改善已不再是朝向客观取向,而是将注意力转向主观的精神消费方面。就休闲行为而言,其发生的终极目标是以心理愉悦作为内在动力,因而最适合从心理的视角去解读它的机制。众所周知,休闲行为关系到生活质量的提高,对于人类有着十分重要的意义。在社会心理学领域中,研究人员历来比较重视对生活质量问题的研究。对于休闲行为与生活质量的内在影响关系、休闲行为是如何促进人民生活质量提高的问题等,就我所知,国内休闲理论构建在这方面的探索,仍处在起步阶段,目前还没有专著出版。即使从国内研究文献来看,对于休闲行为的主观特性研究的文章也十分有限,缺乏对休闲行为的社会心理现象的系统了解,致使对于休闲文化的建设和价值导向等理论问题的研究长期得不到很好的发展。因此,对于休闲行为的研究,从不同的视角去探索它的理论框架,构建休闲理论的知识体系,解释自由时间内最大限度地满足个体心理的需求,将具有重要的实践意义。在这本书中,高红艳和她的研究团队不仅展示了其对休闲行为与生活质量关系的深入理解,同时也反映了他们的研究潜力。

在《我国居民体育休闲促进生活质量的理论与实证研究》一书中,作者高红艳和她的研究团队以现有的相关休闲研究为基础,深入地探讨了体育休闲行为与生活质量之间关系的理论问题,并运用一系列的实证研究方法验证其观点的正确性。在专著的第一部分,作者分析了目前休闲及体育休闲行为与生活质量关系的相关研究现状,着重阐述了作者对此问题的不同角度的理解。在专著的第二部分,作者对不同群体的居民进行了实地调查研究,进一步证明了体育休闲与生活质量关系理论的解释机制。这些实证研究充分展示了在体育休闲文化氛围下,体育休闲行为与生活质量关系之

间存在的主观特性,同时也证明了两者之间存在着客观的特征。当然,基于
社会心理学的视角,对于体育休闲如何促进生活质量的理论与实践问题研
究,只是一个初步尝试,本专著的成果为该领域的进一步探索提供了非常有
价值的启示,是一本不可多得的专业读本。

　　所以,对于广大休闲行为研究的爱好者来说,这是一本具有较高学术参
考价值的书。读者可以从书中领悟到许多休闲行为研究的新观点和方法。
对于普通读者而言,书中的研究结论不仅能让你更好地了解如何通过体育
休闲行为来提升自己的生活质量,还能从中学习一些社会心理学的理论观
点。当然,要获得这些体验,读者还需要走进这本书的具体章节。相信这本
书会给你展示新的视角,深入了解体育休闲行为的魅力所在。

　　　　　　　　　　　　王进　教授　博士生导师
　　　　　　　　　　　　浙江大学教育学院
　　　　　　　　　　　　2015 年 9 月 16 日于杭州

前　言

　　休闲作为现代社会的重要特征,表现出了它的多维自然属性。这促使了研究者从哲学、社会学、经济学等不同的角度来探讨休闲生活方式是怎样推进社会进步的。然而,无论从哪个视角来探讨休闲的自然属性,学者们都承认休闲的最终目的是为了获得身心愉悦,且与生活质量有着密切的联系。从这个角度讲,休闲的心理学探索应成为我们有必要涉及的研究领域。但是,从目前的国内研究文献看,大多数研究是基于休闲的客观指标来考察休闲与人民生活的关系,而休闲的主观特性研究却不多见,基于社会心理学的休闲理论研究更是寥寥无几。同时,实证量化研究的匮乏也制约了理论研究的发展。笔者认为,对于休闲的研究,应从不同的视角去探索它的理论框架。发展休闲心理学领域理论的研究,旨在从社会心理学的角度探索休闲对生活质量的影响。在对休闲影响生活质量机制分析的基础上,运用实证研究来验证理论构建的科学性,可以更好地发挥休闲促进生活质量的效能。

　　体育是社会文明进步的标志,是增进国民生活幸福、促进社会和谐、增强国家软实力的重要途径。体育休闲是人们休闲生活的重要组成部分,表现为人们参与体育活动是以休闲为目的,强调一种心理愉悦的体验。多年来,课题组对体育休闲与生活质量的关系进行了理论和实证的探索。本书共分为两个部分:首先,在已有研究的基础上,梳理休闲、体育休闲与生活质量相关的概念、理论和研究现状,并提出本研究得出的休闲与生活质量关系的社会心理学理论模式。然后,基于休闲与生活质量关系的社会心理学理论模式,以体育休闲为例,对体育休闲促进生活质量的社会心理学理论进行阐述。在实证部分,依据相关理论和开放性调查信息进行问卷编制,在调查问卷的基础上,运用数据描述、方差分析、相关回归分析等数理统计方法,进一步论证所构建的理论框架,验证休闲与生活质量关系的社会心理学理论模式的假设合理性,并分析体育休闲促进生活质量的心理学机制。

本书第一部分共由六章组成。第一章是绪论,介绍本书的研究背景、研究目的和意义。第二章是体育休闲理论的研究概述,主要为读者提供本研究所涉及的休闲、体育休闲的定义与解释,以及对体育休闲功能价值、体育休闲价值观和体育休闲发展趋势等研究现状进行了文献综述。第三章是关于生活质量的研究概述,主要介绍了生活质量的内涵、与生活满意感相关的研究理论,包括社会比较理论、期望理论、目标理论、自我决定理论、调节—缓和模型等,以及这些理论在生活满意感研究领域的应用。本章还对生活质量影响因素、生活质量测量与评估、生活质量现状调查等研究进行了文献综述。第四章是有关体育休闲与生活质量关系的研究概述,主要对休闲与生活质量关系、休闲与生活质量关系指标、体育休闲与生活质量关系等研究文献资料进行梳理,为本研究的问题提出提供理论铺垫。第五章在已有研究的基础上,提出并构建休闲与生活质量关系的社会心理学概念模式,从主观性和客观性两方面阐述休闲与生活质量之间的关系。第六章依据休闲与生活质量关系的社会心理学概念模式,对体育休闲促进生活质量的机制从社会心理学的角度进行理论分析,为进一步的实证研究提供理论支持和研究框架。主要从理论的角度阐释了休闲与社会互动的关系、社会互动与体育休闲价值观双向关系、媒体传播对体育休闲价值观的影响、体育休闲借助媒体发展的特征、体育休闲机会认知的中介作用以及体育休闲价值观对生活满意度的影响作用。

本书的第二部分共由九章组成,为一系列实证研究。其中第七章介绍了本研究所涉及的研究问卷的编制过程、研究方法的运用及研究过程的操作。第八章是城镇居民体育休闲价值观现状特征的实证调查与分析,在问卷调查的基础上,运用数据描述、单因素方差分析的数理统计方法,对城镇居民体育休闲价值观现状特征进行了调查与分析。进一步,本章还对城镇居民体育休闲价值观变量以及分变量体育休闲的价值认同程度、体育休闲的喜爱程度和体育休闲的参与程度的性别、年龄、婚姻、文化程度等人口学变量进行了差异分析。第九章进一步运用实证着重考察城镇居民体育休闲价值观人口学的特征。依据理论框架,在问卷调查的基础上,运用数据描述、双因素方差分析的数理统计方法,论证城镇居民体育休闲价值观存在着人口学的特征差异。第十章运用实证考察体育休闲文化氛围下城镇居民社会互动的人口学特征。同样在问卷调查的基础上,运用数据描述、双因素方差分析的数理统计方法,论证城镇居民体育休闲氛围下的社会互动存在着人口学的特征差异。第十一章运用实证考察城镇居民体育休闲机会认知的人口学特征。通过问卷对居民进行调查,实证证明城镇居民体育休闲机会认知也存在着人口学的特征差异。第十二章进一步对不同地域城镇居民体育休闲认知进行了调查与分析。研究通过对不同地域城镇居民的问卷调查,验证不同地域城镇居民体育休闲价值观、社会互动和体育休闲机会认知均存在地域特征上的差异。第十三章考察媒体传播对城市居民休闲体育价值观的影响。依据理论框架,在问卷调查的基础上,运用数据描述、方差分析、相关分析和回归分析的数理统计方法,实证验证媒体传播与城市居民休闲体育价值观存在着相关关系。不同的媒体传播的体育信息,对城市居民休闲体育价值观产生不同程度上的影响,其中互联网影响最大。第十四章进一步依据理论框架运用实证考察社会互动与居民体育休闲价值观之间的关系。结果显示,社会互动(人际互动、媒体互动)与城市居民休闲体育价值观存在着互为影响的关系。不同的互动方式对城市居民休闲体育价值观产生不同程度上的影响,人际互动大于媒体互动。同时,居民的体育休闲价值观的提高会进一步增加体育氛围下的社会互动。两者存在相互促进的关系。第十五章对城镇居民体育休闲与生活满意感的关系进行了实证考察。实证验证城镇居民体育休闲与生活满意感之间的关系机制。研究结果说明体育休闲价值观和社会互动之间相互作用,增加城镇居民体育休闲机会的认知度,进而提高生活满意感的自我评估。同时,体育休闲价值观对生活满意感具有直接预测作用。

在书稿完成之时,要特别感谢王进教授在本课题研究过程中的关心与指导,同时也要感谢课题组成员黄裕桂、赵臣、徐真英、姜小平等老师为本研究成果所付出的辛勤劳动。

高红艳

2014 年 11 月于浙江师范大学

目 录

第一部分 体育休闲与生活质量关系的理论探索

第一部分

体育休闲与生活质量
关系的理论探索

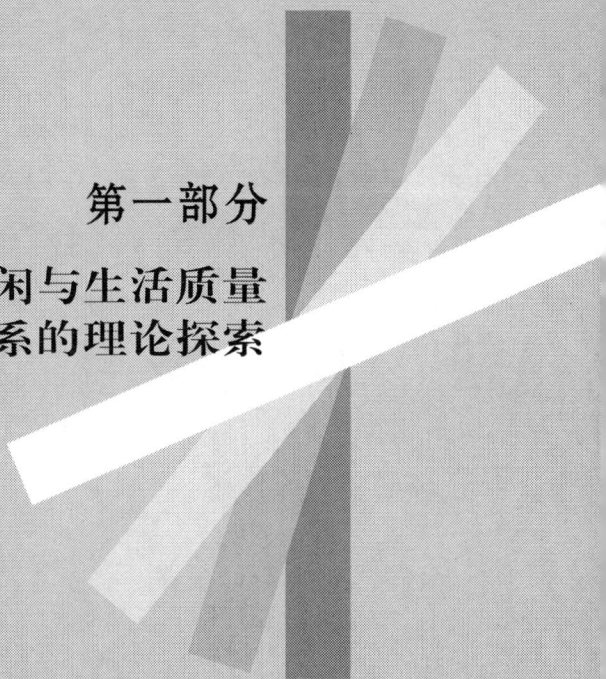

第一章 绪 论

第一节 研究背景

21世纪的信息革命使科学技术在人们生产生活中的地位越来越重要，同时，信息时代的来临和日益激烈的竞争环境，使得人们的价值观与生活方式均发生了很大的变化。但快节奏、高效率的现代生活工作方式，也导致了城市人的健康状况日益受到严重威胁，科学技术的快速发展使现代劳动者减少了体力劳动，增加了其承受的精神压力。现代人的精神总是处于紧张状态，因此，人们更加渴望自由与闲适的生活状态。在这样的背景下，休闲理念和休闲精神便渐渐融进了现代工业文明与商业文明的演进过程中，不断渗透并悄然改变了近代社会以获取高额利润为目的、以经济增长为核心、忽视人类自我完善的社会发展模式，从而促使人们在休闲时间主动地寻找能调节身心压力的休闲生活方式。随着社会的不断发展，人们的生活水平与质量正得到逐步改善和提高。科学技术的迅速发展和生产力水平的迅猛提高，使人们的物质生活变得更加丰富多彩，同时，伴随着生产效率的提高，人们也拥有了更多的休闲时间。休闲作为社会发展的产物，已经成为衡量一个国家生产力发展水平和社会文明程度的重要标志，也成为人类进步的标志。首先，我国城市化进程、每周5天工作制和多个节假日的实施，为人们从事休闲创造了必要的前提，同时也标志着我国正步向"休闲时代"。其次，休闲也是人类自身发展的必然需求。根据马斯洛需要层次理论和奥德费ERG理论（即把人的需求分为存在需求、关系需求和成长需求三类），人的需要表现为一个从低层次到高层次的渐进过程。当人们的基本需要得到满足后，必然会追求休闲、娱乐等高层次的精神享受，休闲已成为现代人生活结构中的重要部分。

在人类文化史和生存史上,体育始终扮演着极为重要的角色,发挥着多种现实功能,成为人们生活中不可缺少的维度。知识经济和信息革命彻底改变了体力在劳动中的地位,也将人类的体力劳动降低至最低强度和范围,体育的社会功能就从物质生产需要强身健体转化为人们对健康生活的追求,体育的概念也被赋予了新的内容,体现了新的文化价值,即人们在通过体育来强身健体、不断向自身极限挑战的同时,更在追求体育的休闲、娱乐功能,以满足身体和精神上的高品质生活需求。在这样的背景下,体育作为一种社会文化现象,其放松身心、调节精神的功能和作用正在以更加生活化的方式为人们所认识和利用,于是体育休闲便应运而生,并逐渐发展成一门学科。随着体育休闲活动在世界各国的兴起,它逐渐发展成不同于学校体育、竞技体育和职业体育的社会活动领域及其专门学科。在各类休闲活动中,体育就以其无可比拟的价值成为人们休闲的重要内容,如体育的生理学价值、心理学价值、娱乐价值、社会学价值、美学价值等。具体地说可以表现在以下四个方面:一是高技术时代的高物质享受,使人们在追求生活质量的时候,既要满足物质需要,又要满足物质文化需求。而体育休闲作为一种独特的文化形态,它以渗透、融合、感染、凝聚等多种形式影响和促进人们的物质文化的调整与升华。二是现代人的生活水平快速提高,在物质消费已经基本满足或饱和的状态下,人们希望进一步追求的是精神文化享受。由于高效率、快节奏、强竞争,导致人们心理负荷过大,造成心理紧张感和压抑感。而体育休闲能够起到宣泄、疏导、消除压抑的紧张情绪的作用,使人感到舒畅和快乐,排除抑郁、焦虑等不良情绪。三是生活环境的变化,引起诸多社会及个人健康问题。而体育休闲能够引导人们建立全民健身的观念,培养人们勇敢乐观的积极心态,预防或消除许多影响人们身心健康的隐患。四是以竞争为发展的社会秩序,以个人主义为中心、以物质满足为主要社会价值取向的社会价值观引发了人类文明的精神危机。体育休闲倡导平等公平的休闲理念,充分关注弱势群体,充分重视各种人群的体育休闲需求,与构建和谐社会相呼应,能够很好地促进人与人、人与社会的和谐发展,弥补由社会经济快速发展引发的人类文明精神危机,缩小物质文明与精神文明之间的差距。

可以说,体育休闲活动与“传统意义上的体育运动”或者竞技体育是有区别的,表现为体育休闲活动是人们自愿选择并主观上可以从中获得期望的快乐的活动体验。同时,活动的方式和规则可以完全由活动者自行制定,相互认可,活动内容丰富多彩。所以,人们乐于实施的、面向大众的体育休闲活动,自20世纪中叶开始,首先在发达国家,继而在全球范围内发展起来,成为人们休闲活动的主流方式。随着人们生活水平的提高、余暇时间的增多与生活观念的转变,体育休闲已成为城市居民日常生活不可缺少的一部分,体育休闲给予人们良好的身心体验,有力地促进了人与人以及人与自然社会的和谐发展。现代社会的电视、报纸、杂志、广播、网络、广告牌等传播媒介在我们的生活中扮演着越来越重要的角色,它不但可以使人们借以反馈和表达休闲体育消费的欲望,还会以其强大的势力左右人们的体育休闲价值观,改变着人们的休闲参与行为。

　　体育休闲已经成为人们健康生活方式的重要内容,如人们通过参与体育或观看体育赛事来享受体育带来的益处。随着社会的进步与发展以及全面建设小康社会的不断深入,我国即将进入休闲时代。然而,面对越来越丰富的休闲社会实践,休闲理论研究却严重滞后,尤其是针对体育休闲与生活质量关系的理论研究更是缺乏。据笔者的文献检索和阅读分析,目前国内的研究一般局限于休闲和生活方式本身,主要以经验研究为主,缺乏将休闲放在更广阔的学术背景或理论框架下的探讨,也没有形成系统的理论。对于休闲和体育休闲的研究,欧美等发达国家积累了较丰富的理论与实践经验。近年来,我国学者也陆续将国外休闲研究书籍介绍到中国,并已开展这方面的研究。在国内体育学术界,"体育休闲"、"休闲体育"已不再是陌生的词汇,也将不再被看作贵族体育,而是能使全体大众都受益的体育活动。体育休闲作为专门研究领域的价值和必要性正逐渐被人们所认识。"群众体育"、"社会体育"、"大众体育"等字眼将会被"休闲体育"所代替。因此,体育休闲的研究内容将更加广泛、深入、系统、细致、实用。随着体育休闲研究的不断深入,体育休闲对于社会和个人发展的价值也会逐步被大众所认识。人们将从更高的层面上来认识体育休闲,将它看成是人们生活质量、生活态度、文明程度、人格魅力以及社会进步等多方面的综合体现。这对于提高国人的健康意识、休闲意识,改变我国的经济繁荣与人们健康退化如影相随的局面,起着重要的作用。与此同时,体育休闲实践的兴起与体育休闲理论研究的不足形成了鲜明的对比,这种状况不但不利于体育休闲的可持续发展和其功能的发挥,也不利于社会和人的全面发展。人们不断追求提高体育休闲质量与目前我国体育休闲的体制、机制和科学引导不足之间的矛盾也日益显现。因此,对我国居民体育休闲理论的研究与剖析显得尤为重要。体育休闲的研究也正成为国内外学术界关注的重大理论性与实践性课题。

　　休闲作为现代社会的重要特征,表现出了它的多维自然属性。这促使了研究者从哲学、社会学、经济学等不同的角度来探讨休闲生活方式是怎样推进社会进步的。如哲学家认为休闲是一种文化创造、文化欣赏和文化建构的生命状态和行为方式,它的价值不在于实用,而在于文化。所以,作为生命状态的形式,休闲强调了一种生活方式,旨在消除疲劳,获得精神享受。社会学者把休闲看成一种个体与社会沟通的生活方式,反映在对生活的态度上,是发展个性的社会途径。从经济学的观点,休闲被作为一种精神产品,正在凸显出它的经济地位,通过产业开发和市场拓展来推进社会的进步。然而,无论从哪个视角来探讨休闲的自然属性,学者们都承认休闲的最终目的是为了获得身心愉悦。从这个角度讲,休闲的心理学探索则成为我们必须考虑的休闲研究领域。但是,从目前的国内研究文献看,大多数研究是基于休闲的客观指标来考察休闲与人民生活的关系,而休闲的主观特性研究也不多见。已有的研究较多地从哲学、社会学、经济学角度进行探讨,而基于社会心理学的角度对休闲与人们生活质量关系进行系统的研究,在我国还处于萌芽期。近年来,在中国出现了大量的有关休闲与生活质量研究报告的同时,也有一些国外休闲的理论被介绍到中国。但是,即使是在国外,基于社会心理学分析的休闲与生活质量的理论研究却是寥寥无几。而对体育休闲的研究大多停留在简单地罗列、描述和统计分析阶段。笔者认为,对于体育休闲的研究,同样应从不同的视野去探索它的理论框架。同时,实证量化研究的匮乏也制约了理论研究的发展。所以,本研究希望从社会心理学的角度,对体育休闲理论和实证做较为深入的剖析,为体育休闲理论的发展发挥微薄之力。

第二节　研究目的和意义

　　提高居民的生活质量直接关切国民的生活状况,是政府长久以来关注的重大社会议题。休闲生活方式成为反映生活质量的一个重要方面,而体育休闲作为一种积极的闲暇生活方式是反映生活质量的一个重要方面并日渐成为城镇居民休闲娱乐的主要活动之一,体育休闲已成为人们休闲生活重要的组成部分,并与每个人的生活质量息息相关。也就是说,体育休闲活动以其特有的强身健体、愉悦心情、舒缓压力、促进交往和情感交流作用,被现代人看作是改善生活方式、提高生活质量的重要手段。中国的休闲研究相对滞后,虽然也有从经济学、社会学等不同角度对休闲进行的研究,但还缺乏对社会休闲心理现象的系统了解,致使一些休闲人文文化的建设和价值导向等理论问题的研究长期得不到发展。例如,作为决策者,如何把握社会休闲的心理关联趋向? 现有的休闲文化建设及其健康、科学、文明的价值导向是否真正有助于提高居民生活的质量? 这些问题与居民休闲的社会行为心理有关。胡小明教授曾指出,运动休闲是提高人类生活质量的最有效方式,体育与休闲、娱乐、游戏文化是紧密联系的,但是其长期被我国体育界忽略,缺乏理论研究,以至长期无法指导实践。近些年来,国内外有关体育休闲、居民生活质量的研究层出不穷,体育休闲研究主要集中于体育休闲内涵和外延的界定、体育休闲的功能和价值、体育休闲的开展状况等。生活质量研究主要体现在生活质量概念的解读、生活质量的测量和评估、不同背景特征人群的生活质量状况调查,两者基本在各自的研究领域内或论域范围中展开,鲜见两者的结合研究,因此,将体育休闲作为研究变量探讨其对生活质量的影响能有机地交叉运用两个领域知识,分析两者的交互影响作用,一方面以一个新视角来探讨如何提升生活质量的问题,另一方面能进一步发掘体育休闲的功能价值。

因此,探索这些问题,有待于从社会心理的角度,构建体育休闲理论的知识体系,解释自由时间内最大限度地满足个体心理的需求。由于国内休闲理论构建研究仍处在起步阶段,本书主要以现有的相关休闲研究为基础,从社会心理学观点的角度,采用文献分析综述和理论推理的方法,对休闲与生活质量的社会心理现象进行阐述。主要目的在于构建一个休闲与生活质量关系的理论概念模式,以拓展休闲理论研究的新视野。基于此模式,将体育休闲作为研究变量,探讨其对生活质量的影响,不仅可以丰富两个领域的学术理论,还有助于政府部门提高对体育休闲作用于生活质量的相关认识,相互协调积极调整和制定民生政策,在体育休闲进程中,多措施应对不同时代特征、不同背景特征人群的生活质量的各种影响因素,从而最大化地发挥体育休闲的功能价值,切实提升居民生活质量水平,实现民生发展目标,并且为居民生活质量的提高提供参考。因此,本研究试图从社会心理学的角度,运用理论和实证研究,全面系统地讨论体育休闲促进生活质量的心理机制,旨在进一步促进体育休闲的理论与实践的发展。

第三节　研究方法

本研究主要从理论与实证两方面对体育休闲对居民生活质量影响机制进行探索,采用的主要研究方法有:

一、文献资料研究法

阅读有关休闲、体育休闲研究和生活质量理论的文献,以及有关的心理学、体育学、社会学、经济学和哲学等书籍,获取相关的文献资料,并运用归纳推理的方法得出相应的理论构建框架,且在此基础上提出本研究的研究问题。

二、问卷调查法

根据休闲与生活质量理论模式设计本研究的开放性问卷,并随机抽取浙江省杭州、金华、湖州、台州、舟山等地区居民被试进行问卷调查,为验证体育休闲与生活质量的关系理论提供第一手资料,主要用于实证研究部分。

三、数理统计法

对问卷调查的数据进行描述性统计、方差分析、相关回归分析,得出各变量之间的关系,验证休闲与生活质量关系的社会心理学概念模式,主要应用于实证研究部分。

第二章 体育休闲理论的研究概述

第一节 休闲概念内涵的解析

从词源学上说，休闲的英文单词"leisure"来源于古法语"leisir"，意指人们摆脱生产劳动后的自由时间和自由活动，而该法语又源自拉丁文的"licere"，意指"被允许"或"自由"的意思，这与古希腊哲学家亚里士多德把休闲视为一种"存在状态"或"自由状态"的休闲观十分贴近。另一种说法是源于古希腊文"Scole"和"Skole"，意指一种解放、自由、自在或是免于被占有的心态与情境，也就是一种精神上毫无束缚、自由解放的情景；同时，它也是英文中"学校（school）"和"学者（scholar）"的词源，象征着一种自我教化，这种自我教化也正是人文教育的基本宗旨。对古希腊文化而言，学习和学术上的探讨研究本身就是休闲，因此，我们不难理解英文中的"休闲（leisure）"、"学者（scholar）"与"学校（school）"均从同一个词源发展而来，休闲和教育有着密不可分的关系。古希腊哲学家如柏拉图、亚里士多德等对休闲的话题都非常关注，他们把休闲视为哲学思考的重要内涵之一。尤其是亚里士多德对休闲的观点更是被视为西方休闲理论的重要起源。他认为心灵和身体是统一的，要做一个健全的公民就必须同时是战士、运动员、艺术家、政治家和哲学家。因此，当时古希腊的运动竞技场便成为休闲学教育的中心，运动已经成为每个个体的休闲表现和表演形式，并把游戏和运动融入生活和休闲中。柏拉图大力提倡要让三到六岁的小孩在大自然的情景下游戏，等他们长大后，音乐、舞蹈和体育就成为主要活动项目，人们必须亲身参与，才能维持身心健康和心灵愉悦。

在我国的一些诗词辞书中，也有许多关于"休闲"的释义。如《说文解字》中分析道，"休"是"人倚木而休"，"闲"同"娴"，意为"女在家里为娴"。在

《诗·商颂·长发》中解释"休"为吉庆、美善、福禄。而《康熙字典》中"休"被解释为"吉庆、欢乐"的意思,这一含义至今还在使用,如"休戚相关"。当然,随着汉语言的发展,"休"的字意也有所扩展。在《汉语大辞典》中解释"休",一是指休息,二是指休假,三是指停止。"闲"字最早指的是道德和法度,其次,还有限制、约束的意思。另外还有止和息的意思。逐渐地,"闲"开始向现代人们常用的意义靠近,指娴静、思想的纯洁和安宁、闲暇、悠闲等,或是指没事做的状态。如欧阳修的"无穷兴味闲中得"表达的就是这个意思。在我国,"休闲"最早作为一个词语出现的时候,指的是农田在一年或一季里不事耕作以恢复地力的措施,耕作者在农闲所构成的闲暇时空基础上衍生和创造一系列节庆、集会活动。在古代社会,无论是东方还是西方,休闲都是有一定阶级地位的、少数人才拥有的社会特权,是社会身份的象征。随着工业革命、社会的演进和人们生活观念的更新,休闲已经朝大众化、多元化方向发展。但在现代社会里,把休闲作为目的还是手段的问题在理解上存在一定的差异。在西方文化中,工作的目的是为了休闲,一旦没有休闲就没有了文化的产生;而在中国传统文化的影响下,休闲一直被认为是工作的附属品,"业精于勤,荒于嬉"的观念一直扎根于人们的思想中,休闲是为了更好地学习和工作常是长辈对晚辈的教导。由于各自社会文化的差异性,东西方休闲有不同的社会价值取向,但是对休闲的本质的认识是相同的,即使人的精神更加充实,使人的生活质量得以提高。

一、休闲的定义

马克思在建设科学社会主义学说时就预见了休闲在未来社会发展中的重要性。他在 1862 年完成的《剩余价值论》中指出:"可以自由支配的时间就是财富,这种时间不被直接生产劳动所吸收,而是用于娱乐和休息,从而为自由活动和发展开辟了广阔天地。"同时,恩格斯也曾指出,人生有三个根本的需要:一是生存的需要;二是享受的需要;三是发展和表现自己的需要。马克思主义在科学的理论中已经精辟地论述了休闲的本质和重要性,这是休闲研究的重要理论基础。但关于休闲的概念界定一直是国内外学者争论较多的一个难题,不同的研究视角对休闲的定义侧重点也不同,根据定义的侧重点可大致归纳为以下几类:

1. 从时间角度

从时间的角度,中外学者对休闲的定义较多。休闲研究的鼻祖凡勃伦把休闲定义为"非生产性的时间消费"。他强调休闲的动机不同于工作,休闲是发生于工作时间之外的。美国著名休闲研究学者布赖特比尔也认为:"休闲是去掉生理必需时间(existence time)和维持生计所必需的时间之后,自己可以判断和选择的自由支配时间。"Russell(1996)提出:"休闲被普遍认为是没有责任、义务的时间,一切由自己自行安排。"而根据《社会学词典》的解释:"休闲是参与必要的生活实践后的空闲时间,是人们高兴时参与活动的时间的休闲总体观念。"金光得(1995)认为:"休闲一般是从一天 24 小时的绝对限制中扣除生活必需时间和工作时间后所剩余的自由时间。"马惠娣(2003)认为:"休闲是指已完成社会必要劳动之外的时间,它以缩短劳动工时为前提,劳动工时的缩短会使劳动时间更紧凑,劳动条件更好,休闲活动更丰富,对劳动产生更有益的影响。因此,休闲是一个国家生产力水平高低的标志,是衡量社会文明的尺度。"从时间的角度来看,休闲是扣除人类为维持生命现象、履行责任义务或为依照自己的意志,做自己想要做的事情。以剩余时间和自由时间来定义休闲,最明显的好处是简单、直观,由于时间可以进行量化,所以便于统计和比较。但是也有学者不支持这种观点。凯普兰(Kaplan,1960)认为,如果把休闲定义为"自由时间",我们的社会中就存在四种不同形态的自由时间:富有者持久而自愿的闲暇;失业者临时而无奈的空闲;雇员们定期而自愿的休假和伤残者长期的休养;以及老年人自愿的退休。失业者和残疾人的自由时间又完全是另外一种样子,假日与退休之间也存在着本质的差别。从上述定义可以看出,这些各不相同的"自由时间",对于它们的拥有者来说意义是完全不同的。因此仅就时间因素来判断休闲是不全面的,因为它忽视了休闲活动的内容和个人的主观感受。

2. 从活动角度

从活动的角度,中外学者对休闲也有多种不同的定义。如古德曼认为休闲"不是在不得不做的压力下从事的严肃活动"。此说法并没有明显地将休闲与工作之间加以区分。法国学者杜马兹迪埃(J. Dumazedier,1967)则认为,所谓休闲就是个人从工作岗位、家庭、社会义务中解脱出来,为了休息、为了消遣或者为了培养与谋生无关的智能,以及为了自发地参加社会活动和自由发挥创造力,而随心所欲的总称。他指出休闲应该包括三个部分:一是放松(recreation);二是娱乐(entertainment);三是个人发展(personal development)。他强调人们需要放松来消除疲劳,需要娱乐来转移关注的事物,而且需要个人发展使休闲变得更加持久,而休闲也能拓宽个人的知识视野和增强个人的生命价值。在这类定义中,学者们更关注休闲的娱乐方面功能。如皮尔斯(R. Pierce,1980)认为休闲是自愿性而非强迫性的活动,休闲的目的并不在于维持生计,而在于获得真正的娱乐。美国马里兰州大学的教授 S. E. Iso-Ahola 认为,具有高度的自由选择和很强的内在动机的活动才是休闲活动。国际休闲研究小组和社会科学对休闲的界定是,休闲由许多业余活动组成,在这里,每个人都可以尽情于自己自由的意愿——既可以休息,也可以自我娱乐、增加知识和提高个人技能,在放开职业、家庭和社会责任后,增加在社会生活中的自由参与。Dumazedoer 认为休闲是从工作、家庭、社会的职责中分离出来的活动——人们以自己的愿望参与休闲,既可以是为了放松、消遣,也可以是为了知识的丰富、自发的社会参与、自由地实现自己的创造力。我国学者也有许多从活动的角度对休闲进行定义,如喻学才(1998)指出,休闲是个人在尽完家庭与社会为谋生而不得不尽的工作义务之后,利用闲暇时间根据自己的意愿,所选择的有助于提高生活质量和品质的活动,包括放松身心压力、提高工作效率、激发创造力、开阔生活视野。休闲具有非功利性和消费性。张广瑞、宋瑞(2003)研究认为,休闲是人们在自由支配时间里,可以自由选择从事某些个人偏好性活动,并从这些活动中享受惯常生活事务不能享受到的身心愉悦、精神满足和自我实现与发展等等。纵观上述活动角度的休闲定义,我们发现学者们主要强调休闲是个人自由主观的选择,而非工作性的。也就是说,把休闲和工作截然划分开来了。但是,同时我们也不难发现,只是从活动的角度定义休闲,忽视了休闲主体心理感受的重要性,因为从这些活动中获得的意义和愉悦是存在个体差异的。而且众多的概念都理想地把休闲界定为一种积极的、有意义的活动,然而现实生活中许多人的休闲活动是消极的、消磨时间式的。

3.从存在状态角度

著名休闲学者约翰·凯利认为,休闲是一种普遍的自由状态,是一种为了生存必须从事的活动所需时间后所剩余的时间。而在这段剩余的时间里,我们在可以摆脱义务责任的同时对具有自身意义和目的的活动进行选择。他强调,休闲最好被理解为一种"成为状态"(state of be-coming),也就是说,休闲并不仅是当前的显示,而是动态的,它包含许多面向未来的因素,而不仅仅是现状的形式、情境和意义。因此,应该通过行为取向而不应以时空、形式或结果来对休闲加以界定。皮普尔在他的《休闲:文化的基础》一书中阐明了休闲的三个特征:第一,休闲是一种理智的态度,是灵魂的一种状态;休闲意味着一种静观的、内在平静的、安宁的状态,意指从容不迫地允许事情的发生。第二,休闲是一种敏锐的沉思状态,是为了使自己沉浸在"整个创造过程"中的机会和能力。这是"一种沉思式的庆典状态",是人们肯定上帝的劳动和自己的劳动的需要。第三,既然休闲是一种庆典,那么它就与"努力"直接相反,与作为社会职责的劳动的独特观念相对立。Sebastuan de Grazia 认为休闲是一种虽然短暂但却现实的个人存在状态。Neulinger 也有类似的观点,认为参与休闲意味着以休闲自身的理由参加一种活动,去做能给人带来快乐和满足的事情,这事能达到个人存在的最核心部分。这是一种整体观的观点,这一观点认为休闲无处不在,甚至工作也可以成为休闲。此观点得到一些学者的支持,如音乐家 M. Kaplan 曾说:"自愿性与愉悦就是休闲的要求。"持这种观点的学者把休闲定义为一种存在状态(state of existence),就如亚里士多德所说的,是一种"不需要考虑生存问题的心无羁绊"(absence of the necessity of being occupied)的状态(G. S. De,1961)。这种状态也被认为是"冥想的状态"(amoodofcontemplation)。所以休闲也常被用作形容词,表达人们从容、宁静、悠然、忘却时光流逝的状态。持这种观点的学者甚至认为,休闲无时不在,甚至随着工作的人性化改良,工作也能成为休闲。这是一种浪漫主义的思想,至少在现在不可能成为现实。把休闲与工作分开,既符合现实,也符合人们的愿望。由于存在状态是比较主观的,这种方法界定的休闲往往显得比较模糊,难以量化。"存在状态"可以看作是休闲的一个主观特征。

4.从心理体验角度

法国学者葛拉齐亚认为不存在"客观的"休闲。他指出休闲应是指一种感觉的品质,休闲的获得与否是由个人感知和认定的,不管人们从事什么事情都可能是休闲,包括工作、学习等。瑞典哲学家皮普尔(P. Josef,1963)认为休闲是人的一种思想和精神的态度,它既不是外部因素作用的结果,也不是空闲时间的必然,更不是游手好闲的产物,而是人们的一种精神的态度,即人们保持的平和宁静的态度,也是人为了使自己沉浸在平和心态中感受生命的快乐和幸福。这是从个人感受角度界定休闲的典型代表,他的观点受到一些心理学研究者的支持。西方心理学者纽林格认为,休闲一词有两种不同的含义,其中一种含义是指一种心智状态、个人体验,是主观的。他强调休闲的认知体验,不是单单以时间和活动为衡量的依据。在休闲分类模式中,他认为察觉的自由和内在动机是休闲体验中很重要的两个因素,并可以以其区分休闲和非休闲的状态。也就是说,参与休闲者所做的事是经过自己选择,而不是强迫的,选择参与的原因是为了享受活动本身的乐趣,而不是为了达到某种其他的目的(如回避惩罚或获得报酬)。这种观点强调,休闲的本身就是目的,能让自己愉快和享受就是休闲所要达到的结果。它注重个体对休闲的主观性认定,包括心理状态、态度和个人倾向等。对于从心理体验方面进行休闲的定义,国内的一些学者也提出了类似的观点。如于光远(2005)认为,是否属于休闲,是由活动是否使人愉快的性质所决定的。我国著名休闲研究专家马惠娣(1998)对休闲的理解是,休闲是人生命的一种形式,一般意义上是指两个方面:一是消除体力上的疲劳,二是获得精神上的慰藉。在相关文章中,马惠娣(2004)以"欣然之态做心爱之事"来概括她对休闲的理解。自古以来,休闲在东西方文化中受到相当的重视,只是由于在我国某些特定的时期,把休闲看成资产阶级的产物,但是随着时代的不断发展,休闲已被众多人所接纳,并认为是一个人追求卓越,超越自我,迈向生命高品质的境界。

5. 从其他角度定义休闲

马惠娣(2005)从社会学的视角对休闲进行了解释,认为休闲首先是一种新的社会现象,生产力的发展使得全社会的大多数成员能够拥有休闲;其次,休闲也是一种新的社会建制,人们获得了一种前所未有的人权和平权制度;最后,休闲还是一种新的社会资源,成为发展生产力的一种高级形式与途径。总之,社会学视角的"休闲"观主张人与人平等相处,共同发展。从经济学的视角,马惠娣(2005)对休闲的解释为,休闲是一种全新的经济形态,这种经济形态与传统的经济形态相比更加强调以无形资源取代有形资源;同时,传统经济关注 GDP(国内生产总值)的增长,而休闲经济更加关注GNH(Gross National Happiness,国民幸福总值),具体而言,是指休闲经济的产业形态如创造经济、娱乐经济、健康经济、体验经济等。休闲经济是在人类意识到生活的最终目标是"幸福"而不是"金钱"以后的觉醒，回归到人文关怀是休闲经济的真谛。也有学者从生态学的视角来解释休闲的概念，俞来雷（2005）认为，休闲首先是一种人类对待自然态度的转变，从向自然索取转变为与自然和谐相处。其次，休闲也是消费观的转变，传统的经济学为无止境的消费观推波助澜，而休闲则更提倡有节制的消费观。最后，"休闲"还是一种强有力的环境责任感，面对全球环境的恶化，人类有责任也必须改变自己的行为方式，面对中国 13 亿人口，我们没有理由不提倡节制的生活方式。可以看出，从不同的视角看待休闲有着不同的观点解释，但从中我们能感悟到，休闲应是人类进步的标志。

6.综合定义

从上述定义可见，学者们分别是从时间、活动、存在方式或心态等不同方面来阐释休闲的定义。也就是说，休闲实际上包括了三种功能意义：其一是"闲暇时间"，即人们脱离工作约束、家庭社会义务，睡眠和其他基本需要得到基本满足时个人可以自由利用的时间；其二是"休闲活动"，即人们在常规从事事务以外的时段所从事的个人偏好性活动；其三是"一种生存状态或心态"。在这种语境下，休闲是一种心智的、精神的、灵魂的要件。美国宾夕法尼亚州立大学杰弗瑞·戈比（Geoffrey Godbey，1999）教授在对西方学者休闲定义总结的基础之上，给出了自己对休闲的定义：休闲是从文化环境和物质环境的外在压力中解脱出来的一种相对自由的生活，它使个体能够以自己所喜爱的、本能地感到有价值的方式，在内心之爱的驱动下行动，并为信仰提供一个基础。

本研究综合以上观点，把休闲界定为，在一定的闲暇时间内，具有某种内在动机，并追求一种心理体验的活动。在此概念中，一定的闲暇时间是指相对工作时间和生理必需时间以外的空闲时间，一定活动是指符合社会规范的活动，而且建立在一定的内在动机和心灵体验上。

第二节 体育休闲概念内涵的研究

一、体育的概念内涵

在对体育休闲的概念界定之前,我们有必要先了解一下"体育"这一概念的内涵。关于体育概念的内涵的研究,目前通常存在三种不同的观点:第一种观点认为,体育是一种"教育过程"。《新华词典》中指出,体育是"增强体质,促进身心健康的教育,以各项运动为基本手段,是社会文化教育的重要组成部分"。第二种观点认为,体育是"文化的组成部分"。曹湘君在《体育概论》中定义道:体育(广义的)是指以身体练习为基本手段,以增强人的体质、促进人的全面发展、丰富社会文化生活和促进精神文明为目的的一种有意识的社会活动,它是社会总文化的一部分,其发展受一定社会的政治和经济的制约,也为一定社会的政治和经济服务。第三种观点认为,体育是"人的发展与社会发展的高度统一"。如《体育概论》中对体育的定义为,体育是以身体活动为媒介,以谋求个体身心健康、全面发展为直接目的,并以培养完善的社会公民为终极目标的一种社会文化现象或教育过程。

综合以上观点,本研究认为体育的本质属性应当是一种身体活动。因此,体育应是人们为增强体质、增进健康,或丰富社会生活,或提高运动成绩水平而进行的一种身体活动。

二、体育休闲的概念内涵

根据上述的休闲和体育的定义,体育休闲概念的内涵也就比较清楚了。由于休闲与体育休闲之间存有"属种关系",即休闲是体育休闲的"属概念",而体育休闲是休闲的"种概念",那么,只要明确了体育休闲的"种差",体育休闲的概念就可以成立。休闲概念的外延很广,看书可以成为休闲,购物可以成为休闲,散步可以成为休闲,看电视可以成为休闲,旅游也可以成为休闲,等等。与其他休闲活动不同,体育休闲的"种差"只能是"体育活动",这是体育休闲区别于其他休闲的本质特征,失去了这个特征,也就失去了体育休闲存在的必要。因此,周爱光教授将体育休闲定义为,体育休闲是以体育活动为手段所进行的休闲。

三、休闲体育的概念内涵

在我国体育休闲研究领域,多年来较多地沿用"休闲体育"这一名称。我国的休闲体育概念很大程度上受日本的影响,而日本的休闲体育产生于20世纪60年代的两个大背景。一个是社会经济发展的大背景。20世纪60年代日本经济步入高速发展期,1968年日本经济总量已超过联邦德国仅次于美国,位居世界第二。然而,日本经济大国的地位与当时国民的休闲状态极不相称。经济的快速发展,并没有减轻国民的工作压力,从而给国民带来幸福感,反而由于劳动强度大,出现了"过劳死"现象。20世纪70年代初期,日本国内开始关注劳动者的状况,学者们纷纷批判日本社会的"劳动异化"现象,提倡国民的余暇生活。日本政府为了促进日本社会的发展,扩大内需,满足国民的余暇需求,制定了从"以企业为中心"向"福祉国家"转变的政策,休闲和体育被列入日本国家发展战略的重要内容。另一个是日本体育发展的大背景。1964年日本成功举办了东京奥运会,激发了国民参与体育活动的热情,加剧了竞技体育与大众体育在体育资源使用上的矛盾。以"円谷事件"为导火索,20世纪70年代中期,日本体育理论界开始反思东京奥运会,成功抵制了申办名古屋奥运会,展开了对现代竞技体育中的异化现象的批判等,从而使日本体育实现了从"以国家为中心"向"以国民为中心";从"以竞技体育为重点"向"以大众体育为重点"的两个重大战略转变。从上述休闲体育的概念来看,"体育"是休闲体育的属概念,而"达到休闲的目的"是其种差。从逻辑学的角度来看,"体育"反映休闲体育概念的本质,"达到休闲的目的"反映其本质属性。因此,我们可以把休闲体育定义为,休闲体育是以达到休闲为目的的体育活动。

四、关于休闲体育概念的研究

从文献检索中发现,我国在此领域的众多研究中,对于"体育休闲"和"休闲体育"的概念内涵的区别模糊不清,在较长的时间中,各研究领域多用"休闲体育"一词作为研究概念。对于"休闲体育"概念的研究,早期只是用时间和活动范畴来规定的一种体育活动。如刘一民曾把"leisure sport"翻译为余暇体育。他指出,所谓余暇体育,并非一种新的体育形式,它是从参与体育活动主体的活动时间上进行界定的,是指人们利用余暇时间,为了达到健身、娱乐、消遣、刺激、宣泄等多种目的所进行的各种身体活动方式。余暇体育的最大特点是活动主体的自由选择性、活动内容和形式的多样性以及活动效用的综合性。他同时还把余暇体育与娱乐体育做了区别,指出余暇体育并不等于娱乐体育。有学者把休闲体育归纳为:"休闲体育就是在余暇时间里用各种方法、各种手段,开展多种形式、多种内容的身体娱乐,并把它作为一种现代文明社会的交往方式和交际手段。"林志超强调,余暇体育有着诸多的功能价值,认为余暇体育是指在工作、学习之余开展的群众性体育活动,它作为余暇生活的重要组成部分,可以不拘形式地通过参加各种身体活动,在充满欢悦和谐的气氛中,达到增强体质、促进健康、恢复体力、调节心理、陶冶情操、激发生活热情、培养高尚品格、满足精神追求及享受人生乐趣等目的。周莹也认为:"闲暇体育是在一种体育思想的指导下,在闲暇时间内,为达到健身、消遣、宣泄等目的的一种体育活动,它具有自由性、个人性、情感性和群众性的特点。"李晓东、彭刚则认为:"休闲体育是人们以积极的生活态度在闲暇时间内所进行的体育活动,以此来丰富文娱生活,发展人的志趣、才能和个性。"

近年来对休闲体育概念看上去众说纷纭,但实际上从于涛、于可红、胡春兰、席玉宝、王丽岩、曹继红等人的研究观点来看,休闲体育的概念都是围绕着以下三个方面的内容进行定义的:一是余暇时间;二是身体活动;三是愉悦身心。如于可红、梁若雯在《从休闲的界定论休闲体育》一文中,比较和总结了有关学者的观点,对休闲体育的概念提出了一个较客观、全面、明确的定义。她们认为:"休闲体育是在空闲时间里进行的,以一定的身体活动形式为手段而产生最佳心理体验的一种有意义的现代生活方式,人们不受限于活动的严格规定,积极追求内在的体验,使个人在精神和身体上都得到休息、放松和享受。"王丽岩在《休闲体育:人性的回归》一文中,从人性本质的回归诠释了休闲体育的概念。他认为,休闲体育指的是活动方式在一定的时间内,以一定的体育活动为背景的能够促进身心调节,达到自我愉悦的积极精神体验。曹继红提出休闲体育是指人们把体育运动作为一种有意义的活动形式来消遣,度过自己的闲暇时间,使个人在身体和精神方面得到休息、放松和享受,达到自我发展之目的的社会文化现象。也有将休闲体育归入群众体育(大众体育)。如周兵等人对休闲体育广义理解为用于娱乐、休闲的各种体育活动。而大众体育是以健身、娱乐和社会交往为特征的群众性体育活动。从此意义上说,休闲体育与大众体育有相似之处,可以把休闲体育看成是其中的一部分。然而,他们又认为,休闲体育作为一个相对独立的领域，与其他体育活动有着不同之处，但对于此点，他们并没有给出具体的阐释。张明英等人认为："休闲体育主要是以娱乐、健身为主的体育活动，其主要特点是愉悦、宽松。休闲体育活动没有竞技体育那样专业，运动时间和强度都由自己控制，轻松、随意。这样的体育活动，可以缓解紧张工作带来的压力，既能体味休闲体育无穷的乐趣，又能锻炼身体，也不受年龄、性别的限制。"胡春兰阐述了休闲与休闲时间的概念、休闲时间的测量指标及休闲体育的概念和功能。本书作者认为，无论如何定义休闲体育，都不应忽略它是在一种理念支配下的体育活动，是在休闲时间进行的一种有益于身心健康的体育活动，兼有娱乐、健康、交友的功能。

从上述对休闲体育的概念陈述可以发现，各位学者在对休闲体育概念的描述中都特别强调和突出了"心理体验"、"身心和谐"、"内在愉悦"等词语，这说明我国学者都认识到了休闲体育对人们身心的影响。孔祥华、王俊奇还对休闲体育提出了新的观点，他们认为休闲体育除了休闲的特性之外，必须是以体育的形式来表现，应达到健身的目的。从文化角度来看，休闲体育的文化性则与思想、观念、行为、教育等各方面有关，几乎无孔不入，是当今社会文明、文化建设的重要内容，再从休闲角度考察，休闲体育又是一种消遣、消费文化，更具有平民性、大众化的特点。

五、休闲体育与体育休闲的联系与区别

研究者认为，"休闲体育"与"体育休闲"是既有联系又有区别的两个概念。

1. 两者的联系

虽然"休闲体育"与"体育休闲"是两个不同的概念，但是两者之间并不是相互对立，毫无关系的，而是既相互矛盾，又相互关联的两个概念。两者的联系主要表现在目的和手段上。周爱光教授（2009）的研究解释，首先，从目的上来看，无论是"休闲体育"还是"体育休闲"，其目的都是使参与者得到休闲，缓解压力、消除疲劳、愉悦身心；其次，从手段上来看，两者都是通过体育活动而不是其他活动使参与者得到休闲。

2. 两者的区别

周爱光教授（2009）的研究认为，两者的区别主要表现在三个方面：首

先,两个概念的外延不同。体育休闲的属概念是"休闲",体育休闲只是诸多休闲中的一种,或者说是构成休闲总体的一部分。因此,凡是具有体育性质的休闲活动都可以作为体育休闲的外延对象。休闲体育的属概念是"体育",同样,休闲体育是构成体育总体的一部分。因此凡是具有休闲性质的体育都可以作为休闲体育的外延对象。很明显,两个概念的外延不同,一个是超出了体育范畴进入休闲范畴的体育休闲,一个是限于体育范畴内的休闲体育。其次,两个概念强调的重心不同。虽然两个概念的目的都定位在休闲,但是从构成两个概念语词的逻辑关系上来看,体育休闲的重点在基底词"休闲",更强调休闲活动中人的内心体验。休闲体育的重点在基底词"体育",更强调外部的体育活动或运动项目。因此,致使不少学者着眼于运动项目的分类或运动项目的性质等的研究。最后,构成两个研究领域的母学科不同。体育休闲的母学科应该是"休闲学",而休闲体育的母学科应该是"体育学"。由于构成两个研究领域的母学科不同,就必然会造成两个研究领域的研究对象和知识体系的不同。在体育领域中不乏其例,例如,"艺术体操"与"体操艺术"、"竞技体育"与"体育竞技"、"体育社会学"与"社会体育学",等等,虽然概念近似,但含义不同,因此研究对象和知识体系也不相同。

综合以上研究观点,本研究认为体育休闲是人们休闲生活的重要组成部分,表现为人们参与体育活动是以休闲为目的,强调一种心理愉悦的体验。理论上讲,它与"休闲体育"是有区别的。"休闲体育"侧重活动的形式,指具有休闲功能的体育活动,其概念多用于休闲开发领域的研究,如休闲发展有关的社会学、经济学研究。而"体育休闲"则强调体育活动的心理体验,尤指人们参与体育活动的行为是以休闲为目的,所以此概念多用于心理学研究中。所以本研究趋向于运用"体育休闲"这一关键词作为研究概念,以突出体育休闲本身的含义。

第三节　体育休闲功能价值的研究

20世纪60年代,国际休闲活动协会对体育休闲(健康、幸福、生活能力、大众化及和平)的意义给予了认可,认为体育休闲具有积极的社会意义。而对于体育休闲的价值的研究,很多学者从社会意义、经济意义和个人意义等方面进行阐述。对于体育休闲功能价值的看法,研究者往往依据研究的领域侧重点不同,从不同角度对此进行分析,表现出体育休闲多方面的功能价值。

万文君和郝选明（2004）从生理和心理角度对体育休闲的功能进行分析，认为从生理上体育休闲可以改善人的心血管系统、呼吸系统、运动系统、免疫系统的功能；另从心理上体育休闲可以缓解心理压力，促进个性发展。

王进（2005）在《论休闲经济时代中休闲体育的价值》中以休闲经济时代为背景，采用文献资料法、逻辑分析法着重探讨了体育休闲活动在休闲内容体系中的地位、作用及效益，从而揭示出休闲经济时代体育休闲不仅具有无穷的乐趣，能够促进身心健康，促进和谐社会发展，而且还贯穿大众体育、学校体育和终身体育发展的主线。

卢元镇（2007）在《休闲的失落：中国传统文化的遗憾》中指出，体育休闲在改善生活质量、促进经济、减少犯罪、增进健康等方面具有很重要的作用。

张广林、王俊奇（2008）对体育休闲的现代价值进行探讨，从经济、文化、社会、休闲学各个领域揭示了体育休闲的价值，认为体育休闲能充分体现完美人生，提高生活品位和质量。另外，体育休闲在提高人们的精神境界上起到积极的指导作用，并且，对推动体育旅游、假日经济、观赏型体育、大学生休闲生活等方面均有重要价值。

卢锋（2004）从社会学的角度分析了体育休闲的社会功能，认为体育休闲具有社会化功能、个人发展促进功能、社会象征功能、社会时尚传播功能、社会人群组织功能等。

朱树豪（2004）则从体育产业的角度分析了体育休闲的功能，认为体育休闲创造了一种生活模式，一种城市发展的模式，一种经济增长的模式。

张永科、王宁和杨兰生等（2002）从多方面更为细致地分析了体育休闲的功能，他认为体育休闲可以享受与娱乐，减压与宣泄，强身健体，消除孤独与寂寞，使家庭和睦，利于导正社会风气，减少医药费开支。

于可红（2005）则从多角度广义地分析了体育休闲的多功能价值，认为体育休闲具有控制肥胖和维持心血管健康的生理价值；具有放松休息、克服孤独、减少压力、获得满足感和快乐感的心理价值；具有扩大人际交往、提高社会适应能力的社会价值；具有开发智力和促进运动技能形成的教育价值。

闻一平和王少春（2004）从研究角度的不同总结了其不同的功能，认为不同的研究视角有着不同的功能体现。如大众文化眼中的"休闲"通常被看作是从属于工作时间以外的剩余时间；哲学家往往把休闲与人的本质联系在一起；社会学家把"休闲"看成是一种社会制度以及人的生活方式和生活态度,是发展人的个性的场所;文化学家将体育休闲上升到文化的范畴,认为体育休闲是一种文化创造、文化欣赏、文化构建的生命状态和行为方式,它的价值不在于实用,而在于文化;经济学家则根据休闲时间的长短,制定新的经济政策和促进不同方面的消费,调整产业结构,开拓新的市场;心理学家强调体育休闲是一种有益于个人健康发展的内心体验,能够使人感受最佳的心理体验。

杨彬(2005)从多维的角度深入分析了体育休闲对人的全面发展价值、经济价值、社会价值、教育价值以及人文价值。

陈新蕊(2013)基于和谐社会建设的视角论述了体育休闲在和谐社会建设中的重要功能,认为其功能主要表现在三个方面:一是体育休闲能促进人与人之间的和谐;二是促进人与自然的和谐;三是促进人与社会的和谐。

刘娜(2009)在《多维度视角下的高校休闲体育价值审视》一文中,从社会、教育、心理、生理等视角入手,对高校休闲体育进行了多维度剖析,进一步揭示了其内在价值。休闲体育不仅能促进个体社会化、推动终身体育发展、引导校园文化风气,而且还能够使学生在行为控制、组织宣传、社交活动等能力上得到不同程度的提高。

综上所述,体育休闲的价值主要体现在促进人的身心健康、促进人的社会化、改善人们的生活环境、调节人们的生活情趣、促进经济增长等方面。体育休闲包含了体育与休闲两者的众多价值,如生理学价值、心理学价值、社会学价值、经济学价值、教育学价值等,无论从什么角度看待体育休闲的价值,都认为休闲有益于人们的身心健康与社会交往,从而能提高人们的生活质量。但遗憾的是,我们发现已有的研究多从理论上进行分析与阐释,缺乏研究的理论依据与机制解释,以及体育休闲如何影响人们的心理健康、社会交往和生活质量缺乏有说服力的实证研究。

第四节　体育休闲价值观的研究

价值观一直都是哲学和伦理学的研究范畴。在心理学领域,价值观是人们以自身的需要为尺度对事物重要性的认识的观念系统。它对人们的行为具有一定的导向或调节作用,使之指向一定的目标或带有一定的倾向性,并被认为是个性心理结构的核心部分。对于价值观的定义,目前尚无定论,但国内外许多学者都给价值观下了自己的定义。Kluckhohu(1951)把价值观理解为"态度、动机、目的、可测的量、行为的本质方面、流行的习惯和传统"。Rokeach(1968)认为价值观是一种持久性的信念,一旦价值观有意识地和无意识地被内化,它就成为指引行为、对客观和情境所抱态度、对自己和他人的行为和态度进行判断、对自己与他人以及比较自己与他人进行道德判断的标准和尺度,进而,他还指出价值观是一个人想要达到的目标,此目标或者是一种心理状态,或者是一种相互联系,或者是一种物质条件。Schwartz(1992)认为价值观是令人向往的某种状态(如愉悦)、对象、目标或行为,而它们又是超越具体情景(不依赖具体情景而存在)的,并且可以作为在一系列行为方式中进行判断和选择的标准。国内的黄希庭教授(1994)认为,价值观是人区分好坏、美丑、损益、正确与错误、符合或违背自己意愿等的观念系统,它通常是充满感情的,并为人的正当行为提供充分理由。

从以上定义可以看出,虽然研究者从不同角度对价值观进行定义,但多数定义都提及价值观与目标(目的)有关。因此,"目标(目的)"是学者们公认的价值观的内涵。因此,本研究认为,价值观是人们想要达到的某种目的,此目标或者是一种心理状态,或者是一种相互联系,或者是一种物质条件,它为人的正当行为提供了判断选择的标准,是属于个性倾向性的范畴。

对于体育价值观,应是个体对体育重要性的看法或认识的心理倾向性。从形式上看,体育价值观是由人们对体育行为的看法、意愿、需求、态度、信念、信仰、理想所构成,它们是体育价值观的不同表现形式;从内容上看,体育价值观反映了个体对体育行为各要素的根本观念;从功能上看,体育价值观起着评价标准的作用,是人们心目中用于衡量体育行为轻重、权衡得失的内在尺度。体育价值观是决定体育参与动机行为的心理基础。在体育价值观的研究中,主要涉及不同群体之间、不同地域之间、不同经济条件之间体育价值观的差异比较,较少有体育价值观形成机制等方面的研究,尤其是实证的研究更是缺乏。如彭说龙、黄炜皓(1995)对普通高校大学生与高校运动员的体育价值观进行了分析比较。通过比较得出,普通大学生对体育的认识普遍高于高校运动员,高校男女大学生对体育的认识基本相同,而高校运动员间则有明显差异,高校运动员对体育价值的认识最低。倪欣(2003)研究发现,各年龄阶段的学生在对体育认识上存在着一定差异,其中一、二年级大学生呈现出明显的功利主义价值倾向;三、四年级大学生则表现出对体育游戏娱乐的高度认同;所有大学生对体育的健身价值持较高认同态度。80后大学生对体育运动持有的专一性倾向,是基于他们对运动背后的文化性背景、竞争性生活的浓厚的感情基础和价值认同；部分 80 后大学生在体育意识上对体育作用于健康的认识存有盲点；80 后大学生对体育课的满意度，恰恰是建立在重传统、轻创造的学习意识中，习惯于重管理、轻教育的教学组织形式中，这在一定程度上制约了他们的创造能力及其潜质的发展。

不同地域的文化差异也会影响体育价值观的形成。彭说龙(1997)通过对广州、东京两地大学生体育价值观的调查研究，了解到广州地区大学生重视体育的竞技性，而东京地区大学生重视体育的健身娱乐性。吴宝升、沈建华(2001)的研究表明，香港与大连两地中学生体育价值观所具有的特征是，健身价值成为体育价值观体系中的核心，体育价值观的倾向性因地区而各异并有反向价值观的存在。杨继林(2002)对德州市、港澳台地区中学生体育价值观的比较研究，通过对德州市和港澳台地区中学生体育价值观的多维结构特征分析比较，结果表明，体育价值观中的健身价值观成为德州市和港澳台地区中学生体育价值观体系中的核心；体育的健康投资价值、塑造健美体形价值呈现一定的滞后性及反向价值观；体育价值观的倾向性，因经济、教育、体育制度的不同而各异。

有研究发现，不同经济地区的居民的体育价值观存在着显著的差异。人均可支配收入高的地区的居民的认知程度明显高于人均可支配收入低的地区的居民。而就业结构、生活方式、消费观念、传统文化是影响体育休闲活动参与者的体育休闲文化价值取向的社会因素。

价值观在体育休闲上的体现就是体育休闲价值观。本研究根据价值观的定义，结合体育休闲的特征，对体育休闲价值观给出操作性的定义，认为体育休闲价值观就是人们以自身和社会的需要为根据，对体育休闲的意义和重要性进行评价和选择的原则、信念和标准。它是以人们对体育休闲客观价值的认识为基础，并融合了人们的需要、愿望、理想、情感等心理因素的理性观念。在体育休闲价值方面，周蓉晖(2007)通过对体育休闲对不同年龄段人的健康塑造、体育休闲对亚健康的改善、体育休闲对疾病预防等方面的分析，揭示了体育休闲的生物学价值。而赖勇泉(2007)在社会转型的大背景下，以文化进化为基本视角，以人与人的生命活动的基本价值指向为主线，在本体论的意义上对体育休闲在现代社会的兴起作了多层面的分析，确立了体育休闲的文化价值，为认识体育休闲提供了哲学基础。体育休闲的心理健康价值正逐渐被人们所认识和推崇，成为调节精神生活、陶冶性情、改善心态的有效手段，同时也是拓宽生活时空、扩大信息来源与人际交往的重要渠道。体育休闲还具有双重象征意义。作为自由象征的体育休闲表现的是惬意的、自由的、多元的存在方式,是人的感性生命需要,是人自愿、自觉的活动;作为符号消费象征的体育休闲则往往使体育休闲的价值受到歪曲和异化,成为单纯的时尚、时髦、先锋的符号象征,成为高人一等的炫耀性符号象征,成为资本掌控的一种体育符号象征。

查阅文献发现,虽然目前有一些研究涉及对体育休闲价值观的研究,但在体育休闲价值观的影响机制研究方面的文献却寥寥无几。如石晓萍(2007)曾对民俗体育文化对城镇居民体育休闲价值观念的影响进行过研究,但也只是从理论的层面进行感性论述,缺乏实证研究。

第五节　体育休闲发展趋势的研究

在我们这个休闲时代的背景下,体育休闲应扮演的角色以及它的发展趋向是目前许多体育研究者关心并讨论的问题,这也促使了研究者从不同角度对体育休闲的发展趋势进行探讨与分析。

刘华平(2000)对影响中国 21 世纪初的体育休闲发展重要因素进行了分析,指出了体育休闲未来的三个发展状况:一是体育休闲将重返教育的殿堂;二是体育休闲营利性服务组织机构大幅度增加;三是体育休闲内容多样化、自然化。在此基础上,他提出了几点发展的建议:一是积极开展体育休闲的学术研究;二是建立和逐步完善体育休闲的消费和服务体系;三是建立体育休闲的咨询机构,培养大量的社会体育指导人员,保证人们体育休闲的科学性;四是充分利用我国丰富的户外运动资源。

崔凤华(2002)从体育人口、人均体育场地、体育休闲投入等方面分析,得出我国体育休闲尚在起步阶段的结论。

黎明(2003)研究认为,体育休闲在 21 世纪初将得到大发展,各大体育院校、大专院系将开设体育休闲专业,培养研究、指导、组织和经营人才。各种营利性休闲服务组织大幅度增加,在我国目前主要包括体育旅游、体育休闲产品以及娱乐活动。

田慧和周虹(2006)在分析、诠释休闲及体育休闲的含义,追溯休闲及体育休闲的起源和发展演变过程,论述体育休闲五方面内容的基础上,提出体育休闲在中国的发展趋势:一是体育休闲将为全民健身活动提供更大的发展空间,主要表现在体育休闲的组织形式多样、体育休闲的活动内容丰富多彩、体育休闲的参与人数增多;二是体育休闲作为健康生活方式的重要内容,将从为身体健康的身体锻炼模式发展成为身心健康的体育休闲模式;三是体育休闲专业研究不断深入,其研究领域的价值和必要性将逐渐引起人们的重视;四是第29届奥运会将加速体育休闲在中国的普及与推广;五是电视、网络等大众媒体将在推动体育休闲的发展中发挥重要作用;六是体育休闲的普及将带动相关体育产业及就业市场的蓬勃发展。

王俊(2007)对休闲与体育的联姻、休闲体育可持续发展进行了阐述,认为我国休闲体育应该向着民族化、娱乐化、产业化,以及休闲体育教育普及化的方向发展,以适应新时期建设和谐社会的要求,促进休闲体育的可持续发展。

符壮(2011)从地域发展的角度对岭南地区的休闲体育发展提出了自己的见解。他提出,将发展休闲体育纳入岭南地区整体发展之中,遵循社会学规律,贯彻市场化原则,注重宣传和引导等是岭南地区持续发展休闲体育的途径。

已有的研究显示,总体上体育休闲的发展趋势有着较好的前景,对于体育休闲发展趋势的研究多从经济学、社会学以及教育学的角度进行观点的阐述。我们认为,针对体育休闲特有的功能价值,研究者应该从不同的视角去审视它,使得体育休闲的研究不断深入与发展。另一方面,研究多以观点论述的方法对体育休闲发展趋势进行预测,缺乏运用科学的理论依据进行系统的研究,暴露了已有研究存在的不足,也是值得我们进一步研究的问题所在。

第六节　小　结

本章主要为读者综述了体育休闲领域的研究概况。首先提供本研究所涉及的休闲、体育休闲的定义与解释。对于休闲的解释,一方面从词源上对休闲概念的内涵进行了解析,同时从不同的研究角度对休闲的概念进行了梳理。随着社会的不断发展,休闲已成为人们空闲生活中的重要内容,也引起了不同学科领域研究者的关注。由于研究的角度不同,休闲的研究定义也存在一定的差异。笔者主要从时间的角度、活动的角度、心理体验的角度、存在状态的角度、其他角度及综合的角度对研究概念进行归纳,从而使读者对"休闲"这一概念有更全面、更深入的了解。借此引出本研究的体育休闲概念,认为体育休闲是以体育活动为手段所进行的休闲活动,并指出目前"体育休闲"和"休闲体育"两个概念在研究运用上的混淆现象,同时对两者的联系与区别进行了阐述,认为"体育休闲"一词更适用于心理学的研究。

笔者在本章中着重阐述了体育休闲的功能价值,根据已有的研究,体育休闲包含了体育与休闲两者的众多价值,如生理学价值、心理学价值、社会学价值、经济学价值、教育学价值等。我们发现,研究者无论从什么角度看待体育休闲的价值,都认为休闲有益于人们的身心健康与社会交往等,从而能提高人们的生活质量。

本章的另一个内容是从社会心理学的角度对体育休闲价值观的概念进行了讨论。体育休闲价值观就是人们根据自身和社会的需要为根据,对体育休闲的意义和重要性进行评价和选择的原则、信念和标准。它是以人们对体育休闲客观价值认识为基础,并融合了人们的需要、愿望、理想、情感等心理因素的理性观念。并指出现有的研究缺乏对体育休闲价值观影响因素和机制的研究,这为我们的后续研究提供了思路和方向。

在本章的最后,笔者综述了体育休闲发展趋势等研究的现状,并指出该研究领域已成为许多学科研究者关注的热点。但依然存在研究理论滞后的现象,尤其是在社会心理学研究领域,研究的理论更是寥寥无几。

第三章 生活质量的研究概述

第一节 生活质量内涵的解读

1958 年,美国经济学家加尔布雷思(Galbrainth)在其著作《丰裕社会》(*The Affluent Society*)中首次提出"生活质量"(quality of life)这一概念,他是在美国物质生活极度丰富、精神生活却日渐贫乏、社会问题层出不穷的社会背景下提出该问题的。接下来,在 1971 年,美国经济学家罗斯托(W. W. Rostow)在其《政治和增长阶段》(*Polities and the Stages of Growth*)一书中深入地探索了生活质量问题,并形成了自己的一套理论。罗斯托认为世界各国的经济增长要依次经历"传统社会阶段"、"为起飞准备的前提阶段"、"起飞阶段"、"成熟阶段"和"高额群众消费阶段"。其中"高额群众消费阶段"反映的是一种数量上的消费特征。自此以后,人们可能转向对"质量的追求",这种质量即为"生活质量"。后来在 1975 年,莫里斯(Morris)指导下的海外发展委员会(ODC)在其发表的《莫里斯全球社会估价模式》中,将"生活质量"作为衡量社会经济发展的社会指数名称。至此,尽管"生活质量"这一概念不断地被引用,但国内外学者对这一概念内涵的理解不尽相同,主要表现在以下几方面内涵的理解。

一、从客观条件的角度理解

持这一观点的学者认为,生活质量指的是生活条件的综合反映,生活条件的改善就意味着生活质量的提高。如美国经济学家罗斯托(W. W. Rostow)认为,生活质量概念应包括自然和社会两方面的内容。自然方面即居民生活环境的美化和净化;社会方面是指社会教育、卫生保健、交通、生活服务、社会风尚乃至社会治安等条件的改善。在罗斯托的理论中,生活质量概念主要是与经济增长阶段相关联的,从某种意义上讲,是经济增长过程的必然产物。可以看出,这种观点一般多见于经济学领域的学者的观点,我国著名经济学家厉以宁(1986)认为,生活质量是反映人们生活和福利状况的一种标志。赵彦云和李静萍(2000)也认为个体的生活质量在很大程度上受社会环境的制约和影响,认为生活质量是一个涵盖面很广的概念,既包括个体的物质消费和精神消费,又包括个体在其中活动的社会环境和自然环境;既有强烈的个性内容,又有一般的发展规律。这个概念注重个体与社会、个体与政府在生活质量构成中的关系。北京市社科院的"首都社会发展指标及其评估方法"课题报告指出,生活质量是全面衡量生活优劣的尺度,既有物质水平的提高,又有精神道德的内容,物质条件是生活质量的基础,生活质量的提高又促进物质生产的发展。

二、从主观感受的角度理解

与上述观点不同的是,此类学者更注重从精神的层面来解释生活质量。如加尔布雷思(1958)认为生活质量指的是人们生活的舒适便利程度以及精神上所得到的享受和乐趣。Levi(1987)进一步解释,生活质量是对个人或群体所感受到的身体、心理、社会各方面良好的适应状态的一种综合测量,而测得的结果是用幸福感、满意感或满足感来表示的。社会学家坎贝尔将生活质量定义为"生活幸福的总体感觉"。他认为生活质量应反映人们的认知、情感和反馈三个层面,即包括满意度、幸福感和社会积极性三方面。另外,世界卫生组织(WHO,1993)对于生活质量的定义也较多地体现在人的主观感受方面,认为生活质量是处在一定文化和价值体系中的个体,对与他们的目标、期望、标准、所关心的事物等密切相关的生活中所处地位的感知。这是一个范围很广的概念,因而在实际操作过程中难以精确把握,它受个人的生理健康、心理状态、独立自主的程度、社会关系和对外界环境的适应状态等各方面的综合影响。在我国也有学者提出自己对生活质量内涵的见解。如我国学者林南等在1985年对天津千户问卷调查资料进行分析后,提出生活质量的定义为对生活及其各个方面的评价和总结。林南、卢汉龙(1989)在对上海市居民生活的研究中,对生活质量有了更为多维度的理解,认为生活质量是人们对生活环境的满意程度和对生活的全面评价,包括个人对精神生活的感觉、对生活的满意度、对社会的反馈行为,即情感、认识、行为三个层次。

三、从主客观结合的角度理解

随着对生活质量的进一步研究,学者们发现,无论从客观还是主观,单方面对生活质量的理论都不能较为准确地反映其实际的内涵。因此,学者们开始尝试从两者结合的角度去研究和分析生活质量的内涵。如陈义平(1999)从社会生活的供给与人们对生活的需求两方面来定义生活质量,认为生活质量是社会提供国民生活的充分程度和国民生活需求的满意程度。周长城(2003)则认为生活质量是建立在一定的物质条件基础之上,社会提供国民生活的充分程度和国民需要的满足程度,以及社会全体成员对自身及其生存环境的认同感。冯立天在《中国人口生活质量研究》中指出,生活质量是社会成员满足生存和发展需要的各方面情况特征的综合反映,是建立在一定的物质条件基础上,社会个体对自身及其社会环境的认同感。卢淑华、韦鲁英在《生活质量主客观指标作用机制》中把生活质量看作一个抽象的概念,认为将其看作生活等级的代名词似乎比较适当,指出对生活质量的两个操作性的定义即主、客观的理解。

四、从其他角度理解

有学者从多维的角度理解生活质量内涵。叶南客将生活质量视为一个多因素、多层次的动态系统,主体要素由消费水平、消费结构、生活方式和生活感受四个范畴构成。冯立天(1992)对生活质量的定义是,它是反映人类为了生存与提高生存机会所进行的一切活动的能力和活动的效率。这里的活动能力指人的生存能力和提高生存机会的潜力,主要指人在后天环境的影响下,通过学习和训练形成和发展起来的智力、体力、模仿力和创造力等。活动效率是指人的活动能力通过有条理、有系统、有效的工作转化为现实成果的效率。周丽萍(2003)的研究支持了上述观点,指出生活质量的含义应是多维的,至少包括三个基本方面的内容:一是生理上的完好,包括自我满足、无疾病症状、灵活性和功能完好;二是心理上的完好,包括情感上的满足、行为和认知状态;三是社会适应的完好,基于个人认识到自己在与别人的关系中所起的作用。研究认为,所谓生活质量就是用来反映居民生活需要满足程度的一个概念。这个概念至今已得到广泛的接受和应用,许多研究机构在衡量社会经济发展水平时,已用"生活质量"代替传统的"生活水平"一词。生活水平指的是社会提供给广大居民用于生活消费的商品数量和质量的状况,主要反映居民在物质需求方面的满足程度,主要用人均收入等指标来衡量。生活质量既反映人们的物质生活状况,又反映社会和心理特征,是一个内容广泛的概念。具体包括经济条件、物质生活、生活环境、精神生活和居民素质。其具体内容决定了其最基本特点是它具有综合性,是各个方面相互制约、共同作用的综合结果。生活水平的提高往往引起生活质量的改善,但情况并非总是如此。生活水平改变,生活质量可能不变,甚至降低。例如,以人均收入来衡量,人们的生活水平提高了,但如果环境污染加剧,作为综合反映人们生活条件变化的生活质量就有可能降低。

综上,国内学者对生活质量的研究起始于 20 世纪 70 年代后期,此后 10余年间,学者们对生活质量的研究经历了从客观指标趋向主客观指标相结合的一个定义过程。初始研究基本侧重于生活质量的研究方法和评价指标,此后在社会进步和经济发展的背景下,民生战略目标逐渐转变为国民生活质量的提高,因此,生活质量探讨重点集中于更新完善国民生活质量测量与评价和不同人群生活质量状况研究两方面。但囿于多种条件,直至目前,大部分集中于单方面居民生活质量的研究,鲜见不同生活方式对生活质量影响的研究。

第二节　生活满意感相关的研究理论

一、生活满意感概念内涵与 SWB 结构内容的解析

生活满意感作为生活质量的客观指标是一个比较复杂的概念,不同的人群对"生活"的内涵有不同的理解。生活满意感指数是指个人各方面的需求和愿望得到满足时所产生的主观合意程度。D. C. Shin 和 D. M. Johnson(1989)认为生活满意感是心理幸福感的认知成分,是一个人根据自己选择的对其生活质量所做的总体评价。其基本特点是:第一,主观性,即以评价者内定的标准而非他人标准来评估;第二,稳定性,这是一个相对稳定的长期而非短期情感反应和生活满意程度,这是一个相对稳定的值;第三,整体性,生活满意感是综合评价指标,包括对情感反应的评估和认知判断。杜守东(1997)把生活满意感分为特殊领域生活满意感和总体生活满意感。特殊领域生活满意感是对不同生活领域的具体评价,如家庭、学校、社区等;总体生活满意感指个体在特殊领域判断之上对其生活质量所做的一般评价。

Neal Kruase(1992)认为,生活满意感是人们对自身生活状态的客观反映。生活满意感与生活质量概念的侧重点不同。生活质量重在客观条件的好坏,生活满意感则是特定生活条件下的主观感受。客观生活条件相同的人对生活可能有不同的满足感,因此,生活满意感是一个更难度量的概念,它受个人经历、性格特征、期望值等因素的影响。

关于生活满意感与主观幸福感(SWB)之间的关系,学者认为,生活满意感是主观幸福感的关键指标,作为认知因素,是更有效的肯定性衡量标准。关于主观幸福感的结构,现在一般的学者都认同主观幸福感由三个不同维度组成:积极情感、消极情感和生活满意感。虽然这三个维度存在共同变化的倾向,但有时变化又可能不一致。积极情感和消极情感相对独立,其影响因素并不相同,个人在积极情感上的得分,并非必然地预示出他在消极情感上的得分,反之亦然。而生活满意感是独立于积极情感和消极情感的另一个因素(见表 3-1)。

表 3-1 主观幸福感(SWB)的结构内容

情感方面		认知方面	
积极情感	消极情感	整体生活满意感	特殊生活领域满意感
欢喜	羞愧	想要改变生活	工作
振奋	悲伤	对目前生活满意	家庭
满意	焦虑　担忧	对过去生活满意	休闲
骄傲	气愤	对未来生活满意	健康状况
爱	压力　紧张	别人对被试的生活满意度的观点	经济状况
幸福	抑郁		自我
极乐	嫉妒		所属群体

综合以上观点,认为生活满意感是与生活质量密切相关的,有认知成分和情感体验参与的个体良好的生理、心理和社会状态及主观幸福感、满足感程度。生活满意感是衡量人们心理健康状况与生活质量的重要标志之一,是多数国家在生活质量研究中广泛使用的一个社会心理指标,它受到诸多因素的影响与制约。

而关于个人生活满意度的研究,大多是在主观幸福感理论框架下进行的,因此,在对生活满意度的研究过程中,不能将其与主观幸福感研究割裂开来,这里不再仅仅关注主观幸福感中情感维度的研究理论。1967 年 Wanner Wilson 回顾了关于主观幸福感(subjective well-being)的研究。基于那时有限的资料,他在《自称幸福的相关因素》中对 SWB 做了总结。自那以来的四十多年 SWB 研究已硕果累累,学者们依据不同的理论对生活满意度进行了研究,主要包括社会比较理论、期望值理论、适应与应对理论、目标理论、自我决定理论、人格与环境交互作用理论、调节—缓和模型等。

二、社会比较理论

为了获取对自身稳定的认识,人们通常与他人进行比较。对此现象,Festinger 于 1954 年提出了社会比较理论,此后关于社会比较理论的研究迅速发展。早期的社会比较理论认为,个人与周围人比较,如果自己优于别人则会感到满意。但这只注意到比较的结果,考虑到信息的多样性以及人们运用信息的方式各不相同,社会比较理论从而变得更加复杂。Wood(1996)定义社会比较为:"想到与自我有关的好友或多个他人的信息的过程。"社会比较过程主要包括三个方面:第一,获得社会信息,源于读到或想到某个人或事;第二,思考(比较)社会信息,包括他人与自己的相同或不同点;第三,对社会比较做出反应,包括认知、情感和行为反应。

除了目标以外,社会比较理论认为,对主观幸福感造成影响的原因主要来自于社会比较。Michalos(1985)认为满意度存在多种差异,即个体与多种标准的向上和向下的比较必然产生不同的差异,这些标准包括过去情况、他人、满意感理想水平、期望值、需要以及目标,而且社会比较理论更为强调比较的结果,与周围人相比,如果自己优于别人则会感到幸福。此外,研究者进一步发现,人格为社会比较涂上了"个人色彩",即不同人格的个体在进行社会比较时的方式和结果均会有明显的差异。幸福的人常做向下比较,感到不幸的人既做向下也做向上比较;乐观者倾向于注意比自己差的人的数目,而悲观抑郁者正好相反。社会比较差距的感知来自内部即人格的影响,而非各比较项目的实际情况,因此人格特质不确定,比较结果也不定。另一方面,向上和向下比较都可能增加或减少 SWB。还有,并不能通过社会比较使社会环境对 SWB 直接产生长期影响。

三、期望值理论

与社会比较理论不同,期望值理论认为期望值才是个体体验幸福感时所要选择的参照标准,而期望值与个体实际成就之间的差异与个体的主观幸福感之间有着密切关系。期望值本身并不是主观幸福感的良好预测指标,而期望值、现实条件与个人外在资源(权力、地位、社会关系、经济状况等)和内在资源(气质、外貌等)是否一致,可作为生活满意度的预测指标。向期望值接近的过程而非最终目标的达成对满意度最为重要。具有期望值的人,尽管当前与目标状态相距甚远,但也会因处于向目标接近的过程中而感到满足。期望值理论还认为,过高的期望值会对个体的生活满意度产生不利的影响。Wilson(1967)在研究中提出高期望值对幸福感是一个主要的威胁。高期望值与个人实际差距过大会使人丧失信心和勇气;期望值过低又会令人厌烦。

在决定 SWB 时,期望的内容比期望实现的可能性更重要。测量被试期望目标的信心时,对实现内在期望(个人发展)的可能性估计与 SWB 呈正相关,而达到外部期望(名誉、金钱)的可能性估计与 SWB 呈负相关。由此可见,期望值与 SWB 的关系比 Wilson 所说的复杂得多。高期望值这一个因素并不能肯定产生不幸感,也不能预测 SWB 值。

四、适应与应对理论

与社会比较理论和期望值理论不同,适应与应对理论更倾向于进行纵向比较,若个体现在过得比过去好则会感到幸福。适应使个体对重复出现的刺激的反应会逐渐减少或减弱。从进化论的角度看,这种适应使得人们在一定程度上总是适时地调整自己的情绪,从而保持对自己生活的相对满意度。适应与应对理论认为,个体的情绪系统会对新事件反应强烈,随着时间的推移个体的反应强度会逐渐降低,而适应使得生活事件对个体的主观幸福感的影响减小。整体而言,适应更多的是一种消极被动的心理过程。理论认为,应对与适应不同,适应是消极被动的心理生理过程,而应对则是一种积极主动的心理过程。某些应对行为,如理性行为、精神信仰、给普通生活事件赋予积极意义、对事件进行积极评价、问题焦点式应对以及寻求帮助都是有效的应对反应,运用这些应对策略的人报告高 SWB 水平,在控制人格变量的情况下,这一相关依然保持。例如,神经质的应对方式与生活满意度呈负相关(与情感相关不显著),成熟的应对与积极情感相关(不与生活满意度和消极情感相关),这些都是在控制人格变量的基础上得到的结论。

现代 SWB 理论的中心概念是适应或习惯化。Helson 定义适应为:对重复出现的刺激反应减少减弱。重新建构有关刺激的认识,以及刺激对生活影响的认识,人们在一定程度上调节良性和恶性事件,使其不总是狂喜也不总是绝望。情绪系统对新事件反应强烈,随时间推移而降低,这能很好地解释为什么生活事件对 SWB 影响较小。例如,Krause 和 Sternberg 对脊髓损伤病人的研究支持适应的影响效果。但人们并不能彻底、迅速地适应所有环境,很多情况如贫困和丧偶的适应相当慢。而另一些生活事件,如收入增加、被监禁,能很快适应,但对噪音、饥饿几乎难以适应。

五、目标理论

目标理论认为,需要的满足和目标的实现会使个体产生主观幸福感。目标与价值取向决定着个体的主观幸福感,也是个体获得与维持主观幸福感的主要源泉,而个体目标与价值取向的不同会使人们在主观幸福感上存在很大的差异。目标理论还认为,只有在目标与个体的生活背景(主要是文化背景)相适应时,才能真正地提高个体的主观幸福感水平。而且目标与主观幸福感的关系也是不断转换的,目标一旦达成个体就会追求更高的新目标,这时已经达成的目标就会失去对个体主观幸福感的影响力。

目标被看作情感系统重要的参照标准,检验它可以很好地了解人的行为。目标种类、结构、向目标接近的过程和目标达成度,影响个人的生活满意感。生活有目标使人感到生活有意义,并产生自我效能感。同时,努力实现目标的过程帮助人们应对各种日常生活问题,使人们在社会生活和困境中保持良好的状态。许多研究支持此类观点。如 Burstein(1998)等研究认为,当一个人能以内在价值和自主选择的方式来追求目标并达到可行程度时,生活满意感才会增加。Kasser 和 Ryan 也认为,与自我接受、助人、亲和性等有关的内在价值目标,是天生自然需要和生长需要的表达,比美貌、荣誉和金钱等外在目标,对生活满意感的意义更大。另有学者从文化的角度进行了研究,认为文化影响人们对目标的选择,从而成为影响 SWB 的因素。如 Cantor 和 Sanderson 认为,当个人实现被其文化或亚文化高度评价的目标,主观幸福感会增加。造成人们体验幸福感系统差异的特殊文化维度是个人—集体主义(individualism-collectivism)或自我独立—依赖概念(socially independent-interdependent)。此维度定义特征是个人将自己看作自控的、自我满足的个体的程度。在个人主义文化中,如美国和欧洲个人倾向于区分自己与他人,个人所体验到的情感是自己独特的体验。与自我相关的情感,如自尊与 SWB 尤其紧密相关。而在集体主义取向的文化中,个人的主要目的并非区分自己与他人,而是与他人保持和谐一致,个人理想往往是所属群体的理想。由于自控的个人重要性削弱,个人的感觉、情绪、思想不被看作行为的决定因素,结果有关自我的情感在集体主义取向的文化中对决定生活满意度显得不那么重要。此结论在美国大学的白人学生与亚洲学生中得到证实。

还有观点认为,文化背景通过影响人们选择的目标与达成目标的资源而对 SWB 产生深远的影响。SWB 的结构和内容在不同文化背景中都存在,但在一种文化中对 SWB 是重要的,在别的文化中则不然,因此人们的目标不尽相同。生活各方面对 SWB 影响大小不同,某些基本生理需要,如饥渴具有跨文化一致性,在不同文化背景中都是 SWB 的指标。基本生理需要满足之后,闲暇活动就成为影响 SWB 的重要因素。这又可能出现个体差异和跨文化不一致。如 Oishi 等人发现富裕社会中的人比贫穷社会中的人更看重旅游,显示了不同文化差异所选择的目标的不同。

六、自我决定理论

自我决定理论认为,人是积极的生物,每个个体都具有先天性的、内在的、建设性的自我整合的倾向,具有自我实现、自我成长的潜能。但这种潜能能否得到发挥,取决于社会情境与个体的交互作用。因此,自我决定理论的研究重心在人的心理需要、动机、价值、目标追求、幸福感等问题上。自我决定理论经过 30 余年的发展,形成了四个子理论,即基本需要理论、认知评价理论、有机整合理论和因果定向理论。基本需要理论详细阐述了基本需要的概念,以及基本需要与生活目标、个体日常活动、心理健康、幸福感等的关系;认知评价理论主要分析了社会情境因素对个体内在动机的影响;有机整合理论定义了内化的概念,阐述了外部动机向内部动机内化的过程;因果定向理论主要对自我决定行为个体差异程度进行描述,并分析其原因。这四个子理论分别从有机体的内在心理需要、外部社会环境、个体发展以及个体差异四个方面描述人的发展,强调个体自我选择、自我决定在人的发展中的决定性作用,这四个子理论共同构成了自我决定理论的基本内容。

自我决定理论主要阐释了人的基本需要的含义及心理需要和主观幸福感的关系。自我决定理论研究者从促进内在动机和心理健康的社会环境入手,鉴别出了涉及人类的三种基本心理需要:自主需要、能力需要、关系需要。自我决定理论认为,在每个个体身上都存在着一种发展的需求,这就是人类的基本心理需要,且这些基本心理需要是独一无二的,可以跨文化、跨境界地存在着。这些需要的满足导致人们获得幸福感和社会发展,同时支持自主、能力与关系的社会能够促进个人发展。三种基本的心理需要的满足会促进人的发展,因此被视为人本质的生活目标。

在该理论中,自主需要即自我决定的需要,这种需要的满足最为重要。能力需要与班杜拉的自我效能感同义,指个体对自己的学习行为或行动能够达到某个水平的信念,相信自己能胜任该活动。归属需要即个体需要来自周围环境或其他人的关爱、理解、支持,体验到归属感。因此,如果社会环境支持并促进这三种需要的满足,那么人类的动机和天性就会得到积极的发展,人类自身也能健康成长。有研究表明,基本心理需要的满足程度和人们对幸福的体验呈正相关。如果人们的基本心理需要得到满足,那么就会沿着健康和最佳选择的道路发展,并且能够体验到一种切实存在的完整感和因生理或积极生活而带来的幸福感;否则就会产生病态和忧伤。自我决定理论还研究了个人目标定向和幸福感之间的关系,认为个人的目标定向对基本心理需要的满足有重要的作用。如 Ryff 认为应该把幸福感简化为对生活满意的情绪,然而他忽略了一些重要的积极性功能层面的方面。Lerner 和 Levine(1994)推荐增加诸如控制感和自尊评估。而 Rrns 和 Linney(1993)强调自尊和自我观念。Andrews 则认为应重视自主或控制感和社会支持的因素。Katschnig 和 Barry 也指出自主以及控制感是主观幸福感的重要的决定因素,建议在将来的生活质量研究中应综合这些指标。Nieuwenhuizen 等(1997)呼吁应注意诸如自我价值、目的感、自主、控制支配、自我效能、社会的支持网络的重要性。近年来,有研究者提出,幸福感的评估还应包括力量感、自主意识、愉悦感、自信心等指标。因此,基本心理需要的观点已经成为许多重要假设建立的基础。

七、人格与环境交互作用理论

关于主观幸福感目前比较经典的理论是 Diener 提出的人格与环境交互作用理论。人格理论认为,主观幸福感作为一种主观体验,客观的外部因素往往需要通过主观的认知加工进而影响个体的幸福感水平。相关的实证研究也发现,外部的生活事件通常需要通过人格起作用,进而影响个体的主观幸福感,较少会对个体的主观幸福感产生直接影响。Gray 的人格理论认为,

个体差异主要是由两个基本脑动力系统差异造成的。行为激活系统 BAS
对奖励和非惩罚性信号敏感,通过奖励调节行为,控制行为趋向。而行为抑
制系统 BIS 对惩罚和非奖励性信号敏感,通过惩罚调节行为。出现惩罚威
胁时,抑制行为不同的人对奖惩感受性不同,这就形成个体差异。气质差异
使不同的人倾向于体验不同水平的 SWB。Tellegen 等人(1988)著名的双生
子研究发现,在不同的家庭环境中抚养长大的同卵双生子,其 SWB 水平的
接近程度,比在同一个家庭中抚养长大的异卵双生子要高得多。研究还发
现,40% 积极情感变化、55% 消极情感变化及 48% 生活满意感变化是由基因
引起的。而共同的家庭生活环境只能解释 22% 积极情感变化、2% 消极情感
变化及 13% 生活满意感变化。Braungan 等人运用收养和双生子研究方法,
发现 1 岁左右婴儿积极情感具有遗传特性。

基于此理论,Watson 和 Clark(1984;1997)假设神经质和外倾性分别对
消极情感和积极情感具有较高的气质易感性,即对 SWB 起着气质性作用。
Lucas 等人(1998)提出外倾者对奖励信号更敏感,其敏感性以更强的积极情
感形式表现出来,促使外倾者接近奖励刺激,由于社会情境相对于非社会情
境更具奖赏性,外倾者的积极情感增加,也导致社会活动增加。因此,Lucas
等人认为外倾性是来自积极情感的个体差异。如自尊与 SWB 相关,这一结
论在西方社会可重复证实,但不具普遍性。自尊—SWB 跨文化调查发现,
在集体主义文化中,两者的相关系数很低。Kwan 等(1997)发现,在美国自
尊感和生活满意感有很强的相关性。在香港,人际和谐也是生活满意感的
预测指标。在集体价值高于个人价值的社会文化中,高自尊感并不一定意
味着高幸福感。

根据人格在个体主观幸福感中产生的作用机制不同,学者们还认为人
格理论又可以分为特质理论与状态理论。特质理论认为,具有愉悦特质的
个体常常能够以一种积极的方式看待其所处的生活环境,从而主观幸福感
就倾向于以愉悦的方式进行反应。根据这一理论,乐观体现个人期望生活
中出现好结果的总体倾向。若一个人期望好的结果,他就会朝着这个方向
努力,但若老想着失败,那么他将偏离自己设置的目标。这一行为方式导致
乐观比悲观者更易达到目标获得成功。对过分乐观的研究表明,许多积极
情感和积极的认知通常同时产生,很难确定是认知产生情感还是正好相反。
许多人都有正性错觉(positive illusions),包括不真实的正性自我及对未来
过分乐观、高估对未来的控制力等。这些错觉不仅产生幸福感,也产生如关

心他人、从事创造性工作的能力等正性品质。正性错觉与压力环境下的正确调整相关,具有自发正性认知倾向性的人易产生自我欺骗,而反过来又增加其主观幸福感。其消极生活事件与抑郁的相关性很低。而状态理论认为,个体的幸福感等于各种愉悦因素的简单相加之和。根据状态理论,在判断个体的幸福感时,只需要对许多暂时的愉悦与痛苦进行简单的心理运算,即幸福感等于愉悦减去痛苦感。

但是后来学者进一步的研究发现,人格对个体情绪的影响会被情境增强或削弱,并且这一影响作用超过了人格的主效应,即人格与环境交互作用影响个体的主观幸福感水平。据此,Diener、Larsen 和 Emmons 提出了三个人格与环境交互作用模型:即交互作用的加法模型、较复杂的交互作用动力模型、人格影响情境进而增加或减少主观幸福感模型。

交互作用的加法模型认为,非独立变量的变异来源于个人、情境和两者交互作用的变异。也就是说,一些人对积极情感反应的心理倾向性强,积极事件的发生会带来更加强烈的幸福感。而且个体幸福感的产生需要人格与环境的相互结合。外倾者和神经质者对积极情感和消极情感敏感性不同正是这一交互作用的例子,外倾者对正性刺激反应强度高于内倾者。若情境当中存在愉快条件,就可以获得不同的幸福感水平。在中性条件下,外倾、内倾者的情绪体验相似。

较复杂的交互作用动力模型,认为人格和情境是两个既独立又依赖,有着双向因果联系的变量。并认为个人根据其人格特质选择情境,但人们在与其人格一致的情境下未必快乐。Emmons 等人将情境分为主动选择与被迫强加情境。主动选择情境比起被迫强加情境来说,人格—情境一致更易提高 SWB 值。在决定情感方面,人格—情境一致不如人格—具体参与行为一致。因而环境特征、个人行为和人格特点交互作用影响 SWB。

第三个交互作用理论认为,人格影响情境从而增加或减少 SWB。外倾者倾向于经历和体验积极的生活事件,神经质者倾向于经历消极的生活事件,而这些生活事件反过来又对 SWB 产生影响,这不能单独由人格来解释。此外,人格对个体主观幸福感的影响不仅仅是影响个体以积极或消极的方式应对生活事件,还能通过影响个体的行为,进而增加或减少生活事件发生的概率。因此,人格产生情境,情境增加或减少整体幸福感。但人格对 SWB 的影响超出了以积极或消极方式对生活事件做出反应的心理素质倾向。人格的影响也包括人的行为,它可以增加或减少奖励生活事件发生的可能性。

八、调节—缓和模型

近年来,许多研究者开始认识到,单纯的人格理论或文化理论都存在着一些不足。割裂人格、文化与主观幸福感的关系只会导致研究的片面性和绝对化。Schimmack、Radhkrishnan、Oishi 等人以两个个人主义文化取向的国家(美国和德国)和三个集体主义文化取向的国家(日本、墨西哥和加纳),即不同文化背景的国家为研究对象,进行了外倾、神经质、快乐平衡和生活满意度的测量,探讨了人格和文化因素在预测 SWB 的情感成分和认知成分时的相互作用。在该研究中,Schimmack 等人综合了人格、文化与 SWB 的关系,提出了一个整合模型,称为"调节—缓和模型"(the integrated mediator-moderator Model)。该模型对 SWB 做出了既考虑人格、遗传又考虑社会、文化因素的完整理解,对于我们理解生活满意度提供了新的视角。对 Francis 的"幸福是一种叫作稳定外倾的东西"的理论提供了一个跨文化的支持,它指引了通过跨文化调查来研究幸福与其相关因素的关系并建构因果模型的新的研究方向。同时,它为我们理解人格与 SWB 的关系提供了两个很重要的结论。外倾和神经质对于 SWB 的情感成分比对认知成分有更大的有效性,外倾和神经质对于 SWB 的认知成分在个人主义文化中比在集体主义文化中有更大的有效性。尤其可贵的是,他们通过跨文化的研究对文化与 SWB 的关系做出了自己的理解:文化缓冲了 SWB 两种成分之间的关系和人格对 SWB 的认知成分的影响,这些都对我们进一步了解文化与 SWB 的相互关系有启发作用。该模型的主要观点是:

第一,外倾和神经质与 SWB 的情感成分显著相关,且这种相关在一切文化中都存在。因此,SWB 的情感成分具有泛文化的基因基础,人格是 SWB 的泛文化预测指标。

第二,外倾和神经质对 SWB 的认知成分(生活满意感)的影响受情感成分的调节。如果个体主要是以情感作为评价生活满意感的依据,那么个体要先从记忆中搜索过去愉快和不愉快的事件,当个体的愉快记忆超越了消极记忆时,他就会报告高水平的生活满意感。在这种情况下,个体人格中的外倾和神经质既能预测 SWB 的情感成分,也能预测 SWB 的认知成分。如果个体主要是依靠情感以外的其他信息来评价生活满意感,那么外倾和神经质对生活满意感的预测能力就会减弱。

第三,SWB 的情感成分和认知成分在个人主义文化中比在集体主义文化中的相关高,即文化缓和了 SWB 两种成分之间的关系。强调个体需要的个体主义文化极为重视个体的情感需要,情感为个体需要的实现提供直接反馈,也为个体生活满意感提供重要的信息。当个体验到充分的快乐而较少不快时,这表明他的需要已得到最大的满足,他的生活就是幸福的。强调亲密他人需要的集体主义文化,压抑了个体自己的需要和目标。虽然实现亲密他人的需要也会给个体带来快乐,但是这也意味个体自己的需要不能得到实现,从而导致不快乐的情感。因此,集体主义文化中的个体在评价生活满意感时很少考虑自己的情感。

　　第四,外倾和神经质与 SWB 的认知成分在个人主义文化中比在集体主义文化中的相关高,即文化也缓和了人格对 SWB 认知成分的影响。

　　对于调节机制的解释,Schimmack 等人认为主观幸福感中的人格(外倾和神经质)与情感成分有密切关系,人格(外倾和神经质)对认知成分(生活满意感)的影响受情感成分调节。一方面,外倾和神经质与快乐平衡有密切关系,而这种关系不被文化所缓冲。对此,Schimmack、Diener 和 Oishi 曾提出了一个人格(外倾与神经质)与 SWB 两成分关系的调节模型(mediator model)。模型假设人格与 SWB 的情感成分比认知成分有较高的关系。外倾和神经质作为情感维度影响人们生活中的大量愉快与不愉快的经历(Costa 和 McCrae,1980;Diener 和 Lucas,1999),但这种关系不被文化所影响,即在所有文化中都存在相关。因为在许多国家外倾和神经质对 SWB 的预期是一致的,另外一些国家的研究也证实了 SWB 的泛文化遗传基础。另一方面,外倾和神经质是通过快乐平衡调节生活满意感的。Schimmack 等提出了一个人格特质与生活满意感的调节模型(mediator model),认为外倾与神经质对快乐平衡比对生活满意感有一个较强的影响,同时它也暗示外倾与神经质是经过快乐平衡而间接影响生活满意感的。快乐平衡可能不是人们用作判断生活满意感的唯一信息,人们只是部分地依赖他们的快乐平衡来构成他们的生活满意感。也就是说,反应者是从记忆中检索过去愉快与不愉快的事件而形成对生活满意感判断的,愉快记忆与不愉快记忆的经历被用作判断生活满意感的一个信息来源。在一定程度上,生活满意感判断是建立在其他信息的基础上的,而这些信息不被外倾和神经质所决定,这两个情感维度(外倾与神经质)对生活满意感的预期是很弱的。例如,Schimmack 等研究发现,对学业和爱情的满意除了能预期生活满意感之外还能预期快乐平衡,而外倾和神经质却不对这些生活领域中的满意度产生影响。总之,调节模型认为外倾和神经质对生活满意感的影响依赖于快乐平衡在生活满意判断中的权重。

对于缓冲机制的解释,Schimmack 等研究认为,首先,快乐平衡和生活满意度在个人主义的文化(美国 $r=0161$,德国 $r=0162$)中比在集体主义的文化(日本 $r=0145$,墨西哥 $r=0127$,加纳 $r=0130$)中有更高的相关;其次,外倾和神经质在个人主义的文化(外倾与生活满意感:美国 $r=0147$,德国 $r=0144$;神经质与生活满意感:美国 $r=-0148$,德国 $r=-0165$)中比在集体主义的文化(外倾与生活满意度:日本 $r=0142$,墨西哥 $r=0120$,加纳 $r=0115$;神经质与生活满意度:日本 $r=-0131$,墨西哥 $r=-0133$,加纳 $r=-0123$)中与生活满意感有更高的相关。也就是说,文化缓冲了 SWB 两种成分之间的关系,缓冲了人格对 SWB 的认知成分的影响。对于个人主义国家与集体主义国家的快乐平衡、外倾、神经质与生活满意感之间的相关关系的研究,为缓冲模型提供了进一步的支持。调节机制与缓冲机制的相同假设是快乐平衡与生活满意感有关,因为人们在对生活满意感做出判断时会考虑快乐平衡。调节机制从因果上假设外倾和神经质对生活满意感产生影响,外倾和神经质是影响快乐平衡的维度。它们影响生活满意感在一定程度上依赖于形成生活满意判断所经历的情感体验。而缓冲机制假设人们在依赖情感信息判定生活满意程度上由于文化是不同的,结果导致快乐平衡在集体主义文化比在个人主义的文化中对生活满意有更弱的影响。综合这些假设就产生了整合的调节—缓冲模型,见图 3-1。

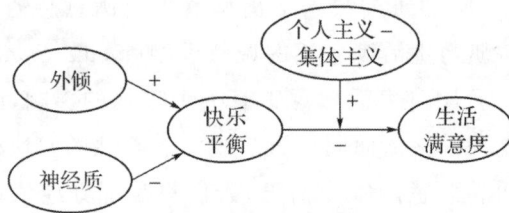

图 3-1　整合的调节—缓冲模型

因此,该模型最重要的观点是人格和文化的相互作用对生活满意感起决定性影响。人格本应该在个人主义的文化中对生活满意感的影响更强一些,因为人格对生活满意感的影响是通过快乐平衡调节的,并且快乐平衡对生活满意感的影响被文化所缓冲。例如,一个生活在美国的稳定的外倾者经常经历快乐,很少经历不快,因此他报告他对生活满意。相反,一个生活在墨西哥的稳定的外倾者,也经常经历快乐,很少经历不快。然而,当他做出生活满意判断时,他较少关注情感经历。因而,他高水平的快乐平衡并没有预期他高水平的生活满意感。该模型是建立在以下假设的基础上:人格直接影响快乐平衡,而它仅仅通过快乐平衡间接影响生活满意感。因此,作为一个缓冲变量,文化仅仅影响快乐平衡和生活满足之间的关系,文化没有影响人格与快乐平衡之间的关系。是否确实如此,还需要做进一步的研究与提出其他佐证。其实,两种文化之间相关的差别或许仅仅在于预言的方向而非统计上的意义,现在的研究应该被引导到从世界不同区域与更多样的文化范围进行跨文化研究来进一步验证调节—缓冲模型。

以上的七种生活满意感相关理论,按照提出时间的先后分别从社会比较、期望、目标三个基本需要和人格与文化等几个方面阐述了生活满意感的产生机制。对本研究有直接指导的理论是目标理论。根据目标理论可以充分肯定价值及其追求过程与生活满意感的产生有直接联系。

第三节　生活质量影响因素的研究

在生活质量的研究领域,生活质量影响因素的研究是研究者关注的问题之一。依据对生活质量概念内涵的理解,对生活质量影响因素的研究通常也是从主、客观两方面进行探索。依据不同的生活质量研究角度,其影响因素也存在差异,学者们多以不同群体、不同年龄、不同区域居民具体生活质量指标构建与评价的研究来分析。陈燕明(2011)以国内外生活质量研究理论和研究成果为基础,构建了一个以客观指标为主的衡量居民生活质量的研究体系,找出目前能够集中反映或制约我国居民生活质量提高的因素,探索性地建立了一套以社会环境、经济环境和生态环境为基础的城市居民生活质量评价指标模型,并对全国287个城市2009年的相关数据进行了结构方程模型分析。模型表明,在当前的经济水平下,经济水平是制约我国城市居民生活质量提高的关键因素,社会环境因素对居民生活质量的影响要大于生态环境因素的影响。郭茜(2004)从生活质量影响因素入手,分析主客观生活质量的影响因素及其影响程度,并提出改善生活质量的对策。认为生活质量是一个复杂的体系,从研究客体的角度出发,生活质量可以被分为客观生活质量和主观生活质量;从研究主体的角度出发,生活质量可以被分为个体生活质量和群体生活质量。研究选取的研究层次是群体生活质量,分别研究了群体的客观生活质量和群体的主观生活质量,这些条件构成了客观生活质量的四个子系统——经济系统、人口系统、社会系统和环境系统,各子系统代表了影响客观生活质量的因素。从家庭满意度、工作满意度、人际关系满意度三个方面提出了 13 个有关主观生活质量的问题:对家庭生活的满意度;对家庭成员关系的满意度;对邻居关系的满意度;对同事关系的满意度;对工作条件的满意度;对工作收入的满意度;对职业社会地位的满意度;对居住地交通条件的满意度;对住房的满意度;对业余生活的满意度;对购物方便程度的满意度;对孩子上学的满意度;对健康的满意度。近年来国内外学者对老年人的生活质量影响因素及对策进行了大量的研究。王艳梅等(2008)的研究表明老年人生活质量与躯体健康状况、经济收入、心理健康状况、年龄、性别、文化程度、社会支持、婚姻状况、体育锻炼等因素相关,并认为积极开展心理健康干预、预防老年性疾病、加强老年人社区卫生服务等措施可以提高老年人的生活质量。尽管国内外学者做了大量的工作,但可能还有明显影响老年人生活质量的因素尚未发现,有些因素还有待于进一步探讨。一些客观因素的研究还体现在对农村居民的生活质量现状问题的调查上。程娟对河南农村 220 名农村居民的调查显示,第一,河南省农村居民生活质量满意度整体水平较高;第二,在设置的农村居民生活质量满意度二级指标中,对子女目前状况满意度最高,对收入状况满意度最低;第三,村庄离县城的距离及家庭生活是影响农村居民生活质量满意度最显著的两个因素,另外,性别、是否农业劳动者、对村干部评价、国家农业补贴政策、收入状况、居住状况、交通出行状况和医疗方面也影响农村居民生活质量满意度;第四,年龄、文化程度、婚姻状况、文化娱乐生活和养老方面等变量对农村居民生活质量满意度没有显著影响。

在与生活质量相关的研究中,也有部分涉及生活质量的主观指标——生活满意感的影响因素的研究。按照 Wilson 博士的理论假设:第一,需要得到及时满足会产生快乐,需要总是得不到满足则导致不快乐。第二,需要满足到什么程度才能带来快乐,有赖于个人的适应或期望水平,而这又受过去经验、同他人比较、价值观及其他因素的影响。因此,满意度是人们对物质精神状况方面的一种主观上的心理满足程度。满意度与激励、需要和动机有着密切的关系。金盛华(2003)研究认为,影响个人生活满意度的因素包括主观和客观两个方面,前者主要指个体的人格特征、价值观念、自我概念、对待事物的态度和取向等与认知有关的因素;后者主要指个体实际生活和工作的环境、自身身体健康状况、个人和家庭经济收入、生活事件、社会关系、人口统计学变量等因素。也有涉及某个具体领域对于生活满意感影响的研究。如张力为(2002)将生活满意度作为因变量,探讨自尊及具体身体领域的自尊对它的预测作用,认为人口学变量、社会关系、人格特征、应对能力和自我观念都曾是被广泛用来预测主观幸福感的因素。而自我观念,尤其是自尊,被认为是最重要的预测变量。陈丽娜的研究也认为,社会经济地位影响人们的自尊水平,进而影响人们的生活满意度。

以上的研究表明,影响生活质量的因素是多方面的,除对客观条件的要求外,个体主观认知生活的满意程度是影响生活质量认知的重要影响因素。

第四节 生活质量测量与评估指标的研究

对于生活质量测量与评估指标的研究,主要包括三个方面,即以客观条件为主的指标研究、以主观感受为主的指标研究以及结合两者指标的研究。20 世纪 80 年代中期开始,我国学者针对我国的社会经济特征对生活质量的测量和评估开展了诸多研究,研究方法的差异主要集中在是以主观感受为主还是以客观条件为主对居民生活质量进行评价。在以客观指标为主的研究中,具代表性的有:

林南通过天津居民的生活质量问卷调查,运用因子分析和结构模式分析法,提出了生活质量结构模型与指标体系。

朱庆芳的“社会发展与社会指标”课题组(1987—1992)通过多年追踪评估我国居民的生活质量,于 1987 年选择了包括福利、环境、居民消费等 15个指标来评价生活质量。最初的选择中包括了居民的收入、吃、住、用、能源消费、生活方便程度和物价指数在内的基本生活条件指标,随后在 1987 年、1989 年、1992 年分别对指标进行了扩充,增加了社会福利、环境保护等方面的指标。如 1989 年更新至 16 项指标(新增能源、通信、文化支出、三废处理等),1992 年以建设小康社会目标为背景再次扩充了生活质量指标体系。这一指标体系的扩充过程表明,随着经济社会条件的发展,影响生活质量的经济、政治、环境、健康和教育因素越来越多地被纳入评价体系中。

北京大学生活质量课题组在北京、西安、扬州三市的调查,形成了三级主、客观作用机制的生活质量体系,并证实该体系对生活质量满意度的解释效力较大。

　　江苏社科院社会学所"现代化和社会主义新人"课题组（1989 年）选择中、东、西部的五省城乡做问卷调查，将生活质量测量分为两方面：社会生活质量（包括物质文化生活各方面 14 个项目）和职业生活质量（包括工资福利待遇、职业发展等 10 个项目）。

　　接着，叶南客提出了测量区域社会综合发展的五组生活质量指标。

　　王奋宇（1991）的生活质量课题组的研究结果表明，环境要素指标对生活质量有直接影响。由复旦、南京和首都经贸大学组成的联合课题组（1992年），通过国民生活质量的调查研究，在《中国人口生活质量再研究》一书中对物质生活指数和人类发展指数的评估、人口生活质量指数的构建、中国小康型人口生活质量等方面均给出了具体的定性和定量阐述。1995 年，中国社会科学院社会学研究所"社会指标课题组"选择了 16 个社会指标，在国际通行的社会结构和生活质量评价指标上，增加了出口比例、教育经费比例、婴儿死亡率、人均摄取热量、人均能源消费量和通货膨胀率等 6 个指标，将指标体系扩展为更能全面反映生活质量各个方面的新的指标体系，对世界 120 个国家和地区的社会发展水平进行了国际比较。另外，武汉大学周长城主持研究的"生活质量研究与评价"项目认为，提高人民生活质量和水平是当经济增长发展到人们基本生活需求得到满足后，社会提出的提高和促进人的全面发展的目标和更高原则。在其著作中，生活质量的发展被概括为经济、社会、科技、教育等多方面的发展进步，是较全面的客观条件上的发展。

　　此外，还有针对不同人群进行的评价指标体系研究，如卢淑华等所做的婚姻与家庭生活质量分析，刘渝琳等构建了中国老年人口生活质量评价指标体系等。

　　在以主观指标为主的研究中，具代表性的有：任娜（2005）在已有研究的基础上，对居民生活质量的主观指标进行了研究。她在全国 8 个城市 1600多个样本的实际调查基础上，对不同领域的满意度进行调查，分析了影响生活满意度的各种因素，通过统计方法，从工作满意度、休闲满意度、家庭与社会关系满意度、健康满意度、消费状况满意度、公共服务满意度、公共政策满意度等八项指标中回归分析筛选了工作满意度、家庭与社会关系满意度、公共服务满意度三个对生活质量影响最大的指标。

　　还有的研究包含了主、客观两个方面的评估指标。范柏乃（2006）基于对生活质量概念的理解，结合城市居民生活的特征，遴选了评价指标，构成中国城市居民生活质量理论评价体系。基于上述对生活质量概念的认识和理解，依据生活质量评价体系应该包含的经济学、社会学和心理学三个层面的评价指标，再结合城市居民生活的特征，此研究从收入、消费、教育、居住、健康、生活设施、文化休闲、社会治安、社会保障和生态环境 10 个领域，遴选了 64 个评价指标(包括 49 个客观评价指标和 15 个主观评价指标)构成了中国城市居民生活质量第一轮评价体系，该评价体系包括目标层、评价因素和评价指标三个层面。

陈珏芬(2006)从社会经济条件、物质生活、生活环境、精神生活等方面分别构建了描述城镇居民生活质量的 19 项指标。她认为，该指标体系能全面、客观地反映城镇居民的生活质量，通过主成分分析的方法以第一主成分对各地区城镇居民生活质量进行综合评估，通过因子分析用各个公共因子反映地区特征，以了解各个方面的优势与差距。

同样，在相关研究中，也有专门针对生活质量的主观指标——生活满意度的测量与评价。生活满意度是生活质量的主观指标，测量研究主要包括总体生活满意度和具体领域满意度。最早的生活满意度量表是 Neugarten 等人 1961 年编制的"生活满意度量表"(LSI)。该量表包括生活热情和毅力，所达到目标与期望目标的一致程度，身体、心理、社会方面良好的自我概念，愉快乐观的心理品质等维度。到了 20 世纪 60 年代，Cantril 编制了"自我标定量表"(SAS)，要求人们按自己的评价标准，对自己的现在、过去以及预期的未来的社会满意程度做出等级评价。这种测量方法在 20 世纪 70 年代被 Andrews 和 Withey 等人进一步发展。总体来看，20 世纪 80 年代以前生活质量意义上的主观幸福感测量对总体生活满意度的把握是有一定缺陷的。大多数相关研究要么采用单项目(single-item)自陈量表的方法，要么通过统计技术从具体领域的满意度得分中整合出总体满意度分数。20 世纪 80 年代以后，这种思路受到学者广泛的质疑，部分研究者尝试构建多项(multi-item)总体满意度量表。1985 年，Diener 等编制的生活满意度量表(SWLS)就是一个被广为运用的多项总体满意度量表。

在主观指标的研究中，相对于幸福感而言，其先驱研究者坎贝尔等人(1976)更强调满意感的概念，这主要是因为满意感表明的是个人对生活不同领域的认知和判断，而幸福感则反映的是相对较短时期的兴奋和快乐的心情。相对于情感层面上的幸福、欢乐而言，认知层面上的满意感可以作为政策制定者更可靠、更现实的目标。然而，主观指标研究的兴起和不断深化并未必然使满意感成为被普遍认可的评价生活质量的主要依据。坎贝尔等人也认为,准确评估生活质量水平离不开对真实生活状况的客观特征以及个体性格的把握,因为两者会影响个体的生活满意感。事实上,国外学术界对生活质量概念本身就有许多争论,主观满意感与客观生活条件在生活质量测算中的作用及其相互关系在不同的概念模式下也因此有不同的表现,具体体现在四种模式中:第一,生活质量指的是个体生活条件的质量,生活条件很有可能影响个人满意度;第二,生活质量是指个体对其生活条件的满意度;第三,生活质量是生活条件和个人满意度的综合;第四,生活质量包括生活条件和个人满意度,同时在评价生活质量时,依据个人价值观赋予客观条件与主观感受以不同的权重。

第五节 生活质量现状的调查研究

文献资料显示,生活质量现状研究绝大部分体现于对不同病患的生活质量现状研究或不同治疗手段对患者的生活质量现状的影响研究。也有针对普通人群生活质量的研究。如 1995 年,厦门社会调查事务所对上千户家庭进行了问卷调查,了解市民生活质量现状。同年,华中理工大学"居民生活质量"课题组为了解武汉市居民的生活质量现状进行了同样调查。叶南客做了南京市老年人生活方式与生活质量变迁的个案研究。蒋青对城镇居民生活质量及影响因素进行研究,分析了生活质量的满意度与相关因素的关系,并构建了一个由收入、婚姻和纵向比较为因素的解释生活质量的简洁模型。封婷等对厦门市城区空巢老人的生活质量进行了调查研究。这些实证调查研究为我们了解我国居民的生活质量的现状特征提供了科学依据。

我国关于生活质量的研究起步较晚,始于 20 世纪 80 年代中期,从学科分类上主要包括社会学、人口学领域的研究。

在社会学领域的研究中,20 世纪 80 年代初,国家统计局提出关于社会统计指标的提纲草案,陆续公布社会统计的系列数据。20 世纪 80 年代中期,社会学家林南教授分别和天津社科院社会学所及上海社科院社会学所合作,先后在天津市、上海市进行了千户居民生活质量问卷调查,提出了一系列生活质量结构与指标模式,建立了关于社会指标与生活质量的结构模型。此后,不少学者先后就生活质量的概念、生活质量指标及国外研究情况做了比较深入的探讨。20 世纪 80 年代末 90 年代初,北京大学社会学系生活质量课题组在北京、西安、扬州三市部分地区进行了多次抽样调查。他们在引入客观指标的基础上,对主观生活质量指标的影响这一项增加了参照标准,并通过中介评价指标将客观指标系列进行了综合,形成了三级主、客观作用机制的生活质量模型,并验证了此模型的合理性。20 世纪 90 年代初,卢淑华和韦鲁英从人们衣食住行各个方面的客观指标展开研究,最后把生活质量定义为"生活等级的代名词",同时,他们在研究中并没有否定人们对生活各方面的满意度和幸福感主观指标。20 世纪 90 年代中期,生活质量的研究主要是在问卷调查的基础上,了解居民的生活状况,分析存在问题,提出解决途径。如:厦门市社会发展研究中心社会调查事务所关于厦门千户居民生活质量的问卷调查,华中理工大学社会学系"居民生活质量"课题组关于武汉市千户居民生活质量的问卷调查。20 世纪 90 年代末,陈义平从社会生活的供给与人们对生活的需求的角度定义生活质量,即生活质量是社会提供国民生活的充分程度和国民生活需求的满足程度。他的研究主要是一方面权衡社会生活的供给水平,体现人们生活的发展阶段和程度;另一方面以满意度作为评判关键词,评估人们需求的满足程度,对人们不同时期生活各方面的优劣好坏做出评价。进入 21 世纪以来,赵彦云和李静萍提出,个体的生活质量在很大程度上受社会环境的制约和影响。夏海勇首次将提高人口生活质量与增强综合国力这两个重大论题有机地结合起来,并吸取了国内外的最新研究成果,构建了一套适合中国国情的人口生活质量指标体系。

在人口学领域的研究中,20 世纪 90 年代初,"中国人口生活质量比较研究"课题组在北京召开了全国生活质量学术研讨会,全面探讨了生活质量的定义、指标以及评估方法等。我国第一部关于生活质量研究的专著《中国人口生活质量研究》出版,其比较全面地反映了我国在生活质量评估指标与研究方法上的成果。20 世纪 90 年代中期,中国科技促进发展研究中心生活质量课题组以生活的环境质量研究内容,调查了北京等城市的城市居民环境意识。我国关于生活质量研究的第二部专著《中国人口生活质量再研究》出版,其侧重于研究中国面临的现实生活质量问题。21 世纪以来,武汉大学生活质量研究与评价中心正式挂牌成立。该中心主任周长城教授等人在《全面小康:生活质量与测量——国际视野下的生活质量指标》、《中国生活质量:现状与评价》等专著中,对生活质量指标体系、中国居民生活质量状况进行了深入、系统的研究。

综上所述,在我国,对于人们生活质量的研究偏重于从生活质量的客观指标体系去研究,研究领域有待于拓展,有必要从社会心理学的视角去尝试生活质量指标及影响因素的研究。所以,对于休闲生活质量的研究,也同样有待于从社会心理学的角度,构建休闲理论的知识体系。

第六节　小　结

本章通过文献综述的方法,对生活质量的相关理论研究进行了概述。首先,对生活质量的定义从客观条件、主观感受、主客观结合及其他不同的研究角度进行了归纳总结,使读者对生活质量的内涵有进一步的理解。由于研究的侧重点不同,生活质量的定义也存在不同的内涵解释。从社会心理学的角度,对于生活质量的评价,通常更多地会关注主观精神和心理方面的感受。所以,我们有必要对生活质量的主观指标——生活满意感的相关研究和理论进行介绍。生活满意感是衡量人们心理健康状况与生活质量的重要标志之一,而关于个人生活满意度的研究理论,大多是在主观幸福感理论框架下进行的。在三十多年的研究历程中,对生活满意感进行的研究理论主要包括社会比较理论、期望理论、适应与应对理论、目标理论、自我决定理论、人格与环境交互作用理论、调节—缓和模型等。这些理论对于生活满意感的深入研究提供了较好的理论依据。

在我国,从社会心理学的视角研究生活质量问题还有待发展,还缺乏从社会心理学的视角去尝试生活质量指标及影响因素的研究。本章还综述了生活质量影响因素的研究现状,通过对已有研究的梳理,认为对生活质量影响因素的研究通常也是从主、客观两方面进行探索。依据不同的生活质量研究角度,其影响因素也存在差异,也就是说,生活质量的影响因素是多种多样的,而且不同群体、不同年龄、不同区域居民具体生活质量的影响因素也存在差异。但根据现有的一些实证研究,社会人口学的因素可能是影响生活质量的客观因素之一。

在对生活质量影响因素的总结讨论后,本章进一步对生活质量测量与评估指标的研究也进行了综述。与影响因素相似,研究者从实证的研究出发,多从主观、客观和主客观结合三个方面构建测量生活质量的评估指标。同样,由于不同的研究领域、不同的研究对象和地域条件、文化背景,其生活质量的评估指标也不同。

　　本章最后总结了目前国内对不同人群、不同地域等居民生活质量情况的一些实证调查研究。结果发现，目前对于生活质量的研究多从社会学、人口学的领域去研究，对于休闲生活质量的调查研究领域有待于拓展，尤其是涉及社会心理学领域理论上的研究更是缺乏。

第四章　体育休闲与生活质量关系的研究概述

第一节　休闲与生活质量关系的研究

一位西方哲人说：人的差异在于闲。选择休闲的形式，实际上是对生活方式的选择。良好的生活方式，有益于生活质量的提高，有益于形成良好的社会生态环境。成功地开发闲暇时间是西方发达国家社会进步和提高人的素养的一个很重要的经验。人的品质高不高不在于他在八小时之内干什么，而在于他八小时之外的生活。时下，人们的闲暇时间在持续增长。闲暇时间的增多是社会进步的标志，是人们的生活方式、生命质量、精神状况优化的表现。休闲是人们生活的重要组成部分，是生活满意感的一个重要来源。休闲，不仅是寻找快乐，也要寻找生命的意义，从根本上来说，休闲是对生命意义和快乐的探索。日本的社会学家加藤秀俊指出，我们常常把放假休闲看成是肤浅的娱乐，其实，休闲是有关"人类如何生存下去"的极为严肃的人生课题。但是，也并非所有的休闲都能促进人们的健康发展，只有积极的休闲才有益于人们的身心发展。积极的休闲对于人们生活质量的提高具体体现在以下几个方面：第一，有利于个性的充分发展。工作中的人们以及在校学习的学生，他们的行为具有他人导向性，他们的行为必须服从于社会角色规范和学校的规章制度，在人格的职业化过程中，有可能使人片面发展。而闲暇时间内的活动范围十分广泛，内容丰富多彩，方式灵活多样、生动活泼，人们可以根据个人需求自由选择，从而为人格的多向发展和创造潜力开辟新的途径。第二，有利于身心健康。在闲暇时间里的休息和调整，可以消除疲劳，实现有张有弛，获得及时的休息，提高生活质量和乐趣，陶冶情操，增进身体健康。古人云"流水之声可以养耳，青禾绿草可以养目，观书经理可以养心，弹琴学字可以养脑，逍遥杖履可以养足，静坐调息可以养筋骸"

就是这个道理。第三,有助于人际交往。交往是人的基本需要,人不可能在孤立的状态下生存和发展。马克思说过:"一个人的发展取决于和他直接或间接进行交往的其他人的发展。"在闲暇中,人们可以相互之间增进沟通与了解,使人与人的关系更加密切,促进人与人之间的和谐,使人与社会和谐统一。第四,有助于完善知识结构,促进自由创造。人们在自由时间里可以根据个人需要和爱好广泛涉猎多方面的知识,从而丰富在学校内的有限学习。另外,许多实例说明,自由是创造的前提,许多灵感产生于闲暇之时,许多发明创造是在游玩中得到启迪的。从历史上讲,休闲在文明发展中具有重要的意义,它使人们能够直接得到恢复性的精神需要和生理需求的满足,能够最有效地发展全体社会成员的才能,能够提高社会成员的道德观念、思想修养。因此,休闲的价值不在于实用,而在于文化,它使你在精神的自由中历经审美的、道德的、创造的、超越的生活方式。它是有意义的,非功利性的,它能加深我们的文化底蕴,能支撑我们的精神。因而,它被誉为是一种文化基础,是一种精神状态,是灵魂存在的条件。它是一种对社会发展具有校正、平衡、弥补功能的文化精神力量。它包括情感、理智、意志、生理、价值、文化及所有组成行动感知领域的一切,也包括价值观、语言、思维方式、角色定位、世界观等。总之,全面发展是休闲生活的最终目的,而休闲生活又是实现全面发展的一条途径,提高休闲生活质量是实现人的全面发展的重要保障。

20世纪初叶,苏联、美国、英国、法国、德国、日本等国家的学者在研究人的生活质量、生活方式的时候,将闲暇时间纳入了研究的视野。近年来,国外学者对休闲与生活质量关系的研究越来越多,涉及的领域和群体也越来越广。如M. K. Lcogd和J. C. Auld(2002)运用实证方法考察了闲暇与生活质量的关系,认为经常参与社会活动和能从闲暇中获得更多心理益处的人生活质量更高。B. A. Zganec(2011)研究了休闲生活如何帮助提高主观幸福感,提出休闲活动在主观幸福感中发挥了重要作用,因为它为人们实现人生价值和满足需求提供了机会。也有研究人员从医学的观点阐述了休闲与生命质量的关系。V. Davy(2011)提出在闲暇时间缺乏休闲活动会损害与精神分裂症患者健康相关的生命质量。T. S. Keiko和O. D. Noemi(2012)研究了脑麻痹适龄儿童的休闲参与和生活质量之间的联系,得出适合孩子的技能和喜好可以促进生活质量的结论。这些研究都说明休闲与生活质量之间存在着正向关系。

在过去的几年里,国内学者对休闲与生活质量关系的研究多局限于理论上的论述与推理,缺乏有说服力的量化考察。如孙利红从内腓肽的释放、认知力、需要、个性及个体化、缓解心理压力、体验和享受生活等六方面阐述了休闲活动导致大学生有较强的幸福感。孟庆方、林永虎(2003)就体育活动与生活质量关系的研究现状做一综述,指出,目前体育活动与生活质量关系的研究对象以学生、老年人为主,职业分布主要是学生、教师,研究方法以资料法、统计法居多,缺少实证研究。

近年来,专门针对休闲生活质量及其评价体系的研究越来越多,但由于研究的角度及侧重点不同,评价指标的构建也存在诸多的差异。如王雅琳(2003)从居民的休闲时间占有量、生活负担压力度、休闲活动结构的协调度等五方面出发构建休闲生活质量评价指标体系。也有研究者涉及休闲生活质量指标体系的构建研究,董长云(2006)在大量阅读和梳理中外相关研究文献的基础上,提出了一个城市居民休闲生活质量指标体系,认为居民休闲素质、城市休闲功能、休闲保障系统3个一级指标、19个二级指标以及众多三级指标是组成城市居民休闲生活质量的指标。同时,运用已建立的指标体系,分别采用定性和定量研究方法对杭州城市居民的休闲生活质量进行综合评估,得出杭州城市居民休闲生活质量属中等偏上水平。苏富高(2007)通过量化研究建立了包含休闲客体、休闲保障、休闲主体、休闲支撑、和休闲环境5个影响因子共计29个影响因素的杭州居民休闲生活质量影响因素模型。魏小安、李莹(2008)研究了城市休闲影响因素及城市休闲体系构建,并初步探索了休闲城市建设问题。闪媛媛(2008)提出了一套包括休闲主体、休闲客体和休闲介体3个指标层、9个一级指标和29个二级指标的城市休闲度评价指标体系。靖芳、孙秀文(2011)调查了无锡市部分公共娱乐场所、公园、社区、公共图书馆及政府部门共550人,结果发现,休闲质量因子F_1所占的权重最高,包括工作和家务的改善状况、自身休闲生活的丰富度、自身休闲活动的质量、休闲场所的服务质量,这是因为这些方面对居民的休闲生活容易产生最直接的影响。排在第二位的是环境质量因子F_2(软件设施),包括无锡的自然环境状况、社会安全与稳定、经济发展状况,这些因子是良好休闲生活的基础,对居民的休闲生活有支撑作用。而权重最小的是基础设施质量因子(硬件设施)。徐芸、刘松(2013)在借鉴相关理论的基础上,提出由休闲主体、休闲客体和休闲保障3个一级指标、14个二级指标组成的城市居民休闲生活质量的评价指标体系,并通过问卷调查,运用加权线性评价函数模型对常州市居民休闲生活质量进行评价,得出中等偏上的水平的结论。从以上研究发现,指标的构建中体现生活质量的客观条件较多。

一部分学者尝试一些主客观综合指标的实证研究。衣华亮、王培刚(2009)根据 2004 年对中国东、中、西部 8 个省会城市居民进行的主观生活质量的抽样调查数据,以城市居民个体作为分析的单位,以个体对主观休闲生活质量的感知为分析内容,运用多元线性回归分析等统计方法,探讨了与城市居民主观休闲生活质量相关的各种影响因素,研究发现城市居民主观休闲生活质量对总体主观生活质量的影响较大。此外,他们还对调查对象的性别、年龄、文化程度、婚姻状况、单位类型以及收入等因素与不同领域的主观休闲生活质量进行了回归分析。结果表明,不同年龄、收入、文化程度、婚姻状况、单位类型的居民对不同领域的主观休闲生活质量都存在不同程度的显著性影响。许琳琳以"城市居民休闲生活质量评价研究"为主题,在大量文献阅读和梳理中外相关研究的基础上,提出了一个以主客观相结合、社会与个人指标相结合的城市居民休闲生活质量评价指标体系,并吸取了专家的意见,对指标体系不断进行修改和完善,构建了由"城市休闲供给、居民需求、个人情况"3 个一级指标、11 个二级指标及 35 个三级指标组成的城市居民休闲生活质量评价指标体系,并采用线性加权法作为综合评价方法,用 AHP 法确定各评价指标权重。研究进一步运用已建立的指标体系,从定性角度和定量角度分别对福州市城市、居民的休闲供给和休闲需求进行分析评价。

另外,一些研究涉及不同群体休闲生活质量的研究,包括老年人、妇女、儿童、大学生等。如孙樱以北京居民为例,分析了中国大城市老年休闲生活质量的影响因素和空间差异,认为随着老年人口数量的增大,老年休闲需求也不断增加。传统的、面向城市公众的休闲服务设施的功能设计和布局原则受到挑战。把握城市老年人口的休闲行为和影响因素,因势利导,营造高质量的城市休闲环境,倡导健体益智、文明祥和、有益身心健康的休闲娱乐活动,使之老有所健、老有所学、老有所乐,提高城市老年人口的休闲生活质量,是未来我国城市社会发展的重要议题。李享、宁泽群等(2010)通过对北京三大典型社区 60 岁以上老人的抽样调查,得到 605 个有效样本,运用回归分析的方法,找出影响空巢老人休闲生活满意度,来自休闲服务保障供给、不同休闲方式和休闲花费 3 个层面的 3 个影响因素。结果表明,老年人自身休闲生活总体较为满意,社区休闲服务供给对空巢老人最为重要。目前空巢老人多选择低成本、小活动半径的休闲方式,这一满意度基本不受其家庭人均月收入水平的变动影响,但却与家庭收入用于休闲生活的多少直接相关。

也有以妇女和儿童为研究对象,分析了影响其群体休闲生活质量的主要影响因素。贾晶对太原市中年女性的休闲生活状况进行了调查,分析了其休闲生活质量的状况和影响的主要因素,选择了三个不同角度对太原市中年女性休闲生活质量进行了研究。其一是宏观层面的研究,主要包括三个方面,即太原市中年女性休闲素质分析、太原市休闲功能分析和太原市休闲保障系统分析;其二是微观层面的分析,在问卷调查的基础上,运用比较研究法,从太原市中年女性闲暇时间拥有量、中年女性休闲意识、中年女性休闲内容、休闲方式和休闲障碍等五个方面对中年女性休闲状况进行了分析;其三是在指标体系的基础上,通过确立模型,计算出太原市中年女性休闲生活质量的综合指数。三方面的研究结果均表明太原市中年女性的休闲生活质量处于偏低水平。夏怡然(2004)利用福建省第二期中国妇女社会地位抽样调查资料,从福建女性拥有的闲暇时间的多寡、闲暇活动的丰富程度以及闲暇活动的内容等方面来考察福建女性的闲暇生活状况,并根据数据分析女性闲暇生活各个方面的影响因素,最后根据福建省女性闲暇生活的特点及其影响因素提出进一步改善女性闲暇生活的几点建议。黄丹(2008)以湖北黄石市为例,研究城市已婚女性休闲参与和休闲制约因素及存在的问题,并从个人、公众和政府三个层面提出提高我国城市已婚职业女性休闲生活质量的途径及克服她们休闲制约的有效建议。王小波(2004)利用全国2400多名儿童及其家长的实证调查资料,试图描述当前我国城市儿童休闲的基本状况,分析阻碍儿童获得充足休闲的影响因素以及如何使儿童获得他们应该享有的休闲与自由。

大学生作为一个特殊的群体,其休闲生活质量也进入了研究者的视线。如杨添(2005)以沈阳市8所大学1000名大学生作为调查对象,调查了他们的余暇活动,结果显示大学生在闲暇时间里以参加体育活动为主,同时在明确目前体育课和课外体育活动存在问题的基础上,提出了要加强大学体育教学和课外体育活动改革的建议。何录兰等(2004)以湖南省17所中学的2040名学生为对象,调查了他们的闲暇活动。结果表明,闲暇时间以听音乐、体育锻炼为主,学生最喜欢从事的活动是音乐,其次是体育锻炼,并且有半数以上的学生对目前所在学校组织和安排的校内课外体育活动感到不太满意,但湘北优于湘南。

综上研究发现,对于休闲与生活质量关系的研究具体表现在以下两个方面:一方面,在 2006 年以前,将休闲生活列入生活质量内容的还非常少,专门针对休闲生活质量的研究也比较少,已有的一些研究只是从闲暇时间、休闲方式、休闲行为等来分析公众的休闲状况。2006 年以后,我们可以看出学者们关于休闲生活质量的研究开始涉及不同的角度。休闲生活质量的研究也涉及女性、儿童、老人和大学生休闲生活质量的研究。另一方面,我们也看出,研究的方法和理论依据有待进一步提高。

第二节 休闲与生活质量关系指标的研究

休闲作为现代社会的重要特征,正受到社会各界的广泛关注,休闲研究也成为各研究领域的热点。尽管不同的研究领域对休闲的理解各不相同,但无论什么研究角度,大家共同认为,参与休闲活动能够使人心情愉悦,能提高人们的主观生活质量。也就是说,在休闲与生活质量之间存在正相关的关系。然而,这个判断多是逻辑推演的结果,至于休闲与生活质量之间关系的影响机制如何,目前国内还缺乏系统的理论与量化的研究。少数学者仅从哲学、社会学、经济学角度对此有所触及,基于社会心理学的休闲与生活质量的研究还很缺乏。从某种程度上说,实证量化考察更是存在不足,因此,制约着休闲研究的深入,也使得相关理论问题的分析只能停留在思辨层面,而缺乏实证结果的支撑。

对于休闲与生活质量的关系的研究,应起始于 19 世纪的 40 年代。到目前为止,无论从什么角度,研究者都认为休闲与生活质量之间存在正相关关系,但是这更多的是理论上的逻辑推测和构建,而究竟通过什么变量来衡量两者的关系,即其机制如何,不同研究者采用了不同的指标。宋瑞(2006)介绍了目前国外的研究成果,认为休闲与生活质量的关系的指标包括两类:一类是客观指标,即根据个体体验的外部条件来衡量,如城市公园、体育设施或服务及其使用频率等;另一类是主观指标,即根据个体心理体验来衡量,如休闲态度、休闲满意度等。一般来说,采用客观指标的人持以场所为中心的观点(place-centered perspective),而采用主观指标的则持以人为中心的观点(person-centered perspective)。

一、休闲与生活质量关系的客观指标

以场所为中心的休闲指标的研究认为,各种休闲设施、休闲资源、休闲环境等是影响个体生活质量的重要因素。随着社会城市化的发展,"休闲场所"被认为是研究生活质量的一个很重要的因素。持这种观点的研究认为,生活在规划完善、文明友好、宜居的环境中,生活质量就会提高。因此,提供适合不同年龄段居民的各种休闲资源,如体育活动场所、高尔夫球场、网球场、游泳池、自行车道和散步道、湖泊、社区中心等就成为社会发展的必然需求。许多研究者从不同角度分析了提供各种休闲设施的必要性。如 R. Marans 和 Rodgers(1975)认为公园和运动场的建立是提供休闲的重要场所。Blake 等(1975)则认为户外娱乐设施是能提供人们休闲娱乐的好地方,能有效地提高人们的生活质量。

Papageourgiou(1975)研究建议,娱乐服务和设施、公共和私人娱乐设施和服务、参与社会交往的机会、参与文化活动的机会等是考察休闲与生活质量关系的重要指标。持此观点的研究者指出,为了提高公民的生活质量,政府和相关机构应建造更多的休闲设施,提供更多的休闲服务,从而能够让所有市民更加方便地获得各种休闲资源和休闲机会。

二、休闲与生活质量关系的主观指标

以人为中心的休闲指标研究者则认为,休闲参与情况、休闲满意度和休闲态度等指标是影响个体生活质量的重要因素。许多研究者通过实证分析发现,对一般公众而言,参与休闲活动能够提高其生活质量。各种休闲活动对于不同社会群体的生活质量来说,都存在正向的促进作用。如 Wankel 和 Berger(1990)、Dowall 等(1988)分别研究了参与体育活动对人们提高生活质量的积极影响。其他一些学者对不同社会群体参与休闲活动进行了研究。如 Benum 等(1984)对存在中年危机的妇女、Siegenthaler 和 Vaughanx (1998)针对老年人、Iwasaki(1998)对失业者等的休闲活动的研究发现,休闲活动能不同程度地提高这类群体的生活质量。有研究者还分析了一些社会边缘群体的休闲满意度与其生活质量的关系,如 Moller(1992)分别以南非城市黑人青年、Kousha 和 Mohsenix(1997)以伊朗已婚和未婚城市妇女、Romney 等(1994)以残障人士为研究对象进行了研究,得到相似的结论。一些研究者还进一步说明,休闲活动的价值不仅取决于从事这项活动的频率,而且取决于参与者的态度和心态。如 Ragheb 等(1993)的研究建议,对于生活质量的提高而言,一个人具体参与什么活动远不如从活动中所获得的满意度更为重要。Russell(1990)对老人群体的研究也支持了上述观点,认为对老年人的生活质量而言,休闲满意度远比休闲参与状况更加重要。

三、休闲与生活质量关系指标的争论

在衡量休闲和生活质量的关系方面,如同生活质量指标的争论一样,采用主观和客观指标两种观点也存在着分歧。有研究者认为,仅仅使用其中哪一个都会过于简单,因此,应该把两类指标结合在一起使用。但也有人认为,由于两套指标的结果缺乏可比性,无法在一个研究中同时使用。如Mercer(1994)研究认为,不可能同时使用主客观指标,原因在于无法建立一个足够广泛的、综合的、灵活的指标体系,从而将两者联系在一起。而澳大利亚学者 Kathleen M. Lloyd 和 Christopher J. Auld(2002)则通过实证方法进一步证明了两类指标分别在何种程度上能够预测生活质量,以及两类指标之间存在怎样的相关性,这种相关性又对生活质量有何影响。在对前人研究成果进行分析的基础上,Kathleen M. Lloyd 和 Christopher J. Auld指出,单独使用两类指标中的任何一个都无法全面衡量休闲质量及其对生活质量的贡献,因此必须把两类指标结合起来。他们编制了休闲与生活质量的指标矩阵,具体来说,包括对休闲资源的使用和满意度、对环境质量的认知、休闲参与状况、休闲态度、休闲满意度五个指标。每个指标都有具体的维度与问题组成。Kathleen M. Lloyd 和 Christopher J. Auld 以澳大利亚为例,采用上述指标对市民休闲活动与生活质量之间的关系进行了分析。其基本结论是,相对客观指标(即以场所为中心的指标)而言,主观指标(即以人为中心的指标,特别是休闲满意度)更能反映生活质量。因此对于决策者来说,除了关注客观条件外,更应该关注个体的主观感受,这样才能更好地了解休闲和生活质量之间的复杂关系。

从量化角度考察休闲与生活质量之间的关系,不仅是一个理论问题,更重要的是具有极大的政策意义。当前,我国正在建设小康社会和和谐社会,在此过程中,关注国民休闲状况及其与个体生活质量的关系,能够帮助政府及相关决策者制定和调整社会政策,并针对影响休闲与生活质量的各种因素采取相应措施,从而切实提高国民的生活质量,实现社会的全面协调发展。

第三节　体育休闲与生活质量关系的研究

体育休闲是人们休闲生活的重要组成部分。近年来,随着研究理论与实践的发展,国内学者也开始关注体育休闲与生活质量关系的一些实证考察。(由于在我国对体育休闲与休闲体育两者的概念运用比较模糊,已有的相关研究多用"休闲体育"一词。)

魏薇(1997)分析了休闲体育与生活质量的关系,论述了休闲体育对生活质量的贡献为促进身体健康,健全身心、发展个性,改善人际关系,增强道德规范,利于社会安定,等,并指出开展休闲体育活动有益于生活质量的提高。

顾红(2009)运用文献资料分析、问卷调查和数理统计等研究方法,从生理、心理、社会关系和环境互动四个方面探讨了休闲体育对都市职业女性生活质量的影响,并指出:参与休闲体育锻炼者和不参与者在心理和社会关系上有显著性差异;不同年龄、学历和收入背景特征的职业女性参与休闲体育锻炼对生活质量的影响也呈现较大的差异性。

张敏(2011)对1780名体育教练员的休闲体育活动与生活质量关系进行了实证研究,结果显示,休闲体育活动是提高珠三角教练员生活质量的一个重要因素。休闲体育活动对生活质量存在正向相关影响,尤其对教练员的业余活动、缓解精神压力、增加积极情感、提高身体活动能力等因子的相关性较为密切。

田芝兰(2012)在《中职教师休闲体育活动与生活质量关系的实证研究——以珠三角为例》一文中指出,休闲体育活动对生活质量存在正向相关影响,尤其对中职教师的业余活动、缓解精神压力、增加积极情感、提高身体活动能力等因子的相关性较为密切。

赵俊红、方敏(2013)根据安徽省的地域特征,选择合肥、芜湖、亳州三座城市的780名居民进行调查,结果显示,相对于休闲参与的客观指标,休闲体育态度、休闲体育满意度和活动地点环境满意度等休闲体育参与的主观认知评价结果更能解释休闲的生活质量。参与休闲体育来提升生活质量,参与者主观体验的态度和心态比实际行动的数量更有意义。

孙永梅(2011)采用休闲体育活动问卷和WHO生活质量简表对芜湖高教园区的4所大学院校的498名大学生的休闲体育活动与生活质量的关系

进行调查研究。运用 t 检验、χ^2 检验、方差分析和相关分析对调查数据进行分析,结果显示,大学生参与休闲体育活动的时间较少,不同性别的大学生参与休闲体育活动时间、频率存在差异性,经常参加体育活动有助于提高大学生的生活质量,休闲体育因素与生活质量之间呈正相关关系。

曾其令、郑小平(2011)对珠三角高校教师休闲体育活动与生活质量的关系进行了调查。研究结果显示,休闲体育活动对生活质量存在正向相关影响,尤其对高校教师的业余活动、缓解精神压力、增加积极情感、提高身体活动能力等因子的相关性较为密切。

李睿恒、张学雷等(2010)在《城市中青年人群休闲体育活动与生活质量关系的实证研究》一文采用对照比较法将研究的人群按照每次参与休闲体育锻炼的持续时间及周频率分为休闲体育组和非休闲体育组,对两组人群的生活质量进行了比较分析,说明休闲体育活动是提高生活质量的一个重要因素。

张国荣等人(2008)以河北省石家庄、保定、唐山、廊坊、邯郸等市区不同地理位置的中青年人群(非学生身份)为调查对象,职业不限,采用整群随机抽样的方法,发放问卷 2000 份,其中经常参加休闲体育活动的 977 人作为休闲体育组,不经常参加休闲体育活动的 643 人作为非休闲体育组。结果表明,两组的人群对体育的健身功能认识差异无统计学意义。从各组间纵向比较可知,两组的人群都认为休闲体育活动对改善身体健康、心情、工作精力、生活状态作用较大,而对人际关系、家庭关系的作用相对较小。从组间横向比较来看,休闲体育组人群对体育功能七个方面的认识情况均好于非休闲体育组的人群。在这七个方面中,两组的人际关系和家庭关系均值得分相差最大。也就是说,参加休闲体育组人群对体育促进人际关系和谐、家庭关系和谐的作用有较深刻的体会。两组人群在总的生活满意度上的差异无统计学意义,但在物质维度、身体维度、心理维度、社会维度和生活质量上都存在显著的不同,休闲体育组的维度得分均高于非休闲体育组。经比较,休闲体育并不是影响主观生活质量或生活满意度的主要因素。相反,休闲体育与心理维度的关系最为密切,其次是与身体维度的关系,这在一定程度上反映了休闲体育对个体身心健康的本质功能作用。研究还认为,影响非休闲体育组生活质量的因子主要有家庭经济、自尊、业余活动、工作能力及住房情况,表明物质经济是影响生活质量的基础性要素。综合影响休闲体育组人群生活质量的因素来看,满足个体精神需求因素所占的比例较大,包括社会支持、人际关系、精神压力、业余活动。同时对自己身体健康的需求也成了这部分人群生活质量的主要需求因素之一,而对满足居民物质条件的需求所占的比例较小。休闲体育活动与影响两组人群生活质量和生活满意度的因子具有较强的关联性,其中与业余活动、精神压力、积极情感、身体活动能力等因子的相关性较为密切。研究认为,休闲体育活动对提高人们的生活质量有着一定的积极作用,尤其是对于反映身心健康的因素作用最大。

孙敏(2013)运用文献资料法、调查法、数理统计法等研究方法,对北京市北太平庄街道社区的居民进行休闲体育参与情况以及生活质量状况的调查,将影响休闲体育组与非休闲体育组人群生活质量的主要因素以及影响两组人群生活质量的均值进行比较,并对参与休闲体育活动与生活质量之间的影响做了相关分析,得出以下结论:第一,居民体育锻炼的持续时间以及参与次数上有明显的性别差异,持续时间男性长于女性,参与次数男性多于女性。第二,不同性别选择体育锻炼的项目也有明显的差异,男性选择体育锻炼最多的项目是球类,女性选择最多的项目是健身(操)。第三,居民每月休闲体育消费在300元以下的占了49%,居民休闲体育消费总体水平还比较低,休闲体育消费主要用于购买运动服装、购买体育器材设备、使用营利性体育健身场所。第四,休闲体育组人群对体育功能(身体健康、愉悦心情、精力充沛、改善生活、改善形象、促进人际、和谐家庭)七个方面的认识情况均好于非休闲体育组的人群。第五,影响北太平庄街道社区休闲体育组居民生活质量的因素按重要程度排列依次为社会功能因素—心理因素—物质因素—身体因素;影响非休闲体育组居民生活质量的因素按重要程度排列依次为物质因素—心理因素—社会功能因素—身体因素。将影响两组人群生活质量因素的重要程度进行比较,可以看出休闲体育组居民更注重对社会功能的需求,非休闲体育组居民对物质的需求更迫切,由此揭示出北太平庄街道社区居民的休闲体育是建立在一定的生活水平(物质经济基础基本满足)之上的活动。第六,北太平庄街道社区休闲体育人群生活质量的四个维度均值皆高于非休闲体育人群,表明休闲体育能在一定程度上促进居民生活质量的提高。第七,休闲体育不是影响主观总体生活质量满意度的主要因素,休闲体育与心理维度和身体维度的关联度最高。

蔡晓静(2013)采用问卷调查法对原平市城市中年女性体育锻炼和生命质量现状进行了调查。问卷调查中采用SF-36量表和自编体育锻炼问卷,在原平市广场、小区、健身馆等场所,通过现场发放、现场收回的方式对原平市550名城市中年女性发放问卷。研究结果显示:第一,原平市大部分城市中年女性认为体育锻炼对身体健康很重要。第二,原平市城市中年女性主要参与的项目是广场舞、秧歌、散步。第三,原平市大部分城市中年女性体育锻炼频度、持续时间以及锻炼后的疲劳感达不到身体机能所要求的标准。第四,体育锻炼每周三次,每次持续时间在30～60分钟,锻炼后感觉轻度疲劳的生命质量最好。第五,年龄、文化程度、体育锻炼、慢性病是影响原平市城市中年女性生命质量的主要因素,其中慢性病和体育锻炼对生命质量的影响非常明显。在慢性病患者中,与一年前相比参加体育锻炼的健康状况和生命质量明显好于不参加体育锻炼的健康状况和生命质量。第六,缺乏指导员、缺少场地也是影响原平市城市中年女性体育锻炼的主要因素。

　　已有的研究显示,体育休闲与生活质量呈正相关关系,参加体育休闲活动是提高生活质量的一条途径。但不同人群在年龄、工作、收入、环境等方面有所不同,造成其参与休闲体育的频度和时间会有所不同,因此如何提高居民对休闲体育活动的参与率将是我们应该关注的话题。另一方面,我们也看到,在我国,现有的体育休闲与生活质量关系的研究多为一些简单的调查研究,且多从客观方面进行指标的设立,研究多采用简单的数据描述,缺乏有深度的理论依据作为研究的支撑,而从社会心理学角度分析休闲与生活质量的关系研究几乎是空白。

第四节　小　结

　　在我国全面建设小康社会的进程中,体育休闲日渐成为城市居民休闲娱乐的主要活动之一。对城镇居民体育休闲活动情况与生活质量的关系进行研究,有助于提高城镇居民参与体育休闲活动的积极性,改善城市居民体育生活环境,丰富居民的业余活动,缓解精神压力,提高身体活动能力等。本章主要对休闲及体育休闲与生活质量关系的相关研究进行了概述。首先,从理论上阐述休闲与生活质量的正向影响关系,并综述了关于国内外休闲对于生活质量影响的相关研究,认为不同的研究领域从不同角度对休闲与生活质量问题进行了研究,由于研究的侧重点不同,指标的设置也不尽相同。但无论从主观还是客观的角度看待休闲与生活质量的关系,研究者都认为休闲能促进人们生活质量的提高,可以说,休闲是生活质量的一个重要影响因素。本章还对国外对于休闲与生活质量关系的指标研究进行了归纳总结。与生活质量研究一样,主、客观指标的结合是本领域研究的发展趋势,对于休闲与生活质量的研究,应从主观和客观两方面去综合考虑。在此基础上,本章对体育休闲与生活质量之间关系的研究进行了归纳总结,发现目前此问题的研究还处于初始阶段,有待于我们从更多的视角去进一步探索。同时,相关领域的理论研究相对滞后,以至于无法更好地指导实践。

第五章　休闲与生活质量关系的社会心理学理论模型的构建

第一节　休闲研究背景

休闲已成为我们这个时代的重要社会特征之一。在一些经济发达的地区已开始出现标志性的理念，并被作为城市发展的目标。例如，杭州这个著名的历史文化名城，在 2006 年举办世界休闲博览会，把城市发展的目标定位在"世界休闲之都"上，并开始打造以休闲产业和休闲文化为龙头，带动整个经济和社会全面发展的城市"精品"。杭州居民的生活方式正在朝着休闲多元化的方向改变，形成了以休闲文化为主要特征的社会行为方式。从社会行为心理的层面上看，休闲的发展意味着居民生活质量已不再是朝向客观取向，而是将注意力转向主观的精神消费方面。更多的时间用于诸如旅游、健身锻炼、美容、接受各种技能培训、完善自我终身教育、读书和审美欣赏等方面。这些社会休闲行为反映了现代人生活价值观和生活质量的社会心理趋向。因此，一些社会心理学家把休闲描述为一种基本的社会氛围。在这个氛围中，社会的同一性是一种内在的凝聚力。也就是说，在同一兴趣下，人们既可以自由地选择、发展和满足社会关系，又可以随意地追求和学习社会知识，通过运用一定的社会规则和角色，以组织、实施和奖励等方法来创造娱乐的机会，从中体验自然和挑战的乐趣，满足个体社会交流的需求，达到享受生活和促进个体成长的目的，使之成为一个完全的社会人。

人们普遍认为，休闲行为是一种追求享受的心理趋向，因而它与生活质量有着密切的联系。在社会心理学领域，研究人员历来比较重视对生活质量问题的研究。自从美国学者加尔布雷斯于 1958 年在《丰裕社会》一书中提出了"生活质量"的概念以来，有关围绕生活质量的定义、命题和测试受到了各个研究领域的关注,尤其是在心理学领域。关于生活质量的指标体系,目前的研究主要将其概括为客观和主观两个方面。生活质量的客观方面归纳为环境存在的生活条件,例如,衣食住行、收入分配、劳动保障、医疗保健、教育学习等。而主观的方面则主要是基于个体的认知,即对生活体验的评价和满意度,在生活情趣、人际关系、人生目的、人生理想、道德情操、权益保障等方面的满意评估。有关的心理学研究建议,休闲的行为主要激发于内在的动力,强化享受和满足的体验,促进心理满意的自我评估,因此它能提高生活的质量。近年来,在中国出现了大量的有关休闲与生活质量研究报告的同时,也有一些国外休闲的理论被介绍到中国。但是,即使是在国外,基于社会心理学分析的休闲与生活质量的理论研究也是寥寥无几。我们认为,对于休闲的研究,应该从不同的视野去探索它的理论框架。中国的休闲研究相对滞后,缺乏对社会休闲心理现象的系统了解,致使一些休闲人文文化的建设和价值导向等理论问题的研究长期得不到发展。例如,作为决策者,如何把握社会休闲的心理关联趋向? 现有的休闲文化建设,及其健康、科学、文明的价值导向是否真正有助于提高居民生活的质量? 这些问题与居民休闲的社会行为心理有关。因此,探索这些问题,有待于从社会心理的角度,构建休闲理论的知识体系,解释自由时间内最大限度地满足个体心理的需求。由于国内休闲理论构建研究仍处在起步阶段,本文主要以现有的相关休闲研究为基础,从社会心理学观点的角度,采用文献分析综述和理论推理的方法,对休闲与生活质量的社会心理学现象进行阐述,主要目的在于构建一个休闲与生活质量关系的理论概念模式,以拓展休闲理论研究的新视野。

第二节　休闲的主观和客观特征

国内的休闲研究是从一个社会现象开始的,后来发展成关注它的社会和经济效应问题,继而延伸到管理问题。但是,长期以来休闲的理论研究显得力不从心,以至于有关的概念一直处于混沌状态,至今还没有一个较全面、准确的描述。从哲学的观点考察,有学者认为休闲是一种"生命状态的形式",强调一种生活方式,旨在消除疲劳,获得精神享受;社会学者是把休闲作为社会行为来研究的,认为时间是支配人们休闲的重要因素;而经济学界则把休闲作为一个产品来考察,着重研究它的经济地位、产业和市场运作问题。我们通过对目前国内的休闲研究成果的检索,信息形式包括学术会议论文、报告、手稿、学位论文、书籍和学术期刊论文等,归纳起来大约可分为几个方面:第一,休闲理论、政策和实践;第二,特殊群体的休闲;第三,生活状态、休闲教育与咨询;第四,个体娱乐、运动、文化和家庭活动;第五,休闲设施管理与规划;第六,公园、自然资源和环境问题;第七,休闲产品与服务的市场;第八,职业培训与就业;第九,休闲与旅游工业。把这些研究的休闲概念加以分析,发现大多数研究是基于休闲的客观特性来界定的。虽然休闲的客观现象研究有助于考察个体或社会是否融入了休闲活动,但不能直接解释休闲本身的含义。也就是说,研究休闲首先要面对的问题是辨别一个活动或行为是否应被界定为休闲。如果仅把休闲作为客观现象来研究,休闲的真正含义就被模糊化了,这样,研究的结构效度就会大打折扣。也就是说,研究所得的结论是否描述了休闲的规律是一个首要的质疑。这是因为个体参与某个活动是否被界定为休闲,有待于行为者主观的评估。例如,对于一个具体的个体来说,休闲可能包含从事篮球运动,但并不意味着从事篮球运动就是休闲。什么时候篮球运动被界定为休闲,要取决于个体的主观评估。关于休闲的概念界定,早在 20 世纪 70 年代 Shaw 就提出了休闲的主、客观现象讨论。在他的研究中,休闲的界定主要是行为者根据对时间的计划主观地评估活动属性来确定的。后来,基于对时间的观察,Unper 和 Kernam 把休闲的定义进一步划分为客观和主观的成分。这一划分使后期的休闲研究大都基于时间来判断主观与客观的性质。例如,Clark 等的研究认为,客观时间决定主观选择休闲,活动的主观权重对于解释休闲的参与和方式尤为重要。基于该观点,他们发现,限制妇女休闲活动与时间有关的因素包括就业、婚姻和生育等方面。社会心理学家通常会关心现象学的问题。因此,考察休闲的初衷是把它的主、客观特征加以区别。从社会心理学的角度,这个问题主要基于两个假设:一是某个休闲的含义来源于对现象的学习;二是个体认知休闲的角度。这两个假设为认识休闲提供了一个途径,解释目前理论中人们对休闲现象的理解。也就是说,在传统的休闲研究中,休闲通常被认为是"自由时间"(freetime)或"活动"(activity)。随着人们对休闲认识的深入,认为仅仅用"自由时间"或"活动"来描述休闲是远远不能表达其真正内涵的,因为参加休闲的主要原因之一是实现"社会互动"(social interaction)。所以,有学者建议休闲是一种"释放式活动"(emancipatory action)。也有的学者认为休闲是"社会拓展"(community development)，或是"参与式民主"(participatory democracy)。Mannell 和 Kleiber 从社会心理学的角度分析，认为休闲反映了"大脑的状态"(state of mind)。这样，休闲实际上就被分为了主观的和客观的现象来研究。作为客观的现象，休闲是一些有形物质或观念组成的系列活动，如场地、具体的时间或活动的计划等。在这类的休闲研究中，研究人员通常倾向于把休闲定义成具有操作性。这种操作性功能可以让研究人员对休闲参与者的时间、活动、计划等进行标识。

作为主观现象，休闲被解释为个体参与活动的心理体验、满意程度或参与的含义。其操作性表现为外部的(来自研究者的评估)和内部的(来自参与者的评估)资源。例如，研究者可以对休闲参与者认知的自由度、内在动机、效应水平进行评估，基于一个相对水平的定量结果来界定休闲。同时，从操作的内部资源考察，研究者也可以采用参与者评估体验标准的方法来界定休闲。Shaw 曾把休闲作为主观现象来研究，运用诸如自由度、内在动机、享受度和放松度等指标体系，让被试对参与的活动进行休闲和工作含量的评估。这是一个成功地把休闲作为主观现象来研究的早期案例。后来，Howe 和 Rancourt 对传统的休闲概念提出质疑，认为对于发生在一定时间和空间里的行为活动，研究人脑活动的状态可以使研究人员更直接地解释休闲体验与休闲本身概念的关系。20 世纪 90 年代末，Mannell 和 Kleiber 提出了"休闲研究的心理学"(psychologization of leisure studies)，运用社会心理学的理论、概念和方法来解释休闲行为，认为休闲反映了大脑的状态。基于主观现象的特征，Hemingway 和 Parr 进一步提出了社会心理学的休闲研究方向。他们主要从三个方面开阔了休闲研究的视野：第一，解决目前休闲理论难以解释的社会学问题；第二，提出休闲的核心问题是增进个体的全面健康；第三，休闲是通过个体与社会互动来实现的。由此可见，休闲不仅是一个客观现象，也是一个主观现象。作为主观现象来研究休闲，强调了社会心理学的观点。在这个领域里，休闲被看作是内部主观合作认知的结果。也就是说，从社会心理学的观点分析，休闲提供了一个社会体系，使人们可以创造相互影响的娱乐健康体验，反映个体对参与社会组织活动适应性的评价。运用社会心理学的方法，可以解释群团人体怎样形成社会共识，探索休闲的社会互动作用，研究参与过程中形成的主观满足体验，揭示休闲本身的含义。

第三节　休闲与生活质量关系的认知

在过去的 20 年中，有关生活质量的研究出现过热点。刺激该领域发展的因素主要包括四个方面：第一方面，科学技术的发展促进生活水平的提高，人们需要了解发展、认知、价值和环境的复杂综合是否会影响个体、家庭、社会的健康状况；第二方面，需要探索社会中生活压力的测试标准；第三方面，需要增强个人计划的意识，促进对生活的理解；第四方面，在生活质量研究的领域中，需要引进社会心理学的观点，提出生活质量的主观认知，强调个体特征。由此可知，社会心理学在生活质量的研究领域中占有重要的地位。关于生活质量的定义也随之出现了许多不同的描述，这主要基于不同的研究目的而变化。从社会心理学的角度，目前较为一致的观点认为，生活质量应基于个体在生活满意度、健康程度和综合环境 3 个指标方面的认知评估。许多研究人员运用这一观点和方法研究了人们对生活水平的评估。由于生活质量概念的应用性广，研究的内容涉及很多方面，其中当然也包括休闲的研究。从社会心理学的观点分析，休闲能促进个人的生活质量。Kernan 和 Unger 曾于 1987 年在一篇名为"休闲、生活质量与市场"的文章中阐述了休闲与生活质量的关系："一个人没有辛苦，可以生活得很好。但是，有质量的生活，缺少了休闲却不能。"目前的休闲研究也表明，休闲娱乐不仅能增强体质，而且还能保持心理的健康，有益于生活质量的提高。例如 Kraus 发现休闲参与的态度与心理健康、个人同一性、需求满意度和生活满意度之间存在着正相关关系。有关的研究解释，休闲活动为个体提供了社会交流的机会，发展社会同一性，促进身心放松。进一步，休闲活动主要是由内在动机支持的，而这种内在的动机在发展和运用技术方面，维系了相对较长的时间，最终作用于人的生活方式。Moore 认为休闲与生活质量有着直接的关系，主要体现在生活质量定义的内容实际上是描述休闲的结果。所以，在休闲研究中参考生活质量的概念，考察个体的社会休闲环境，以此为评价工具，能较好地反映个人与社会环境的健康状况。运用社会心理学的方法在研究区域性生活质量的问题时，更能显示出它的优越性。例如，Allen 曾调查社区生活的满意程度，运用生态学的方法考察社区娱乐休闲服务，结果发现社区休闲服务的发展与生活满意度有密切关系。但遗憾的是Allen 的研究缺少了反映主观认知方面的生活满意度。为了弥补这一不足，

Jeffers 和 Dobos 运用社会心理学的方法重新测试了这一关系。他们通过对生活质量的公众认知、休闲价值趋向、休闲机会的认知和社会交流的方式等进行测试,结果发现休闲的价值趋向与社区生活质量存在着正相关关系。这一研究结果以深层次的内在影响因素回答了 Allen 发现的关系。

第四节 休闲与生活质量关系的社会心理学概念模式

如前所述,国内外有关休闲与生活质量关系的研究多为应用研究,而理论的研究则不多见,这种局面会相对滞后于我们对休闲本质的理解。因此,有必要拓展这一领域的理论研究,探索休闲与生活质量的内在联系。从社会心理学的观点看,休闲活动能促进社会统一、社会互动和个体发展,休闲的相对自由性为个体提供了发展生活满意度的机会。所以,休闲活动对人们的主观兴趣和生活质量尤为重要,人们对休闲机会的认知程度可以反映生活质量的评估。Winters 等运用社会认知理论研究了中学生对休闲时间的评估,结果发现被试的休闲满意度取决于对社会休闲氛围的认知。这些研究揭示了社会心理学的观点,论证了认知的发展和强化要依赖于一定的社会环境,休闲文化氛围为个体提供了认知休闲活动的可能性。Hawkins 等的研究进一步发现社会休闲文化的氛围会增加人们对生活满意度的认知,促进个体对生活质量的评估。基于同行的研究结果,Johnsen 和 Christe 认为社会休闲文化氛围在很大程度上会提升个体生活质量评估。这些实践研究的结果为我们发展休闲与生活质量理论模式提供了依据。在我国,有些城市已经形成了自己的休闲文化氛围(如杭州、成都等城市)。在这些城市中,休闲文化的氛围为人们提供了大量的娱乐选择信息。人们认识休闲的机会不仅可以通过个人的社会观察和学习,还可以通过大众媒体和社会互动。我们认为,休闲的社会体验主要基于文化氛围的作用,文化氛围的因素显得尤为重要,因为它关系到人们休闲的价值观和社会交流的内容。例如,对于休闲文化的氛围,社会的同一性会极大地影响个体休闲的价值观,同时也会主导社会休闲的互动形式。由于休闲的价值趋向和社会交流形成的休闲文化氛围为个体提供了一个社会认知环境,从而增加个体对休闲机会的认知度,同时也会相应增加对休闲的满意度。前面讨论到的休闲研究表明,高的休闲满意度会导致个体对生活质量评估的增加。所以,当人们意识到生活环境中休闲的机会增加时,他们会感到生活质量在提高。

　　必须指出,休闲本身还具有客观特征,所以,休闲文化氛围强化个体价值趋向还取决于社会人口的状况。所谓社会人口状况指包括个体成就因素、生活因素和其他不定因素(如性别、事件等)的综合社会学指标体系。个体成就因素在这里是指个体支配能力的特性,主要涉及与休闲价值观有关的教育、收入、职业等。生活因素主要指家庭状况,如社会关系组成、年龄等,其在很大程度上影响休闲的兴趣、能力和行为。另外,许多学者认为诸多因素都可能影响休闲参与行为,如性别差异、宗教信仰等。这些因素具有个体非控制特征,主要作用于休闲的文化、兴趣、价值观和交流的行为。基于这些讨论,我们构建了休闲与生活质量关系的概念模式(见图 5-1)。这个概念模式是把休闲置于社会环境中来考察行为者的主观评估,旨在解释社会环境作用休闲认知而休闲认知引导生活质量评估的"环境—休闲—生活质量"链。这样的思考路线在一定程度上反映了休闲的主观程序,为休闲的理论研究提供了一个演绎的雏形。

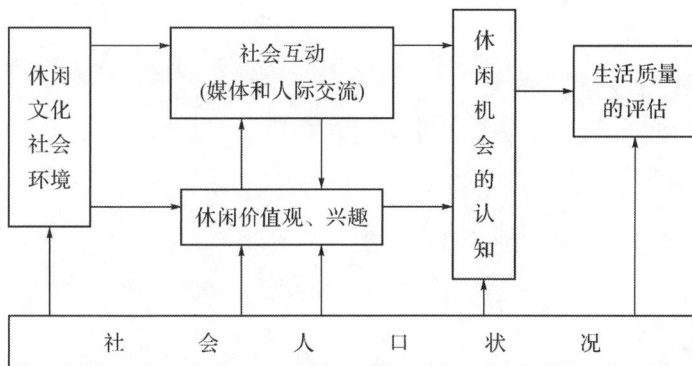

图 5-1　休闲与生活质量的概念模式图

第五节　小　结

　　本章从社会心理学观点讨论休闲的理论问题,着重阐述了休闲与生活质量的关系。过去的休闲研究从许多不同的应用角度探索了这一关系,认为休闲与生活质量之间存在着复杂的关系。基于这些结论,本章提出休闲与生活质量的社会心理学概念模式,主要把休闲作为主观现象放在社会系统中来考察。首先,休闲是一个具有特定文化的社会体系。在这个体系中,社会的同一性作用于社会互动的形式,同时也影响个体的休闲兴趣与价值

观。另外,由于所有的运行都是在社会体系中进行的,社会互动实际上又会
与休闲价值观相互作用,增强对休闲机会的认知。当休闲机会的认知度增
加时,生活质量的评估就会提高。最后,所有这些过程还受制于社会人口的
状况,作为催化剂,社会人口的状况影响着整个系统的运转。这个休闲的概
念模式包含了社会心理学的观点,更多地考虑到休闲的主观特征和它的人
文因素。值得一提的是,社会心理学的观点并不是主张回避休闲的客观现
象。相反,社会心理学主张把休闲的主观现象和客观现象综合起来考察,承
认它们的复杂性。

第六章 体育休闲促进生活质量的 社会心理学理论分析

第一节 休闲与社会互动的关系

依据上述的休闲与生活质量概念模式,社会互动是休闲促进生活质量过程中的一个重要变量。对于大多数人而言,休闲可能是一种简单的行为现象。但是如果进一步探讨这种现象,就会发现无法从单一角度来解释此现象。在西方,尽管"休闲"这个词出现得很早,但是成为一种社会论题却是在工业社会发展后,且其中的意义也有差异。通常情况下,我们对休闲的定义一般从三种观点(时间、活动、态度)来加以描述,即休闲是扣除义务责任之外的自由时间;休闲是非工作性的活动;休闲是知觉生活上的自我实现。休闲似乎是一个简单的概念,运用休闲概念的观点包括:时间、活动、体验、行动、自我实现等,无论是从什么角度来讨论都可发展一套逻辑来阐释休闲。符合互动论(symbolic interactionism)的观点认为,人类事物接触是基于外界事物对人类所具有的意义;事物之间的意义是由人与人的社会互动所产生的;在各种意义互动过程中,各种事物的意义被塑造与修正。因此,符号互动论为我们探讨个人休闲行为的产生过程提供了理论依据。

社会学认为,所谓社会互动,是个人与个人、个人与群体、群体与群体之间发生相互影响性的行为方式和过程。构成社会互动,一般要具备以下三个因素:一是必须要两个或两个以上的相互主体,互动即意味着相互作用,离开了相互作用的对象是不可能有"互动"的。作为社会互动的主体,可以是人,可以是群体。所以,互动可以发生在个人和个人之间,个人和群体之间,也可以发生在群体和群体之间。二是互动主体间必须发生某种形式的接触。这些形式可以是语言的互动,也可以是非语言的互动。发生这些互动的接触方式,可能是以身体各感觉器官相联系的直接接触,也可以是以其他媒介为工具的间接的接触。如和某人面谈、怒视某人、打电话、在网上下棋聊天等都是互动的不同表现形式。三是参与互动的各方有意识地考虑到行动"符号"所代表的"意义"。人类社会的互动是有其文化意义的,而且很多文化的意义都是象征性的,通过一系列的符号来表示。人在社会生活中,几乎每时每刻都在与他人进行接触和交往,发生相互作用。个人的行为引起他人的反应、他人的行为。期望又引起个人相应的行为反应。由于社会成员、社会成员的活动形式和内容以及这些活动的时空特征都是多样化的,因此,社会互动也是千差万别的。要完全罗列出社会互动的类型实属不易,本研究根据不同的行动主体将社会互动分为人际互动和媒体互动两大类。从个人儿童时期的自我构建、社会认同到其与家庭、团体之间的互动行为,对于个人休闲行为都会产生作用。从与家人的互动,然后扩及与所遇到的每个人的社会互动,而获得自我认同或自我概念。自我认同由对自己的感受和信念所组成,它影响我们如何处理周围与我有关的信息、动机、情绪状态、自我评价、能力等。如 Rentsch 和 Heffner(1994)通过对 200 位学生有关自我概念的内涵的调查,经统计分析认为,有八个方面组成自我概念类型,即自我决定的特质、社会分化性特质、自我觉知、内在信念、存在性特质、人际取向性特质、基因性特质、兴趣与休闲特质。

没有人一出生就具有自我的概念,个体在一生中会不断地发展自我概念。对于自我的发展,我们可以用米德(George Herbert Mead,1863—1931)的自我理论来解释。米德认为自我是一种能够发展的东西。它并不是在一生下来就已存在,而是在社会经验和活动过程中产生的,即作为个体与其他个体关系的结果,在特定的个体中得到发展。自我的发展可分为两个主要阶段。在第一个阶段,个人的自我系由特定他人或团体对自己的态度而组织构建的,例如养育他的父母或亲人,称之为重要他人。到了第二阶段,个人的自我不仅是由特定他人或团体的态度所形成,而是由许多他人及所属许多社会团体的变化,代表整个社会周围的共同态度。米德将其称为变化他人,其并非指特定的个人或团体,而是代表某一角色或者多角色彼此之间联系的一套准则或团体态度,同时它们进入个人直接经验而成为个人建构自我的要素。Kando(1980)认为每一个年龄有它独特的休闲方式可以选择,青少年喜欢尝试新颖、挑战性的活动,年轻成人则大多以家庭为主,户外性体能相关休闲活动的参与则随年龄增长而衰退。Mercer(1980)也认为年龄对于参与休闲活动的种类有独特而重要的影响,不仅是个人年龄因素,还包括个人所处的生命周期阶段。台湾学者的调查也指出,年纪愈轻者,愈注重文化活动的参与和户外有关的休闲活动,参加宗教活动的比例则随年纪增长而增加。

一、家庭与休闲互动的关系

Roberts(1981)认为,家庭是个人成长中最早与他人互动的基本单位,在家庭中这些主要互动的对象包括父母、兄弟姊妹等。这些人不仅承传个人社会化的因素,相对重要的是家庭本身就是一种最主要的休闲环境,提供个人生长与休闲的空间,对于个人日后的休闲参与有很大的影响。家庭与个人休闲行为也同样有很大的关系,家庭是人类生命中最早以及最重要的社会化结构,因为个人从出生开始,童年成长期通常在家庭中。其次,家庭成员的亲密互动关系,是其他团体无法取代的,而这种亲密的互动关系,就是个人社会化过程最重要的因素之一。家庭成员提供个人知识、行为规范、价值观、性别角色的学习,使个人日后能适应社会的生活。因此,家庭成员的行为态度,对于个人的人格发展有极大的影响力。在家庭中,模仿与认同提供了儿童社会化发展的过程。在模仿方面,儿童会有意识地模仿或学习某人的行为。例如模仿父亲的行为。当父亲在家里练习高尔夫球动作时,儿童在旁观看,也会学着做同样的动作。事实上这对日后儿童的发展有很大的影响,他有可能将高尔夫球当成自己的休闲活动,或者成为一位职业高尔夫球员。此外,在认同方面,认同意指儿童将父母的行为、态度、价值观、遵守之规范转变成己有。也就是说,儿童会吸收某方面与自己相似的人格行为,例如父母亲认为观赏职业棒球赛是一种有益的休闲行为,而且认为在球场上,球员的奋战精神有助于个人吃苦耐劳的精神培养,在球场外,球员热心公益提倡各项慈善活动,具有良好的社会形象,那么他们的孩子可能因为这个因素而将成为职业球员作为人生的目标之一。因此,学者认为家庭对于休闲的影响体现在以下五个方面。

1. 休闲是家庭的共同兴趣

一般而言,家庭中的成人与青少年会在一起规划与决定假期旅游等事宜。在规划过程中,个人所期待以及想象的旅游结果并不相同,而且所谈话题与建议也未必相同,不过旅游的动机是一致的。相对在其他的休闲场合中,家庭中每个成员一起体验休闲所带来的愉悦与家庭的和谐,应是一种符号的表达以及沟通与互动的建立。在参与休闲的活动中,会逐渐建立起一种共同的兴趣爱好,提供更多的互动机会。

2.休闲是双亲教导的社会空间

在家庭中,双亲不只是在游戏中与孩子一对一地互动,事实上在各种休闲参与过程中,双亲所提供的各种技巧与方法的教导,使得儿童能与双亲产生一种互动的行为,借以学习与适应并转移至日后的生活中。比如父母与孩子一起打篮球,在孩子接受父母投篮技术指导的同时,打篮球的运动过程给双方都提供了一个轻松的休闲互动氛围,使他们获得运动中的心情愉悦。

3.休闲是一种尝试以及发展家庭关系新局面的机会

在每个家庭中,每日生活均有一定的常规,而家庭中每个成员均循此常规在运作,例如上班、上课、运动等。在通常情况下,休闲的参与是一种新奇的且是一种无法预期的与他人互动的关系,或许我们参与的休闲大体是相同的,但是每次均会有不同的结果。也就是说,如果家庭某位成员在一段时间里参与某项健身活动,而家中其他成员通常也会开始注意并协同参与。从此,家庭的各个成员在工作之余或课余就会有围绕这个健身项目的新的话题、新的目标、新的活动,也因此打破了既有的日常生活规律,建立了一种新的家庭关系。

4.休闲也是一种自治与独立的机会

休闲是一种自我决定,是一种过程,亦是一种创造,是自我决定与行动后的结果。休闲在定义上时常包括自由感或是自由决定的组成,当然社会学者与心理学者甚至不同的理论学派在应用此概念上有不同的看法。早期人们休闲行为的发生多来自于家庭,随着年龄的增长以及家庭生命周期的改变,渐渐地人们从事的休闲活动可能并不包含家庭的成员,这种改变通常发生在青少年时期。当个人对于自我的角色,例如性别,以及其他人的社会角色产生认同,例如你是女生、是某某人的子女,个人的独立性与自治性也开始培养,以适应周围人所给予的期望。相对地,此时来自周围的人期望你能走出家庭的空间,开始与他人参与属于自我喜好的休闲活动,培养自我的能力,并且自由地与他人互动,更了解生活周围的人、事、物等。

5.休闲具有移除权威典范及维持家庭的功能

举例来说,在一个家庭中,父母亲是一位教师、军官、企业经理、银行家甚至是政府高级人士等。由于他们所处的身份地位,他们必须极力扮演其角色,并且发挥其职能,然而此种情形转移至家庭中,往往会造成家庭中的困扰。在家庭中,如果再以其身份地位对待家人的话,会造成家人的许多生活不便。但是在休闲参与过程中,全家人相处在一起,不会有各种隔阂,相对地放下身份地位能使家中各成员更容易相处。休闲就具有此种功能,休闲的氛围让每个家庭成员都感受到彼此的平等,就如在一起打球的时候,只有运动角色的不同,可以暂时忽略家庭原本角色的不同。

二、团体与休闲互动的关系

在人的一生中,会经历各种不同的团队生活,除了少数人之外,我们从小到大会经历许多各式各样的团体,例如家庭、学校、军队、工作的公司等等。在不同的团体中我们会遇到不同的人。团体中的人数通常因团体的性质而有所不同。此外,在团体中往往又延伸出不同的次团体。这些团体对于个人的行为具有重要的影响力,相对地,对于个人休闲行为也会有重要的影响。至于团体的概念与特性是什么? 其对于个人休闲行为又有何影响? 我们将对这两个问题加以探讨。

1.团体的概念与特性

人是社会性动物,会寻求与发展与他人结伴的关系。在这过程中,人因组织自己的同伴而成为团体。一般而言,团体意指两人以上有直接或间接的互动或沟通行为。不过如此的解释缺乏完整性,也欠缺精确性。事实上并不一定有两人以上的集合就可称为是团体,团体应具有一定的功能特性,而并非是以其表现或是人数来界定。Penrod(1986)认为,有时团体定义的因素为多数个体结合的结合体,在这团体中的成员彼此互动与沟通,而且具有共同的目标。Smelser(1984)认为团体主要具有两个特性:第一,团体中各个成员之间会发生互动;第二,成员的归属感,也就是成员对于团体的归属感。

2.团体与个人休闲的关系

从上述的观点我们可以引申出团体对于个人休闲行为的关系,主要体现在以下四个方面:

(1)团体提供了个人休闲互动的机会

在团体中每个人各行其职,然而当某些人开始谈论钓鱼的乐趣,或实地从事钓鱼活动,并且把这项活动当成一种休闲活动时,相对地,如果你处在这个团体中,如果你与他人并没有密切的互动关系,也许你只是听听就算了。但是,当你与这些人有密切的互动关系,并且当你的态度与需求趋向于和这些人相同时,你可能会因为同这些人有共同目标的关系,而参与钓鱼这项休闲活动。

(2)团体与归属感促使休闲行为的产生

在一个团体中,如果团体的凝聚力高,团体中的每个人对于团体的向心力高,而且他们自认为是属于团体中的一分子,那么,如果他们具有高度的休闲需求,或许参与的活动不尽相同,但是休闲的目标相同,因此对于个人的休闲行为通常会有很大的影响。

(3)团体成员吸引个人参与休闲

有些人参与某些团体是由于可接近他们喜爱的团体成员,这相对地也会增加其休闲参与的机会。举例来说,球迷崇拜某位职业球员,这位球员组织球迷俱乐部,并且定期举办各项活动,而且这位职业球员时常参与,球迷因欣赏他的风采,往往也会参与此俱乐部及各项活动。

(4)团体成员的地位促使休闲行为的产生

此论点与第三点类似,但不同的是这里指团体中成员所处的地位。举例来说,在我国高尔夫常被定义为上流阶级的休闲活动,而且是一种社会地位的象征。但由于近年来国民收入的提高,打高尔夫球的费用许多人都负担得起,基于此,如果在团体中某位地位高的人士,时常以高尔夫球作为度假的休闲活动,如果你处在他们身边,而且与他们互动的机会多,你就有可能参与这项活动,以便能与他们建立更深入的互动关系。又比如,国家与社会管理者阶层,在休闲时间参加活动,不仅是为了健身,更多的是为了放松身心和宣泄压力,在体育休闲过程中,一般对体育休闲设施及场所的环境要求较高;经理人员阶层参与休闲体育活动的价值取向除与上一阶层有相似之处外,其中还蕴藏着完善自我、展示人格魅力、突出社会影响和宣传企业形象的深刻内涵,因此,他们常常利用体育休闲来建立起良好的人际关系,尤其是当自己的业务伙伴偏爱某项运动时,他们往往投其所好,把业务工作融于体育休闲活动之中。

第二节　社会互动与体育休闲价值观的双向影响关系

一、社会互动对个体休闲价值观的影响

个体总是在社会中生存与发展,个体价值观的形成发展总是会受到社会各方面因素的影响,其中影响个体价值观形成发展的最主要的因素是政治经济的制约、中外文化的影响、各类教育的强化和大众传媒的导向等。首先,一个社会特定阶段的政治经济发展水平决定着个体对价值关系的理解,而涉及一定的价值选择的国家政治经济政策承载着统治阶级的价值判断和价值理解,对公众价值观的形成也会产生广泛而深刻的影响。其次,个体生活在特定的文化环境中,特定文化必定带来特定的思想观念,几千年来延续的价值意识不知不觉地在人们的思想中根深蒂固,成为整个民族的价值评价和价值选择,进而影响个体价值观的形成发展。中外文化的交流与融合,又引起个体思想和价值观念的深刻变革和不断发展。再次,教育本身带有特定的价值取向,是实现社会主导价值观的工具和手段,一个社会通过形式多样、价值目标多样的各类教育对个体价值观的形成和发展产生重要的强化作用,对个体强化社会主导价值观,最终形成社会所认可的价值观。

在今天这样一个开放的信息社会中,价值观的形成更加受到特定的时代特征和社会环境各方面因素的影响。我们越来越深切地感受到,大众传媒环境已成为继经济、政治、文化环境之后,又一个影响价值观形成的十分重要和关键的社会环境。传媒环境甚至是无处不在、无时不有、无法逃避的,为现代人营造了一个全方位的几乎无所不包的空间。作为一种全新的社会力量,当代传媒对人们的覆盖和影响正逐步扩大,已经成为影响人们价值观不可忽视的重要途径之一。最后,大众传媒通过自身独特的方式向公众传播信息,同时展现并阐释一定的社会价值观,使社会个体在无形中接受这种对现实世界的解释和价值观的引导。

大众传媒是面向公众传递信息的载体,是职业化的信息传播机构,它是

在 20 世纪 20 年代广播电台出现后才有的一个名词,指的是在传播途径上有用来复制和传播信息符号的机械和有编制人员的报刊、电台之类的传播组织之间的传播渠道,具体分为印刷媒体(报纸、杂志、书籍)和电子媒介(电影、广播和电视)。目前围绕数字技术发展的新媒介以互联网为代表,但互联网只是一个信息交流的平台,具体的网站才是一个一个的传播机构。新媒介还包括唱片、影碟等,还有人把新兴的手机短信和微信也看作新媒介之一。总之,大众传媒的手段是五花八门、丰富多彩的,它对现实世界的认识和反映是全方位的、立体的,它是个体了解国家、了解社会重要渠道。大众传媒的核心功能或本质在于传播信息、报道新闻,为人们提供现实世界的最新变动图景,发挥监测环境、服务社会、服务大众、引导大众的作用。但是,大众传媒通过自身的传播手段所塑造出来的观念世界,相对于现实世界而言是一个不同的世界。"它们所创造或建构出来的世界是一个新世界,不是原来的物理世界的翻版,而是一个思想性的世界。"这样的媒体世界公开地面向全社会、面向大众做无定向的传播,力求把真实世界的最新变动情况以生动逼真的方式报道给公众,将现实世界的风云变幻尽量真实地、迅速地反映出来,并经常关注那些现实生活中"非常态"的事实,但还是表现出相对于现实世界不同程度的虚幻性,多少具有一定的不可靠性、片面性。现代社会大众传播媒体的影响,近年来愈益受到人们广泛而深切的关注。现在有一种说法,称传媒为立法、司法和行政三大传统权力之后的第四权力。这种说法虽然夸张,但就其事实上的影响和作用来看,并非完全没有道理。因此,人们探讨大众传媒的地位与作用就是十分必要的了。1967 年,对传播学做出最重要贡献的加拿大著名的传播学家马歇尔·麦克卢汉提出一个著名的观点:"媒介即信息"。

关于大众传媒对人们的体育价值观的影响研究,在国内外有所出现,说明体育传播对人们体育价值观、行为的影响已经受到人们的关注。Helmut Digel 指出,体育传播是薄利的,但不总是多收的。荆光辉等人在《我国大学生体育生活方式探析》一文中论述了大学生体育生活方式中体育需要、体育观等问题,指出教育与宣传对大学生体育生活方式具有重要的影响,报纸、杂志的体育新闻宣传与引导能有效地触发大学生体育生活的思维共振与行为互动。刘德佩将参加体育运动的目的作为体育价值观的判断指标,对大学生群体的调查结果为欣赏、娱乐、交流、强健体魄、提高身体素质、提高技能、夺取锦标等。刘德佩和苗大培都对体育价值观进行了论述,认为其中大众传媒是体育生活方式的影响因素之一。许仲槐对广东部分开放城市居民的研究表明,大众媒介在影响居民体育价值观形成的因素中居第六位。自报纸、广播、电视出现以来,科学研究的中心问题在于对大众传媒机制的解释,受众的社会化过程的影响问题在很大程度上是关注的焦点,在当今社会有关大众传媒对青少年的体育价值观和行为的效果问题的研究变得特别的重要。

人际互动是作为行为者的个人之间有意识、有目的的相互作用的过程。人际互动是社会生活中最常见、最一般的现象。从家庭生活到工作组织中的活动,从朋友之间的密切交往到陌生人之间的际遇,都有大量人际互动存在。人际互动包含有两方面的含义:一是"交互作用",指的是人与人之间由于接触、接近而相互作用,相互影响的过程,即人们通过语言、思想、感情等作用,彼此影响对方,同时,受对方影响的过程;二是指"交流",它包括人们之间物质、能量和信息的交换。

从人际互动的特点上看,首先,互动的双方互为主体性,这是人际互动的主体性特征。也就是说,在人际互动过程中,互动的双方是互为主体的,互动的一方发出信息把自己的意图主动传达给对方,对方在接受了信息之后很快实现了理解,并把理解的意见反馈给沟通者。在这一过程中,互动双方就进入了互为主体的状态,双方都不是在简单地传递信息或消极地接受信息,而是在积极地进行信息交流。其次,互动的双方互为作用性,这是人际交往的积极性特征。在人际互动中,互动双方都在有意识或无意识地向对方施加着影响,通过自己在互动中的言行,去引起对方心理行为的变化,在这里不存在单纯的影响者,也不存在纯粹的被影响者,人们在影响他人的同时,也在受着他人的影响。因此,人际互动在人们价值观形成过程中发挥了重要的影响。研究发现,社区居民参加体育活动的主要形式是与朋友一起。如孙敏(2013)对参与体育休闲活动的北京居民进行的调查显示,和朋友一起参加体育锻炼的人数最多,几乎占了一半。健康文明的体育休闲生活方式所创造的轻松交际环境使人的交往更亲近,人们通过参与体育休闲活动,在非功利性场合中营造娱乐、友好、愉悦的氛围,增进亲戚、朋友、邻里及同事间的情感交流,从而有效地排遣精神压力、纾解郁闷、发泄积怨和过剩精力,使人的精神世界得到更多的关怀。体育休闲活动是人与人之间沟通、交流、联络感情的绝好手段,对于防止精神匮乏、缓解精神贫困、避免精神家园的荒芜具有导向价值,可以最大化社会支持,营造舒适生活工作环境,由此来达成调节社会生活、促进社会团结安定、维护社会秩序的体育休闲社会功能。

二、休闲价值观对社会互动的影响

价值观是人们基于生存、发展和享受的需要,在社会生活实践中形成的关于价值的总观点、总看法,是人们的价值信念、信仰、理想、标准和具体价值取向的综合体系。价值观作为人们关于事物是否具有价值、具有什么价值的根本看法,对个人的思想和行为具有一定的导向或调节作用,使之指向一定的目标或带有一定的倾向性。作为时代和社会生活的反映,作为一种典型的社会意识,人们以价值信念、信仰、理想为核心的价值观一旦形成,就会对人们的社会生活实践产生反作用。价值观的社会作用范围十分广泛,具有普遍性。它渗透到人们的社会生活的各个领域,贯穿于每一活动的始终。具体来说,价值观的作用表现在如下一些方面:

首先,价值观是社会群体或组织的黏合剂,是人的社会认同的核心内容。社会组织通过这些共同的价值尺度把人们凝聚在一起,并通过教育、宣传等各种手段,把这些观念灌输和传递给个人,内化为个人的行为规范,对个人的思想和行为产生影响。休闲的一个重要特性便是非功利性,它只重视个人在休闲生活中的乐趣享受,是一种近乎无为而为的闲情逸致,是追求一种浑然忘我的、与他人分享的、与自由同在的开阔胸襟和幸福感受,是一种自由自在的享受。在现代社会,受市场经济环境下的不良社会风气的影响,人与人之间的人际关系越来越复杂,人情味越来越淡薄,功利意识却越来越强,人与人之间缺乏理解和信任,这种畸形的社会现象严重违背了"万物一体"的哲学至理。但显然生活在社会群体中的每一个人都不甘心把自己置于这样一个社会环境中,而休闲价值观的确立正是反映了人们对和谐人际关系的追求。有研究证明,经常参加体育休闲活动可以提高自我价值和认知能力。体育休闲使人们在娱乐中得到放松,既满足了精神的需求,又塑造了健康的心态。在现代大都市,人与人之间很少沟通和交流,防备心理使人们的内心封闭,在体育休闲活动提供的共同兴趣爱好下,人与人之间的关系能得到有效的改善。一方面,人们参与休闲体育活动大都选择一些如足球、篮球、羽毛球、交谊舞、野外旅行、郊游、踢毽子的集体活动,大家在愉悦身心的同时扩大了自己的交际圈,促进了人与人之间的互动和交流,有利于人际关系的和谐。另一方面,休闲体育作为一种自由、欢快、轻松的生活活动,它完全摒弃了竞技体育的纯竞争性、功利性及政治性,在休闲活动中,真正感受人和自然、社会的和谐统一,增进自己的人生阅历和体验,使人能够在健康的休闲中发现自我意识深层的良心,也就提高了自己的精神和道德素养。也就是说,休闲是一种精神状态,一种人格境界,一种"成为社会人"的过程。

其次,价值观是人们内心深处的评价标准系统,是人们的价值追求和取舍模式。它一方面表现为价值尺度、评价标准,成为主体判断客体有无价值、有什么价值的观念模式和框架,是一定主体进行价值评价和选择的"天平"和"尺子",是人们做出价值判断、决策的思想依据;另一方面,价值信念、价值信仰、价值理想凝结为一定的价值追求、价值目标,对人们的思想和行为具有定向、指导和调节作用,并提供人们活动的动力和激情。如体育休闲本身具备的休闲娱乐性和非功利性的特点,参与体育休闲人群志趣相投以及轻松、愉快的活动氛围,有利于为体育休闲参与者营造一个愉悦、共情、平等的娱乐环境,这无疑可以直接提升参与者在业余娱乐和社会交往与社会支持方面的指标分值。在休闲活动过程中,人们无形中提升了自己的思想境界,获得了自我价值的实现。在这种特定氛围下的体验,无需任何先验的前提假设,也无需确定的目的论指引,一切都是以最自然、最生活化的方式发生,从而达到最理想的境界。与此同时,参与者在休闲体育活动中获得的压力缓解、情感陶冶等收获往往能促使人形成善于交往和交流的开放心态和乐观、积极、自信的人生态度,此类向上的精神力量影响其人生状态,并体现于参与者的生活和工作中。

总之,价值观在人们的价值活动中发挥着目标选择、情感激发和行为导向的作用。具体而言,体育休闲价值观较强的人,在这种价值观的指导下,与家人、朋友一起参与休闲体育行为发生的可能性就比较大,同时也会积极通过传媒手段了解有关体育休闲的讯息,并且乐于在人际互动中分享和交流有关体育休闲的信息。

第三节　媒体传播对体育休闲价值观的影响

从以上有关的研究成果中发现,关于媒体传播对体育休闲的发展及对城市居民的影响的研究成果尚不多见。可见,有关媒体传播与体育休闲的研究尚处于起步阶段,很少有研究,即使是一般的关于体育休闲与大众传播的关系的研究也较少见报道。体育休闲发展到一定程度必须涉及媒体传播,揭示现代社会中媒体传播对城市居民影响的规律,可促进体育休闲理论与实践的进一步发展。

目前,电视、网络等大众媒介在促进体育事业发展中的作用越来越受到人们的重视,也必然会对中国体育休闲的发展产生重要的推动作用。这主要表现在两个方面:第一,大众媒介对竞技体育中比赛实况和体坛明星的报道,使得大众更加关注体育活动,同时拉近了体育与观众之间的距离,放大了体育比赛场地,使亿万观众都能欣赏到高水平体育比赛,也将竞技体育中的比赛项目推广为个人的体育休闲活动内容,从而使更多的人成为体育休闲的参与者。第二,体育休闲作为一种健康的休闲方式已逐渐被越来越多的人所接受。因此,大众媒介对于体育休闲的报道和宣传也不断增加,对体育休闲的推动和普及发挥着积极作用。

本节运用大量的研究文献和休闲的社会学概念模式理论、态度改变理论、议程设置理论、计划行为理论等多个理念对媒体与体育休闲的关系进行理论论证,为媒体和体育休闲价值观构建了一个可测试的关系框架。从媒体对社会意识的导向作用、媒体对居民生活价值观的影响、媒体对居民健康意识的影响、媒体与体育休闲、媒体推进体育休闲形成的社会基础等五个方面构建社会媒体与居民体育休闲价值观之间的关系。

一、媒体对社会意识的导向作用

在现代社会,个人与社会之间巨大而无所不在的中介就是媒体。人们通过传播媒体认识外部社会,依靠媒体的信息把握自身的定位及存在;媒体也总有自己的宗旨和宣传目的,也就是对某种传播效果的追求,期望能最大限度地影响受众的社会态度和思想观念。比如,很多报刊设有旅游、休闲、体育类的专栏,介绍世界各地有特色、有个性的自然风光。众多旅游、休闲、体育网站的丰富内容、人们对长假旅游度假的休闲方式的欢迎与适应,也就折射出了媒体对社会意识的导向作用。

依据大众传播学的议程设置理论,大众媒介加大对某些问题的报道量,或突出报道某些问题,能影响受众对这些问题重要性的认知。1972年,McCombs和Shaw在民意季刊上发表了《大众传媒的议程设置功能》一文,证实了此前Cohen等人提出的议程设置(agenda setting)猜想的成立。在随后的30年中,作为大众传播学经验主义研究的一个重要命题,这一理论得到了很大的发展。科恩(Cohen,1963)认为,报纸或评论不能让读者怎样想,但在让读者想什么上很有效果。这是议程设置理论的最直接来源。这一假设的内涵有两个方面:首先,媒介议程影响受众议程;其次,又从有限效果论回到强效果论,但与早期"魔弹论"等强效果论强调的态度的转变不同,这一假设强调的是对认知的影响。对于经验主义学者来说,科恩的这一假设有了方法层面的意义,即可以进行媒介内容分析与受众认知的调查,检验两者是否有因果关系,就可以确定假设是否成立。

媒体对社会意识的导向作用主要表现在显性效果(称短期效果)和隐性效果(或称长期效果)。后者主要是对受众的思想观念、情感倾向、价值取向的影响。两者之间的关系不是割裂的,而是有着密切联系。人们一定的社会态度是受一定的思想、观念支配的。因此,隐性效果的积累可以为显性效果的实现创造条件,为反向效果的实现形成障碍。

大众传播学的议程设置理论告诉我们,大众媒介加大对某些问题的报道量,或突出报道某些问题,能影响受众对这些问题重要性的认知。人们通过传播媒体认识外部社会,依靠媒体的信息把握自身的定位及存在,媒体也总有自己的宗旨和宣传目的,也就是对某种传播效果的追求,期望能最大限度地影响受众的社会态度和思想观念。

二、媒体对居民生活价值观的影响

价值观是人们用于指导自己行为的根本准则,也是人们用于评价世界、社会、他人行为的基本态度。大量的研究资料表明,在媒体对居民生活价值观的影响方面,国内外的社会学家和传播学家对此做过较多的研究,他们运用理论建构的方式和实证研究的方式给本研究提供了大量的依据。我国的心理学者王进,在国外学者对休闲与生活质量的研究基础之上,构建出了休闲与生活质量关系的概念模式。他认为,休闲活动促进社会统一、社会互动和个体发展,休闲的相对自由性为个体提供了发展个人满意度的机会。所以,休闲活动对人们的主观兴趣和生活质量尤为重要。也就是说,社会心理学的观点认为,在一定的社会范围内,人们对休闲机会的认知程度可以反映生活质量的评估。进一步,社会文化环境为个体提供了休闲活动的可能性,当然会作用于个体对生活质量的评估。休闲文化的氛围(如杭州、成都等城市的氛围)为人们提供了大量的娱乐选择信息。人们认识休闲的机会不仅可以通过个人的观察和体验,还可以通过大众媒体和社会交流。在这里,文化氛围的因素显得尤为重要,因为它关系到人们休闲的价值观和社会交流的内容。从这个理论可以看到,媒体与价值观是一种互动关系,媒体的传播会影响到人们的休闲价值观,而积极的休闲价值观或者休闲价值观的建立可以促使人们去关注媒体方面关于休闲的宣传报道。这一理论为本领域的深入研究提供了理论依据。

在实证研究方面,美国传播学者桑德拉·波·罗基奇和社会学家密尔顿·罗基奇夫妇,就传媒内容对人们的价值观念的影响做过专门的研究。他们采用一种"准实验法"(相对于实验室实验方法而言,该实验一般在实地进行,实验者无法控制实验过程),在一个社区的有线电视台上播放他们专门制作的宣扬"平等"等价值观念的电视节目,然后再比较收看这一电视节目的居民与无法收看到这一节目的居民。他们发现,收看过这一电视节目的居民更愿意采取实际的行动帮助他人。他们得出的结论是,这些观察足以说明电视媒介具有影响人们价值观念的潜力。他们还系统地回顾了22个不同类型的实证研究,发现其中95%的实证检验显示,传媒接触导致价值观的变化。

当人们已逐渐习惯并依赖于媒体带给我们的世界,媒介在大众和现实世界中加入一个虚拟的媒介环境,大众越来越依赖于媒体的选择来了解世界,将"媒体价值观"变为"受众价值观"。虽然媒体价值观对受众价值观的影响绝非是受众获取或改变价值观的唯一渠道,但当代社会无所不在的大众媒体已经表现其存在的说服力。受众通过大众媒体了解到他从前未曾了解到的诸如生活方式和文化背景等信息,有意或无意地与自己现有的生活状态相比较,并随时调节自己的价值观。绝大多数的受众需要得到他人的认可和承认,也往往离不开媒体的"指引"。

三、媒体对居民健康意识的影响

健康意识是指维护自身健康而预先必须注意的保健知识和理念。城镇居民具备良好的健康意识对于实现自我健康保护、贯彻执行"预防为主"的健康政策都有十分重要的意义。健康意识不仅受个人生理、心理状态的影响,同时在很大程度上受到周围环境的影响,受到家庭的、社会的影响,以及它们之间的相互影响。同时,健康意识不仅是关系到个人的事,同时会直接或间接地影响周围,小到家人、亲戚朋友,大到社会、国家。因此,居民的健康意识也需要全社会的共同关注。

目前,国内的城市居民健康状况总体上呈现出健康意识较强而健康行为不足,生理健康、心理健康、社会健康和环境健康各方面低位平衡的情况(见图6-1)。这一结论来自于由零点研究咨询集团编制的《2005中国城市居民健康指数报告》。该报告显示,2005年中国城市居民健康指数为67.9,有很大的提升空间。

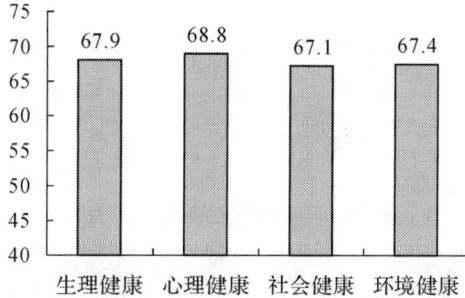

图6-1 城市居民各方面总体健康水平

数据来源:零点研究咨询集团编制发布的《2005中国城市居民健康指数报告》,
基于2005年对全国31个城市3434名普通居民的入户问卷调查。

态度是个体对具体人、群体、事物、行为或思想综合评估的认知陈述。要使城镇居民树立良好的健康意识,首先要从改变他们的思想态度入手。比如在大众媒体上广泛地进行宣传活动,倡导健康的生活和消费理念,同时为居民提供丰富而翔实的消费指导,使他们能够做出理性的判断,进而选择并拓展适合自己的健康行为模式等。依据态度改变理论(如图6-2所示),个体态度的形成必须来自认知信息、情感信息和行为信息三方面的信息作用,当态度形成后,又会从个体的思维、情感和行为方面表现出来。因此,各种媒体在做宣传时,应该尽可能也从个体的以上三方面进行重点报道。

社会心理学的研究表明,一种传播信息要改变人们的态度,必须具有三个要素,即信息传播者(信息源)、传播信息本身、信息接受者。在社会生活中,人们接受信息时对信息传播者的评价越高,受他的影响就越大。因此,我们要说服人们采取或改变某种态度,信息传播者本身具有的影响力或可信性,就变得至关重要。大众传媒不断地向受众传播信息,传播为社会广泛接受和公认的价值观念、生活方式、消费观念等,而受众只有接收效果的强弱之分。大量的研究表明,人们(特别是青少年)多从媒体信息中模仿和学习新的行为方式。许多青少年都是通过大众传媒的渠道模仿影视明星、体

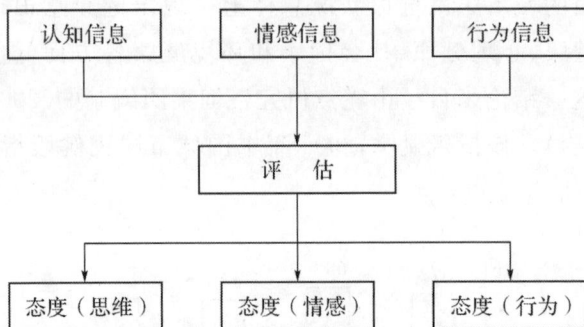

图 6-2　态度改变理论模式图

育明星,关注他们的演技风格、个性魅力和休闲消费,以至于出现诸多身穿23 号球衣、脚穿耐克鞋、模仿着球星的技艺的新生代追星族,在促进体育休闲消费的同时,也不断地提高和增强了他们的体魄。

　　目前,国内的城市居民健康状况总体上呈现出健康意识较强而健康行为不足,生理健康、心理健康、社会健康和环境健康各方面低位平衡的情况。因此我们要通过媒体的广泛宣传,倡导健康的生活和消费理念,同时为居民提供丰富而翔实的消费指导,使他们能够做出理性的判断,选择并拓展适合自己的健康行为模式,进而增强居民的健康意识。

四、媒体与体育休闲

　　随着社会的进步,娱乐时间有所增加,物质文明有所提高,但健康生活方式中体育休闲尚未受到应有的重视,现代社会物质条件的改善使人们出现了因营养过剩而引起的心血管疾病、肥胖症等诸多现代文明病。这些由不健康的生活方式带来的疾病正在威胁着人类的健康,而工作时间缩短和休假制度等有利的休闲条件,却因为人们缺乏积极休闲的能力而难以形成科学健康的生活方式。目前我国居民的闲暇时间虽已接近世界发达国家的水平,但面对充裕的闲暇时间许多人却无所适从。因此,积极利用体育休闲活动使居民形成健康的生活方式显得尤为重要。根据大众传播学的议程设置理论,媒体对某些社会现象和问题的选择性报道也许不能马上改变人们对这些现象和问题存在的是非观点,但会让人们觉得它们潜在的重要性,也就是说,媒体对某个方面报道越多,人们从潜意识上也就会越觉得这个方面重要。我国当前的体育休闲发展尚处于起步阶段,对体育休闲的认识和实践还处在探索之中。因此,媒体的宣传报道如何与我国休闲发展的实际需求相结合,如何充分体现我国的具体国情和文化特色是各类媒体应该多思考的问题。

　　由计划行为理论的观点可知,第一,非个人意志完全控制的行为不仅受行为意向的影响,还受执行行为的个人能力、机会以及资源等实际控制条件的制约,在实际控制条件充分的情况下,行为意向直接决定行为;第二,准确的知觉行为控制反映了实际控制条件的状况,因此它可作为实际控制条件的替代测量指标,直接预测行为发生的可能性,预测的准确性依赖于知觉行为控制的真实程度;第三,行为态度、主观规范和知觉行为控制是决定行为意向的三个主要变量,态度越积极、重要他人支持越大、知觉行为控制越强,行为意向就越大,反之就越小;第四,个体拥有大量有关行为的信念,但在特定的时间和环境下只有相当少量的行为信念能被获取,这些可获取的信念也叫凸显信念,它们是行为态度、主观规范和知觉行为控制的认知与情绪基础;第五,个人以及社会文化等因素(如人格、智力、经验、年龄、性别、文化背景等)通过影响行为信念间接影响行为态度、主观规范和知觉行为控制,并最终影响行为意向和行为;第六,行为态度、主观规范和知觉行为控制从概念上可完全区分开来,但有时它们可能拥有共同的信念基础,因此它们既彼此独立,又两两相关。用结构模型图表示计划行为理论如图 6-3 所示。

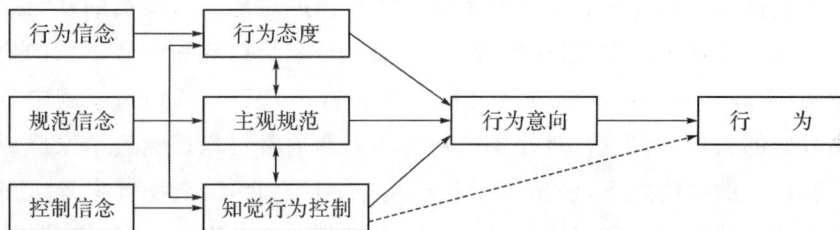

图 6-3　计划行为理论结构模型图

　　依据计划行为理论,人们的休闲行为的改变必须通过人们对体育休闲的认知态度改变来决定。人们认识休闲的机会不仅可以通过个人的社会观察和学习,还可以通过大众媒体和社会互动。因此,媒体对体育休闲的大力宣传和对城市居民的积极引导,能更好地推动体育休闲活动的进一步开展。

五、媒体推进体育休闲形成的社会基础

大众传播的社会基础发展到一定程度的政治经济水平是实现体育休闲理念大众传播的现实基础。社会的大多数成员在时间上、经济基础上、社会心态上开始有闲，是体育休闲理念有可能开始传播、体育休闲经济有可能开始形成的社会基础。显然，当一个社会中的绝大部分成员每天必须花费大量时间为填饱肚子而辛苦劳作时，媒介传播不可能有思想和情感的空间关心体育休闲话题。也就是说，即使媒介探讨相关体育休闲的内容，也很难找到相应的传播市场。举个简单的例子，近两年自驾车出游是都市类报刊、电视栏目的一个热点，这是因为私家车的普及和人们休闲时间、意识的变化。而在前十年的社会环境中，报刊、电视就从来没有把自驾车出游当作话题来展开报道。在一个充满各种限制的社会里，当绝大部分成员通常需要为自己的特立独行付出很大代价时，媒介也不可能传播真正意义上的体育休闲理念。需求催生供给，而需求是与社会发展水平相适应的。可见，只有社会政治经济水平发展到一定程度，社会空间和经济基础使得人们有了追求更高质量生活的欲望，同时也开始拥有更多的时间、金钱和自由活动的条件时，才有可能产生体育休闲的需求。适应大众的这种需求，媒介关注和传播关于体育休闲的相关内容也就顺理成章了。

现代社会流动性和松散性的特征是体育休闲理念大众传播的社会结构基础。家庭是社会的细胞，在传统社会形态中，家长权威和家族谱系的稳定性较强，家庭对其成员的影响较之社会要大得多，家长，特别是家族中具有较高权威的族长，对生活、对外界的判断和好恶通常可以影响整个家庭或家族。在这样的结构之下，便出现了耕读世家、手艺世家、杂技世家等以血缘关系为纽带的传承。到了现代社会，生产方式的社会化、组织化变革，使传统的家庭或家族的结构、功能相应地发生了很大变化，家长权威和家族谱系的稳定性被打破了，社会从传统的以家庭为基础的依附式结构转变为以分工为基础的契约式结构，社会成员的流动性与自由度由此大大增强，社会对成员的影响远远超过家庭所能起的作用。流动性和松散性突出的现代社会，大众传播媒介不仅仅是传播信息的简单工具，同时更是社会当中重要的机构、复杂的组织和社会意识的塑造者，而大众更多地通过传播媒介把握自身定位，获得生存与发展所必需的信息。这样使得作为现代社会最重要的中介的大众传播媒介的重要性进一步凸显了出来，媒介传播的观念和信息

就有可能对社会成员的生活态度和方式产生重要作用。包容性大、宽松度高的社会价值体系是体育休闲理念大众传播的社会意识基础。一个人可以按照自己的意愿、以自己喜欢的方式来支配他的闲暇时间,比如,精心装扮自己、做一次长途旅行、随心所欲地唱唱卡拉 OK,或者独自躺在公园的草坪上发呆等,而不会遭到别人的指责和干涉,这实际上反映的就是一种社会的包容性。在社会的种种规则之下,对发生在社会内部的各种行为能够给予理解、接受或者默许,是社会形成多样的生活方式、宽松的生存环境的价值基础和社会意识基础。有了这样一种具有包容性和宽松度的社会价值体系,才能形成并传播千姿百态的体育休闲理念和体育休闲方式。

体育休闲作为一种新型的休闲形态或生活方式并不符合规范的内在化的社会机制,目前的公众认同程度低,实际效果有限。事实上,人们常常无法经过理性的提高直接进入到行为状态。因此,要把城市居民的休闲活动引导到体育休闲这一新型休闲形态的轨道上来,首先是要重视体育休闲教育,使体育休闲教育在培养人的体育休闲态度、体育休闲行为、体育休闲价值观方面发挥作用,同时也迫切需要媒体的宣传、政府的政策保障以及体育院校提供有力的行动指导。

第四节 体育休闲借助媒体发展的特征

当社会的大多数成员在时间上、经济基础上、社会心态上开始有闲时,休闲体育理念就有可能开始传播、休闲体育经济就有可能开始形成。媒体对社会意识具有积极的导向作用,也对居民生活价值观和健康意识有着深远的影响。体育休闲借助媒体宣传表现出体育休闲已深入人心、体育休闲意识公众化、体育休闲消费大众化、体育休闲越来越受到政府的重视、体育休闲时尚化和符号化等特征。

一、体育休闲理念已深入人心

目前,大众传媒在很大程度上占据着人类休闲时间中相当大的比例,促进了个体的社会化。个体将越来越多的休闲时间花费在与媒介的接触上,这为宣传体育休闲理念提供了可能。国内一项调查表明,城镇居民平均每天花费在看电视方面的时间为 117.70 分钟,占一天全部休闲时间的 33.15%;花费在阅读报刊书籍上的时间为 35.37 分钟,占一天休闲全部时间的 10.50％；花费在听广播上的时间为 16.71 分钟，占一天全部休闲时间的 4.96％。日本人每日接触电视 199 分钟、报纸 24 分钟、广播 26 分钟、书籍 9 分钟、杂志 7 分钟。

媒体作为现代社会重要的公众教育机构，能指导和帮助社会形成健康有益的体育休闲理念。媒体对社会的理解和判断，在很大程度上影响着受众个体的理解和判断，进而影响整个社会的价值判断和走向。在体育休闲时代来临的时候，媒体只有对体育休闲意识、理念进行广泛的宣传和传播，公众才会把"体育休闲"纳入自己的视野范围。媒体面向大众的体育休闲理念教育作用，是其他途径所无法轻易取代的。在全民健身计划实施的过程中，电视媒体为适应这种市场需求，纷纷开办新的全民健身栏目，如《早安中国》、《快乐大本营》和《城市之间》等都受到观众的喜爱。随着我国经济的迅速发展，居民收入水平将不断提高，对健身的意识也将不断提高。但是，怎样才是健康有益的体育休闲理念，体育休闲方式应该怎么选择，是否应该摒弃很多传统的体育休闲方式去简单地肯定和一味接受外来的所谓时尚体育休闲？这些与体育休闲理念有关的内容，传媒需要用心引导，才可以在有关传播中较好地起到引领、探索、讨论和指导的作用，从而指导和帮助社会形成健康有益的体育休闲理念。

另一方面，媒体也为体育休闲理念营造了社会语境，使得人们接受或者拒绝体育休闲理念成为可能。社会语境（social context）指某种社会情景和环境的直接而具体的特征，某种特定的互动行为或传播交流就处于这种情景或环境之中。关于社会语境，我们可以通过比较香港和内地媒介的一些现象获得感性的认识。比如赛马这个话题，在香港地区的传媒上出现得非常频繁，而在目前内地的媒介上则很少见到。也就是说，香港地区有着赛马的社会语境，内地则没有。这就是媒介营造的社会语境给我们留下的一个直观印象。相应地，在香港地区的媒介社会语境之下，人们谈论赛马是非常普遍也是非常自然的。媒介有关赛马的社会语境，也会影响生活在其中的居民对于赛马这件事情的关注。在我国中央及地方体育频道都有关于体育的其他栏目，如中央五套有《篮球公园》、《足球之夜》、《天下足球》等，在地方体育频道中如上海五星体育的栏目有《网球杂志》、《五星足球》、《篮球风云》等，另外还有基础体育明星效应的访谈栏目等，都起到了宣传体育休闲理念的作用。在大众传播媒介作用巨大的现代社会，一个什么样的社会语境，就会产生相应的社会心理和文化现象，这种传播的力量已经被无数的事例所证实。媒介把一种健康的、生态的体育休闲理念作为媒介关注和推崇的声音，并以此营造相应的社会语境，那么，这种健康的、生态的体育休闲理念的有效传播就成为可能。自然，在有利于体育休闲理念有效传播的媒介社会语境中，受众就有可能较好地接受有关体育休闲的传播。

二、体育休闲意识公众化

现代社会，大众传媒进行信息的大规模生产和传播，将经过挑选后的个人观点转化成为广泛的公众观点，同时产生大规模的受众。作为一般社会过程的公众化，创造并培养了人们选择、评价事件和生活面相（events and aspects of life）的共享方式，它超越了以前的时间、空间和文化的界限，快速、持续、渗透式地构筑了集体思考和行为的历史性新基础。当大众传播媒介把大量有关体育休闲的理念、信息持续地向受众传递时，在这个过程中，体育休闲意识悄然完成了公众化的过程。于是，体育休闲理念就渗透到原本对体育休闲陌生的社会空间里，成为影响人们行为选择与价值判断的一个无所不在的助推器。现如今，各大门户网站都设立有专门的体育频道，如新浪体育、搜狐体育等，第一时间为网民提供体育信息。另外还有体育总局下属的中体产业网，为各个体育企业提供体育电子商务应用平台，为体育企业进行品牌宣传以及制定电子商务的配套方案。除此之外，还有一些体育俱乐部网站和体育经纪公司网站，这些网站一般是以体育商店、体育场馆，或者是一群自发组织者为依托，把拥有同一体育爱好的人们聚集起来，在这一体育网站的平台上共享资源，进行约战活动，交流信息。这一模式的逐步发展为全民健身运动的普及与推广起到了积极的作用。体育休闲理念也就是在这个过程中可以成为社会的公众理念和公众行为的指导。我们可以做一个历史的比较。20年前，中国内地的绝大部分人不知"体育休闲"为何物；20年后的今天，满大街充斥"体育休闲服饰"、"体育休闲运动"、"体育休闲旅游"的商品和广告，人们对冠以"体育休闲"的商品和服务趋之若鹜，体育休闲成为人们生活的一个不可分割的内容。因此，大众传播媒介所推动的体育休闲意识公众化作用显而易见。

三、体育休闲消费大众化

大众传媒对体育休闲消费的引导作用十分显著。据杭州有关餐饮的报道，媒体所传达的高档、豪华的理念并没有简单地成为好与不好的判断标准。在报道中,媒介突出的是餐饮的文化内涵、个性特色以及以人为本的服务理念等,这实际上就在不知不觉中为受众做了消费的引导。相关的报道,或者反映菜式背后的地域文化传统,或者凸显就餐环境的文化内涵,或者着眼于餐馆处处以顾客为重的良苦用心。受众在阅读中,或肯定,或赞赏,或不以为然,或兴致勃勃。潜移默化中,媒介已经完成了某种休闲消费理念上的引导。这种引导,无论对于传媒、体育休闲产业,还是对于社会来说都有着重要意义,它是实现媒介、产业和社会各自目标的重要途径。据岑传理的调查(2002),一般电视观众中有八成以上接触中央电视台的体育节目,而且,这部分观众偏向于经常收看中央电视台的体育节目。观众对中央电视台体育栏目及部分重大赛事性栏目的收视频度和喜好程度相当一致,而且新闻性和赛事性栏目在观众收视频度和喜好程度的排行榜上普遍高于其他栏目。体育新闻、卫星赛场和世界体育报道同时占据了栏目收视频度和喜好程度的前三位,依次属于同一档次的栏目还包括:《体育大世界》、《足球之夜》、《乒乓球》、《体育欣赏》、《中国体育》和《足球俱乐部》等。此外,全国足球甲A联赛、意大利足球甲级赛和美国NBA篮球赛也同时占据了赛事收视频度和喜好程度的前三位。由于近几年电视媒体的高速发展,在众多新闻媒体中的优势越来越明显,已日渐成为推动体育产业发展的第一媒体。

四、体育休闲越来越得到政府的重视

政府的经济治理、政府规制、政府政策以及其他政府行为对体育休闲这一现象也必然会产生影响。媒体对政府行为的影响,可以帮助人们形成更为健康的体育休闲理念,构建科学的体育休闲环境,促进体育休闲经济的良性健康发展。在现代社会,政府与大众传媒之间有着广泛而多层次、多向度的关系,两者相互制约、相互作用,是现代社会健康有序运转所必不可少的一对社会关系。当大众传播以其价值判断和信息传递影响着社会公众有关体育休闲的态度、认识和理念的时候,也同时影响并制约了政府的行为判断与选择。媒介在体育休闲领域对政府的影响是多方面的,比如它可以影响政府有关政策的调整和推进,进而整体影响人们的行为方式;它也可以影响政府对体育休闲经济的判断。比如1996年,中央电视台以www.cctv.com的域名正式上网,在国际互联网上建立了站点;2000年悉尼奥运会实现网络直播。这些网络运作是卓有成效的,同时,也充分表明政府意识到了计算机网络技术已经成为电视传播新的生长点。另外,体育网络传播突破了电视

传播区域覆盖的局限,大大拓展了电视体育传播的空间。中央电视台及所有省级电视台的节目正式通过卫星向全国和亚太地区的 50 多个国家和地区播出。这个覆盖范围不能说不大,但是要谋求更广阔的传播区域,甚至全球覆盖,最经济的手段,就是借助国际互联网"全球一体化"实现网上再传播。大众传媒对政府行为的影响,反过来可以在更广的范围、更深的层次上影响整个社会对体育休闲的认识和行为选择,产生良性的互动效应。体育休闲是一个新兴的研究领域,体育休闲研究中的大众传播问题更是一个全新的话题。站在两者的结合点上来审视体育休闲和传播,可以引领我们思考一些很有启发意义的问题。

五、体育休闲时尚化和符号化

媒体在体育休闲时尚传播和引导中的作用是毋庸置疑的。媒体以各种方式为观众提供休闲娱乐类指南信息,不仅告诉消费者哪儿又有了一个休闲消费的好去处、又增添了一种新的休闲商品或休闲服务,还要让消费者从心理上感觉到这种休闲消费是必需的,不去消费或许还要后悔。正是通过媒体的引导最新的休闲时尚潮流迅速渗入普通人的日常生活领域,媒体引导的休闲文化已成为时尚文化,时尚化的休闲生活关注的是休闲的经济学含义,此时的休闲不仅需要时间,更需要雄厚的经济基础,没有一定的经济基础,自驾游、购物环境良好的大型商厦、时尚的健身方式和休闲方式只能是纸上谈兵。

人们在闲暇时间里会进行付费和不付费的休闲活动,同时,人们的绝大多数消费活动都是在闲暇时间里进行的。纵观媒体内容,付费的休闲活动和人们闲暇时间内进行的消费活动才是媒体关注的重点,也就是说媒体主要关注休闲中的"消费"。既然媒体引导的休闲文化已成为时尚文化,而当代时尚的演变进程并非由普通的消费者所控制,而主要为商业利润所决定,那么媒体服务于产值的增长和业主利润的增加,关注休闲中的"消费",而不是服务于人的休闲便也不足为奇。

媒体如果从纯经济角度去关注休闲,而不是从人自身的角度去关注休闲,这样的休闲离真正的休闲越来越远。近年来媒体十分关注旅游,旅游的最初动机在于休闲,但媒体不管旅游活动主体的内在感受和休闲效果,多是从产业的角度,讲旅游资源的开发利用、旅游过程的管理和服务、旅游业的投入和产出等,在媒体引导下的有组织、大规模、商业化的旅游活动已日渐淡化甚至扭曲了旅游原本具有的休闲性质和功能。虽说休闲的实质是利用相关的资源以满足需要的过程,但如果从这个意义上仅仅把休闲看成纯粹的消费活动,完全把它纳入强大的经济体制,那么,当个人的发展和创造成分变为次要时,当乐趣更多地来自休闲物质或器械的获得,而不是它们的有效使用时,休闲主体将无法享受到休闲的真正乐趣,此时的休闲也就失去了休闲的真正意义。

第五节　体育休闲机会认知的中介作用

体育休闲机会认知是指人们对参与休闲体育活动可能性大小的判断。查阅机会认知的相关文献发现,Shane(2003)在创业机会认知的研究中提出了机会认知的观点,即研究机会是否客观存在,认知机会所需要的信息是否完备。

就本研究而言,机会是否客观存在也就是指参与休闲体育的客观条件是否具备,当这些客观条件都满足了,参与体育休闲的机会也就存在了。从体育休闲参与行为的影响因素研究来看,石振国对我国居民体育休闲社会影响因素的调查显示,"工作忙,没时间"、"居住地方没有适宜的活动场所"成了所有职业者参与休闲体育的影响因素。陈玲对大学生体育休闲现状分析及影响因素的研究表明:余暇时间和场地、设施和器材分别是对大学生参与体育休闲活动影响最大的客观因素。童莹娟、李秀梅认为在现代化的社会生活中,时间越来越重要,从而使参加者的时间约束性程度远大于其他因素。可见,时间和场所是体育休闲参与的较大影响因素。而人们对余暇时间的认知和体育休闲场所的认知可以间接反映其对体育休闲机会的认知。另外,机会认知所需要的信息指的是人们对信息的拥有量是否充足,人们对相关信息掌握越多,则对其机会的认知也就越大。人们通过社会互动能获取大量的体育休闲信息,而对体育休闲信息的拥有量越大,其对休闲机会的认知度也就越高。L. W. Jeffer指出,由于休闲的价值趋向和社会交流形成的休闲文化氛围为个体提供了一个社会认知的环境,从而增加个体对休闲机会的认知度,同时也会相应增加对休闲的满意度。人们认识休闲的机会不仅可以通过个人的社会观察和学习,还可以通过大众媒体和社会互动。所以,体育休闲机会认知在体育休闲影响生活质量过程中起中介作用。体育休闲机会认知一方面受到社会互动与体育休闲价值观的影响,一方面影响人们的生活质量。目前,对于体育休闲机会认知的相关研究还不多,尤其缺乏机会认知对于生活满意度影响的实证研究。张娜(2012)通过对 1006 名城镇居民体育休闲机会认知进行问卷调查,分析了城镇居民在体育休闲机会认知上的性别差异,调查结果显示,在体育休闲时间认知方面,女性与男性不存在差异;在体育休闲场所认知上女性与男性存在差异($P<0.05$)且女性略高于男性;在体育休闲信息认知上女性与男性存在着非常显著的差异($P<0.001$)且女性高于男性。研究说明体育休闲机会认知这个中介变量具有人口学特征差异。

第六节　体育休闲对生活满意度的影响

休闲生活正不断受到人们的重视,休闲与生活满意度之间关系的研究也不断受到研究者的关注。对于休闲与生活满意度之间关系的研究主要体现在体育休闲价值观对生活满意度(或主观幸福感)的影响和休闲满意度对主观幸福感的影响。如谢朝晖(2007)在高层次人才价值观及其主观幸福感关系的研究中发现,工作价值观的物质取向和社会取向因子对主观幸福感的工作满意度有极其显著的回归效应,工作价值观的心理取向对正性情绪有非常显著的回归效应,家庭价值观的目标取向对居住满意度和负性情绪有非常显著的回归效应,人际价值观的心理取向对高层次人才的居住满意度和主观幸福感总分有显著的回归效应,人际价值观的社会取向对健康与休闲满意度有显著的回归效应,人生价值观的个人奋斗取向对人际满意度有比较显著的回归效应。王晖(2005)在人格特征、价值观、生活事件对高中生主观幸福感的影响研究中发现,不同价值观的高中生主观幸福感有明显差异,踏实型价值取向的学生主观幸福感最高,功利型和冷漠型价值观对高中生主观幸福感有消极影响。

在休闲满意度与主观幸福感的关系研究中发现,休闲满意度是测量主观幸福感的重要因素之一。Mannell 认为,当个体获得较高休闲满意度时,对整体生活会有较高的幸福感。黄长发在中国台湾大学生休闲满意度与幸福感关系的研究中发现,大学生的休闲满意度与主观幸福感之间存在显著相关。吴崇旗在探讨休闲参加、休闲满意度及主观幸福感三者的线性结构关系时发现,休闲满意度可以显著预测主观幸福感。

体育休闲作为休闲的重要的方式,自然也是不断受到关注的话题,体育休闲以其特有的休闲特征能有效地提高人们的生活满意感。金青云(2011)选取中国图们江区域700人进行了问卷调查,采用"休闲动机"、"畅"、"休闲满意度"、"主观幸福感"调查问卷,运用项目分析、因子分析、相关关系分析和构建结构方程模型的方法,对中国图们江区域体育休闲参加者的休闲动机、"畅"、休闲满意度、主观幸福感进行了相关关系分析、回归路径分析、验证结构模型验证。首先,通过对各变量之间的因子分析,对未能满足要求的题项进行删除,最终构成其基本框架。其次,休闲动机除情感之间的一些变量并不存在显著的正相关关系外,与"畅"、休闲满意度、生活满意度均存在着显著的正相关关系。"畅"与休闲满意度和生活满意度、生活满意度与休闲满意度各因子之间也存在正相关关系。再次,休闲动机与"畅"、休闲满意度、主观幸福感均具有显著的相互预测作用;"畅"与休闲满意度、主观幸福感也存在显著的相互预测作用;休闲满意度中环境、社会、心理等满意度均与主观幸福感存在显著的相互预测作用,但其余指标均没有直接预测作用。最后,有效验证了中国图们江区域体育休闲参加者的休闲动机与主观幸福感的关系。经过多次模型修正,得到体育休闲参加者的休闲动机与主观幸福感的关系最终模型。马力、李鹏等(2012)利用生活满意度问卷和体育生活方式问卷,以安徽省575名在职高校教师为调查对象,从体育需要、体育行为、体育锻炼场所、体育锻炼项目和体育消费等方面,对安徽省高校教师体育生活方式和生活满意度关系进行研究。结果表明,经常参加体育活动的高校教师生活满意度得分高于不经常参加体育活动的教师;在体育行为方面,不同体育锻炼频次和时间的教师总体生活满意度以及各个维度的生活满意度具有显著性的差异,且体育锻炼的频次和时间与生活满意度呈正相关;安徽省高校教师体育消费每月在500元以上的生活满意度最高,说明了经济也是体育休闲促进生活满意度的重要影响因子。

研究证明,个体的休闲价值观能影响其生活满意度和主观幸福感,积极的休闲价值观能提升个体的主观幸福感。休闲及体育休闲对个体的生活满意感有着积极的促进作用,进而影响生活质量。目前对于体育休闲对生活满意感的影响的研究多停留在现象的描述与简单的调查,缺乏对于体育休闲影响生活满意感机制的分析与探索,所以,今后的研究我们有必要从理论机制的角度更深层地去探索体育休闲如何促进生活满意感的提高的问题。

第七节　小　结

本章依据休闲与生活质量的概念模式,从社会心理学的角度对体育休闲促进生活质量的关系进行理论阐述与分析,为进一步的实证研究提供理论支持。首先,本章运用符号互动论探讨个人休闲行为产生过程。分析了家庭互动和团体互动在休闲活动中所表现出的不同特点与作用,同时也认为,休闲活动为家庭互动和团队互动提供了良好的交往氛围和人际沟通的机会。本章进一步阐述了社会互动与体育休闲价值观之间互为影响的关系,一方面社会互动通过人际互动和媒体互动两条途径影响个体的体育休闲价值观,社会互动中的体育休闲信息影响着居民的体育休闲的理念、认知与行为等。另一方面,积极的体育休闲价值观又会促进居民的参与体育休闲活动,从而增加他们的社会互动机会,促进人际的交往。体育休闲价值观较强的人,通常更喜爱体育休闲活动,与家人、朋友一起参与休闲体育行为发生的可能性就比较大,同时也会积极通过传媒手段了解有关体育休闲的讯息,及分享体育休闲的信息。

针对当今社会大众媒介与每个人日常生活息息相关的特点,本章重点论述了媒体传播对体育休闲价值观的影响,从媒体对社会意识的导向作用、媒体对居民生活价值观的影响、媒体对居民健康意识的影响、媒体与体育休闲、媒体推进体育休闲形成的社会基础等五个方面构建社会媒体与居民体育休闲价值观关系的可能性,为媒体传播和体育休闲价值观的实证研究构建了一个可测试的关系框架。同时,本章认为,媒体对社会意识具有积极的导向作用,也对居民生活价值观和健康意识有着较大的影响。体育休闲借助媒体宣传表现出体育休闲的五大特征,即体育休闲已深入人心、体育休闲意识公众化、体育休闲消费大众化、体育休闲越来越受到政府的重视、体育休闲时尚化和符号化等。媒体传播影响着居民体育休闲的理念与价值观,体育休闲在媒体的宣传下正不断发挥它的积极作用,引导更多的居民喜爱并参与到体育休闲活动中。

另外,休闲与生活质量的概念模式认为,休闲机会认知是休闲影响生活质量过程的中介变量。本章从体育休闲的视角,对体育休闲机会认知的中介作用进行了理论阐释。通常情况下,居民对于体育休闲机会的认知主要体现在对体育休闲的时间、场所、信息等方面的认知,也就是说,当对体育休闲的时间、场所、信息等方面的认知程度提高时,其对于休闲机会的认知程度也提高。体育休闲机会认知一方面受到社会互动与体育休闲价值观的影响,另一方面影响着人们的生活质量。

本章的最后,从理论的角度阐释了体育休闲对生活满意感的影响作用。已有的实证研究说明,积极的体育休闲价值观能提升个体的生活满意度、主观幸福感;体育休闲活动能提高人们的生活满意度。然而,体育休闲是如何促进人们的生活满意感的,还有待于我们从社会心理学的理论视角与实证研究进一步地去探索。

第二部分

体育休闲促进生活质量的实证研究

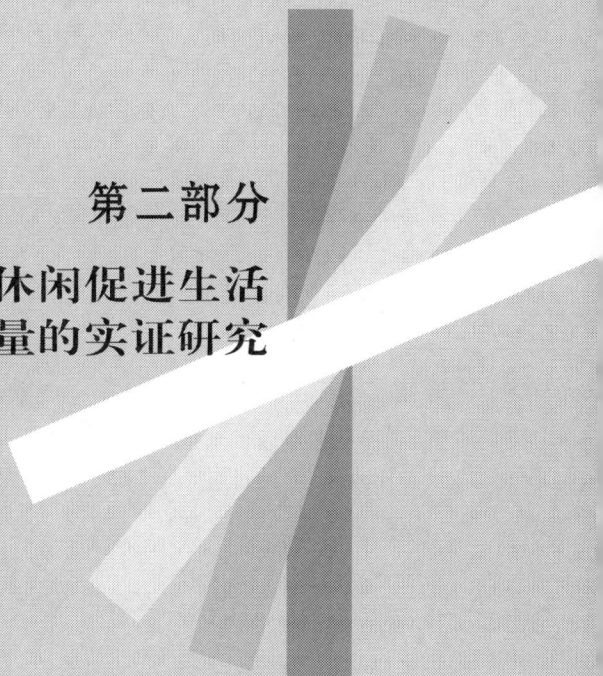

第七章 研究问卷的编制与研究方法

问卷调查法是实证研究的主要方法之一,问卷编制是否科学、合理将关系到整个实证研究的价值。本章介绍了实证研究所使用的问卷编制的过程及实证研究所涉及的研究方法。编制的问卷包括社会互动问卷、体育休闲价值观问卷、体育休闲机会认知问卷,采用已有的生活满意度问卷,并对问卷进行了信效度的检验。实证研究的方法主要是问卷调查研究法和数理统计法。

第一节 研究问卷的编制

一、编制问卷前的访谈

本研究在问卷编制之前进行了小范围的访谈调查,主要是对 56 名居民(其中男 24 人、女 32 人)做了开放性问卷调查。通过与被访者交谈(面对访谈、电话访谈)的方式,收集调查资料,了解被试在体育休闲氛围下的社会互动、体育休闲价值观和体育休闲机会认知等信息,并对所得信息进行整理和分析,为下一步问卷的正式编制提供原始资料。

访谈提纲:

1. 您认为参加体育休闲活动给您带来了什么好处或作用?

2. 您参加体育休闲活动的原因(或动机)有哪些?

总结整理访谈内容,回答频次较高的有:保持体型;提高身体免疫力;为了减肥,控制体重;消除疲劳;释放工作压力;运动给我带来愉快的心情;能和朋友(家人)在一起;加深朋友关系;能了解一些体育信息;沟通能增进一些健康知识的了解等。

3.您经常与家人朋友谈论有关体育休闲的话题吗?

4.您是否经常关心媒体上的有关体育方面的信息?

总结整理访谈内容,回答频次较高的有:与朋友、同事散步时经常会聊健身的话题;一家人经常会去爬山;经常会几家人约在一起散步、郊游等;周末家人都比较喜欢一起出去郊游、打球等休闲活动;我喜欢看看足球赛;平常看报纸也会关注一些体育活动的报道;喜欢上网浏览一些体育报道;我的几个朋友都是球迷等。

5.您在法定节假日是否有更多的时间参与体育休闲活动?

6.您周围的体育活动场所如何? 相关体育休闲的信息是否多?

总结整理访谈内容,回答频次较高的有:法定节假日我们一般会去郊游、骑车或爬山;平时忙活动少,趁休息日锻炼一下自己的身体;现在生活条件好,会花更多的时间锻炼养生了;周围环境很好,经常会在晚饭后散散步;小区体育设施较多,锻炼起来比较方便;我家边上有个操场,我与家人经常去那里锻炼;经常参与身体锻炼,我感到自己精神都好多了;我血糖较高,每天锻炼是我不能少的内容;我经常与朋友边散步边聊天;我有时会与孩子一起打打球等。

二、问卷的编制过程

在访谈所得资料的基础上,并依据已有的理论和假设编写初始问卷。请专家对问卷题项进行审定与修改,形成社会互动部分的 16 题项、体育休闲价值观部分的 15 题项、体育休闲机会认知部分的 3 题项,并请一些被试对题项做进一步的修改,找出表述不清、难以理解或有质疑的题项,加以修正,形成社会互动问卷。问卷共分三部分内容,第一部分为被试的基本信息情况,设计了一些有关人口学因素的题项,包括性别、年龄、文化程度、婚姻状况、月收入、所在城市等。第二部分是关于体育休闲价值观、体育休闲氛围下的社会互动、体育休闲机会认知和生活满意感的调查。

将开放式问卷调查收集到的信息加以分析后,选择有代表性的和普遍性的条目,同时结合对体育休闲价值观维度、社会互动维度分析的相关文献和专家意见,形成如下维度构想。

1.社会互动问卷

问卷共分两个维度,即人际互动和媒体互动。根据维度的特征,各分成7个和9个题目,共16个题目。其中人际互动包括7个题目,如"在活动中我会和家人、朋友一起分享活动中的快乐"、"我有时会与朋友一起参加体育休闲活动";媒体互动包括9个题目,如"我经常在电视上看到有关体育休闲方面的报道"、"上网时,我会经常浏览一些有关体育休闲方面的报道"。问卷采用Likert的7点量表计分法,即"0"代表完全不符合,"6"代表完全符合,其他数字代表0与6之间的不同程度。

2.体育休闲价值观问卷

鉴于目前国内尚缺乏有关休闲体育价值观的研究工具,本研究根据态度改变理论的理论结构和本研究的构想,编制了本次研究所采用的问卷。问卷共分三个维度,即认同程度、喜爱程度、参与程度。根据每个维度特征,各分成5个题目,共15个题目。其中对体育休闲认同程度的指标包括5个题目,如"请客吃饭,不如请人流汗";对体育休闲喜爱程度指标包括5个题目,如"我酷爱体育休闲活动";体育休闲参与程度的指标包括5个题目,如"我经常参加体育休闲活动"。此问卷基于"态度改变理论",对居民的体育休闲价值观从态度认知、情感、行为三个方面编制出操作性的指标。问卷采用Likert的7点量表计分法,"0"代表完全不符合,"6"代表完全符合,其他数字代表0与6之间的不同程度。

3.体育休闲机会认知问卷

体育休闲机会认知为人们对参与体育休闲可能性大小的判断。根据理论上对于体育休闲机会认知的阐述,体育休闲机会认知主要由3个条目组成,即时间认知(我有更多的时间去进行体育休闲活动)、场所认知(在我看来,周围提供的体育休闲的场所比较多)和信息认知(比较容易地获取有关体育休闲的信息)。问卷采用Likert的7点量表计分法,"0"代表完全不符合,"6"代表完全符合,其他数字代表0与6之间的不同程度。

4.生活满意度问卷

此问卷由于是国内运用广泛得较为成熟的问卷,具有较高的信效度。所以,在本研究中不再另行编制生活满意度问卷。

三、问卷的效度检验

良好的研究应该具备一定的问卷的效度和信度,这两个指标的确认直接关系到研究的优劣程度,关系到结果的科学性。

问卷的效度是指一个测验在测量某项指标时所具有的准确程度。一个测验的效度越高,表示它所测结果越能代表所测对象的真正特征。

内容效度指一个测验的内容代表它所要测量的主题的程度。内容效度主要考察测验项目在多大程度上表示了所要测定的特征范畴,本研究根据体育科研方法中有关问卷设计的基本要求,为确保问卷调查内容与本文研究内容的吻合,在问卷设计时遵循以下几点,保证了较高的内容效度:(1)参照本领域的权威理论和论述;(2)参照相关调查问卷的条目进行认真筛选;(3)结合当地实际情况选取问卷条目;(4)听取多位专家的意见。测验要有内容效度必须具备两个条件:第一,要有定义得完好的内容范围;第二,测验题目应是所界定的内容范围的代表性取样。

构想效度指测验能够测量到理论上的构想或特质的程度。要决定一个测验的构想效度,一般需要 3 个基本步骤:首先需要建立理论框架,以解释被试在测验上的表现;然后,依据理论框架,推导出各种与测验成绩有关的假设;最后,以逻辑方法和实证方法检验这些假设。新编制的问卷要进行因素分析来检验构想效度、证实性因素分析,可以从理论出发,检验影响测验条目之间的共同因素。

由于本问卷中的自编量表部分是在国内首次使用,在大样本测试前需进行小样本前测,检验该问卷的信度和效度,并对前测被试进行个别访谈,请被试指出表述不清、难以理解或有其他疑问的条目,然后对问卷加以修改和删除。最后请相关运动心理学专家对问卷进行了审阅和修改。本研究问卷的维度是基于理论、已有文献、访谈、专家意见等多方面综合考虑的结果,在问卷初测前请专家进行审查和修订,基本保证了问卷的维度和题项能覆盖体育休闲价值观、社会互动、体育休闲机会认知各方面的特征,并具有代表性,因此,问卷具有较好的内容效度。同时,在理论假设的基础上,进行小样本范围的测试,并对测试结果进行因素分析,以探索本问卷的构想效度。

1. 体育休闲价值观问卷的效度检验

体育休闲价值观问卷的维度是基于理论、已有文献、个别访谈等方面综合考虑的结果,问卷请心理学专家进行评定,基本保证了问卷的维度和题项能够覆盖体育休闲价值观的各个方面的特征,具有一定的代表性。为确定本研究问卷的效度,在大量发放问卷之前,先在小样本范围进行测试,共发放问卷 60 份,回收 54 份,其中有效问卷 51 份,有效率为 94%。通过 KMO 检验和 Bartlett 球形检验,结果表明,体育休闲价值观问卷的 KMO 检验值为 0.801,说明样本大小适合进行因素分析;Bartlett 球形检验的卡方系数为 690.898,显著性水平为 0.000,说明变量间存在相关性,有共享因素的可能,适宜进行因素分析。用主成分分析法抽取公共因素,求得初始负荷矩阵,再用平均正交旋转法求出旋转因素负荷矩阵。根据大于 1 的特征值提取 3 个因素,累计方差贡献率达到 72.486%(见表 7-1)。

表 7-1　本研究被试体育休闲价值观问卷的因素分析结果

题　项	因子载荷		
B2	0.795		
B1	0.785		
B3	0.745		
B4	0.713		
B7	0.676		
B11	0.590		
B5	0.534		
B9		0.872	
B10		0.864	
B8		0.796	
B6		0.567	
B12			0.794
B13			0.793
B15			0.791
B14			0.688

注:提取因子方法为主成分分析法;因子旋转方法为平均正交旋转法。

体育休闲价值观问卷具体题项：

1.体育休闲很重要

2.体育休闲有娱乐作用，因而有减压放松的效果

3.体育休闲可加强人与人之间的沟通与了解，密切人际关系

4.体育休闲为人们提供了发展个性的空间

5.请客吃饭，不如请人流汗

6.我酷爱体育休闲活动

7.每次参与体育休闲活动都能让我体会到无比的快乐

8.如果朋友约我一起去远足，我会立刻答应

9.我总是期待下一次的体育休闲活动机会

10.一想到要去参加体育休闲运动我就兴奋不已

11.我经常参加体育休闲活动

12.我经常尝试一些新颖刺激的体育休闲活动

13.如果时间允许我会经常参加体育休闲活动

14.我每周至少参加两次体育休闲活动

15.如果条件允许我还是会参加一些体育休闲活动的

2.社会互动问卷的效度检验

社会互动问卷的维度是基于理论、已有文献、个别访谈等方面综合考虑的结果，问卷请心理学专家进行评定，基本保证了问卷的维度和题项能够覆盖社会互动的各个方面的特征，具有一定的代表性。因此，本问卷具有良好的内容效度。同时，在理论假设的基础上，首先进行小样本范围的测试，并对结果进行因素分析，以进一步验证本问卷的构想效度。为确定本研究问卷的效度，在大量发放问卷之前，先在小样本范围进行测试。共发放问卷 60 份，回收 54 份，其中有效问卷 51 份，有效率为 94%。通过 KMO 检验和 Bartlett 球形检验，结果表明，社会互动问卷的 KMO 检验值为 0.913，说明样本大小适合进行因素分析；Bartlett 球形检验的卡方系数为 824.205，显著性水平为 0.000，说明变量间存在相关性，有共享因素的可能，适宜进行因素分析。用主成分分析法抽取公共因素，求得初始负荷矩阵，再用平均正交旋转法求出旋转因素负荷矩阵。根据大于 1 的特征值提取 2 个因素，累计方差贡献率达到 72.403%（见表 7-2）。

表 7-2　本研究被试社会互动问卷的因素分析结果

题项	因子载荷	
C12	0.856	
C11	0.850	
C10	0.823	
C9	0.806	
C14	0.752	
C13	0.750	
C16	0.687	
C8	0.682	
C15	0.534	
C3	0.847	
C2	0.842	
C5	0.754	
C1	0.732	
C4	0.673	
C7	0.629	
C6	0.612	

注：提取因子方法为主成分分析法；因子旋转方法为平均正交旋转法。

社会互动问卷具体题项：

1. 和家人、朋友聊天时，我们经常聊到有关体育休闲的话题
2. 我会和家人、朋友一起定期参加体育休闲活动
3. 在活动中，我会和家人、朋友一起分享活动中的体验
4. 我会在博客上写一些体育休闲的心得与朋友分享
5. 我有时会约朋友一块儿去参加体育休闲活动
6. 我会和家人、朋友一起收看有关体育休闲的电视节目
7. 我会和家人、朋友一起去现场观看体育休闲的比赛
8. 我经常在报纸上看到有关体育休闲方面的报道
9. 我经常在电视上看到有关体育休闲方面的报道
10. 在听广播时，我经常能听到有关体育休闲方面的报道
11. 在互联网上，我经常能看到有关体育休闲方面的报道

109

12.我经常在杂志上看到有关体育休闲方面的宣传报道

13.我会购买(借阅)一些介绍体育休闲的杂志或者书籍

14.上网时,我会浏览一些有关体育休闲的信息

15.我会定制一些有关体育休闲的信息

16.在广告牌上,我经常能注意到有关体育休闲方面的报道

3.体育休闲机会认知问卷效度检验

体育休闲机会认知为人们对参与体育休闲可能性大小的判断。根据上述理论对体育休闲机会认知的阐述,体育休闲机会认知由三个条目组成,即时间认知(我有更多的时间去进行体育休闲活动)、场所认知(在我看来,周围提供的体育休闲的场所比较多)和信息认知(比较容易地获取有关体育休闲的信息)。

体育休闲机会认知问卷具体题项:

1.在我看来,周围提供体育休闲服务的场所比较多

2.我能比较容易地获取有关体育休闲(场所、方式)的信息

3.随着法定节假日的增多,我有更多的时间去进行体育休闲活动

4.生活满意感问卷效度检验

生活满意感问卷采用 Leung 和 Leung(1992)的一般生活满意感问卷进行测量。该问卷有 6 个条目(如"我的生活状况在各个方面都很好")。由于该问卷为国内成熟问卷,许多相关的研究表明,问卷具有较高的信度和效度。本研究通过 KMO 检验和 Bartlett 球形检验,结果表明,生活满意感问卷的 KMO 检验值为 0.775,说明样本大小适合进行因素分析;Bartlett 球形检验的卡方系数为 172.415,显著性水平为 0.000,说明变量间存在相关性,有共享因素的可能,适宜进行因素分析。用主成分分析法抽取公共因素,求得初始负荷矩阵,再用平均正交旋转法求出旋转因素负荷矩阵。根据大于 1 的特征值提取 1 个因素,累计方差贡献率达到 59.224%。

生活满意感问卷具体题项:

1.在很多方面,我的生活都接近理想

2. 我的生活状况在各个方面都很好

3. 我对生活感到满意

4. 现在，我已经得到了生命中最重要的东西

5. 总的来说，到现在为止，我的一生糟透了

6. 如果可以再生一次，我希望保持今世的生活不变

四、问卷的信度检验

问卷的信度是指测验的可靠程度。它表现为测验结果的一贯性、一致性、再现性和稳定性。

同质性信度指的是测验内部所有测题之间的一致程度。在提出或验证某种理论构想和假设时，要求对所研究的特征或构想做出"纯粹"的测量，否则就不能由测验分数做出意义明确的推论，这时，必须考虑同质性信度。同质性信度的信度系数，一般采用 Alpha 分析模型中 Cronbach 系数值 α 值来进行估计，α 的数值越高，表示信度越高。根据学者的总结，α 大于 0.7 时，表示信度非常高，α 若介于 0.35~0.7 为可接受信度，α 低于 0.35 则为低信度。

重测信度指的是用同一量具对同一组被试施测两次或多次，所得结果的一致程度。重测信度通过相关系数计算，表示测验得分在不同时间的稳定程度，是检查测验信度的常用方法之一。如果两次测验成绩的相关系数较高，表明测验比较可靠。

为了确定问卷的信度，本研究在大量发放问卷之前，先在小样本范围进行测试。本研究的问卷测试和对象同第一次效度检验的测试，三周后，对同一组被试再次发放问卷。本研究采用 Cronbach's α 系数（同质性信度）和分半信度作为信度指标，对问卷进行信度检验。从表 7-3 可以看出，体育休闲价值观问卷、社会互动和生活满意感问卷的信度系数分别是 0.920、0.948、0.722，说明在本研究中三份问卷的信度均为良好，适合本研究的大范围进行调查。从表 7-4 可以看出体育休闲价值观问卷总体三个维度的内部一致性系数在 0.79~0.84。将正式施测的问卷分成对等的两半，计算这两半的分数的相关系数，结果表明分半信度在 0.723~0.856，说明问卷的信度良好。从表 7-5 可以看出社会互动问卷总体两个维度的内部一致性系数在 0.84~0.91。同样将正式施测的问卷分成对等的两半，计算这两半的分数的相关系数，结果表明分半信度在 0.841~0.883，说明社会互动问卷的信度也良好，适合进行大样本量的调查。

表7-3　本研究被试体育休闲值观问卷、社会互动和生活满意感问卷的信度系数

变　量	Cronbach's α 系数
体育休闲价值观	0.920
社会互动	0.948
生活满意感	0.722

表7-4　体育休闲价值观问卷的信度系数

因　素	Cronbach's α 系数	重测信度
认知程度	0.84	0.856**
喜爱程度	0.79	0.723**
参与程度	0.80	0.824**
问卷总体	0.83	0.813**

注:** 表示重测信度的相关系数在 0.01 水平上。

表7-5　社会互动问卷的信度系数

因　素	Cronbach's α 系数	重测信度
人际互动	0.91	0.883**
媒体互动	0.84	0.841**
问卷总体	0.83	0.803**

注:** 表示重测信度的相关系数在 0.01 水平上。

第二节　研究方法

本实证研究依据休闲与社会质量的理论模型设计相关问卷,主要的研究方法包括问卷调查研究法和数理统计法。

一、问卷调查研究法

调查研究法是一种在社会科学中经常使用的观察方法,而问卷调查是调查研究的最重要形式。问卷调查研究是研究者通过事先设计好的问题来获取有关信息和资料的一种方法。研究者以书面形式给出一系列与所要研究的目的有关的问题,让被调查者做出回答,通过对问题答案的回收、整理、分析,获取有关信息。根据问卷中问题的结构,可将问卷调查分为封闭型问卷调查和开放型问卷调查。本研究主要采用封闭型问卷调查的形式获取被试的有关体育休闲价值观、社会互动、体育休闲机会认知、生活满意度、人口学等信息,为实证研究获取第一手资料。

二、数理统计法

1.描述统计

用于说明数据的全貌或概貌的数值称为描述统计,它一般包括集中趋势和离中趋势两大类。集中趋势是指在频数分布中大部分变量值向某点集中的趋向,是频数分布的重要特征,用以描述或说明一组数据的全貌及其特征中有代表性和典型性的分布情况。离中趋势是指变量值的离散程度,是次数分布的重要特征,用以描述一组变量彼此相差与散布的情况,反映变量的波动性和不稳定性的趋势。本研究运用百分数、算术平均数、标准差等指标来反映体育休闲价值观、社会互动、体育休闲机会认知、生活满意度等变量的分布情况。

2.方差分析

方差分析用于两个及两个以上样本均数差别的显著性检验,通过分析研究中不同变量的变异对总变异的贡献大小,确定控制变量对研究结果影响力的大小。通过方差分析,分析不同水平的控制变量是否对结果产生了显著影响。如果控制变量的不同水平对结果产生了显著影响,那么它和随机变量共同作用,必然使得结果有显著的变化;如果控制变量的不同水平对结果没有显著的影响,那么结果的变化主要由随机变量起作用,和控制变量关系不大。本研究运用单因素方差分析、双因素方差分析、协方差因素分析等方法考察体育休闲氛围下性别、年龄、婚姻、收入、城市等人口学因素对体育休闲认知、体育休闲价值观、社会互动、体育休闲机会认知、生活满意度等变量的影响。

3.相关和回归分析

相关分析是研究变量间密切程度的一种常用统计方法。相关系数是反映变量之间直线相关关系条件性相互联系的密切程度的指标。依相关的方向,可将相关分为正相关和负相关两种类型。如果变量 Y 随着变量 X 的递增而递增,即变化的方向一致,这种相关就称为正相关,其相关系数 $r>0$;如果变量 Y 随着变量 X 的递增而递减,或变量 Y 随着变量 X 减少而增加,即变化方向相反,这种相关则称为负相关,其相关系数 $r < 0$。回归分析也是研究现象之间相关关系的一种基本方法,根据相关关系的具体形态,选择一个合适的数学模型来近似地表达变量间的平均量化关系。本研究运用相关分析和回归分析考察体育休闲与生活满意度各变量与分变量之间的关系及影响程度。

第三节　研究过程

本研究在小样本范围进行信度和效度测试的基础上,课题组在企事业单位、社区、街道、广场、老年协会等随机抽取普通居民进行问卷发放,并当场回收。按分层随机取样的方式,考虑年龄、性别、婚姻、月收入和地域等方面的平衡,共抽取浙江省杭州、金华、台州、湖州、舟山等城镇居民被试共3000 多人进行问卷调查。在调查之前,事先向被试强调问卷只是用于分析研究,所做的答案没有对错之分,所有的信息都会完全保密。在填写问卷时,要求被试在相对集中的时间内根据对体育休闲意向和活动的真实感受完成问卷,被试填完问卷之后当场收回。具体研究过程见各实证研究。

第八章 城镇居民体育休闲
价值观现状特征的调查与分析

价值观是情感和态度的发展趋势,人们对体育休闲产生什么样的情感和态度就会树立相应的价值观。体育休闲价值观评价内容应包括个体对于体育休闲的认识、情感、行为三个方面,只有三者有机结合起来,才能够从心理学的角度更好地去分析居民的体育休闲价值观。同时,从这三个方面对居民进行引导和培养,才能进一步提高人们的体育休闲的正确理念。

本章研究基于休闲与生活质量关系的概念模式,以浙江省城镇居民作为研究对象,把体育休闲作为主观现象,考察城镇居民体育休闲价值观的现状特征和其人口统计学差异特征,旨在为体育休闲的理论与实践研究提供科学依据,随机抽取了部分浙江省城镇居民完成了体育休闲价值观问卷。从得分统计显示可知,总体上正面肯定休闲体育价值的观点是目前城镇居民的共识。具体地说,在关于体育休闲价值观的不同维度上,城镇居民的体育休闲认同程度得分相对较高,喜爱程度次之,参与程度相对较低;进一步的单因素方差分析发现,城镇居民的体育休闲总体价值观以及体育休闲认同程度、喜爱程度和参与程度分指标在性别、年龄、婚姻、文化程度和月收入等方面均存在着不同程度的差异。本章还对研究结果进行了分析讨论。

第一节 城镇居民体育休闲价值观现状特征调查

价值观是人们用于指导自己行为的根本准则,也是人们用于评价世界、社会、他人行为的基本态度。体育休闲价值观是一个人对体育休闲意义重要性的总评价和总看法。对于具体事物来说,人们的价值观不同,就会产生不同的态度。能满足人们需要和兴趣的事,人们会表现出积极的态度,反之,则持否定或消极的态度。因此,我们可以把态度形成理论用于研究人们价值观的形成和改变中。依据态度改变理论,个体态度的形成必须来自认知信息、情感信息和行为信息三方面的信息作用,当态度形成后,又会从个体的思维、情感和行为方面表现出来。为了更清晰地了解目前城镇居民体育休闲价值观的现状特征,本研究运用实证研究的方法,对浙江省部分城镇居民进行调查研究。研究从居民对体育休闲的思维、情感、行为三个方面给出了其体育休闲价值观的操作性指标,即体育休闲的价值认知、体育休闲的喜爱程度和体育休闲的参与程度。每个指标下面有五个题目(见体育休闲价值观问卷),分析了城镇居民对体育休闲价值观的现状特征,并进行了人口学方面的差异比较。具体体现在分别从性别、婚姻状况、年龄段、文化水平和收入状况等方面对以上指标进行方差分析,以探索体育休闲价值观是否存在社会人口学特征的差异。

一、研究对象

根据分层随机取样的原则,考虑年龄、性别、月收入等方面的平衡,主要以高校教师、公安人员、医务人员、离退休人群、高校学生、职高学生等居民为调查对象,发放问卷共 1000 份,回收 922 份,回收率为 92.2%,有效问卷 903 份,有效率为 97.9%。调查对象的具体情况如下:

性别总样本中男性 449 人,占 49.7%,女性 454 人,占 50.3%。

婚姻总样本中已婚 448 人,占 49.7%,未婚 455 人,占 50.3%。

本研究的年龄段共分为四段:其中 18 岁以下的人数有 137 人,占总人数的 15.2%;18~45 岁,有 546 人,占总人数的 60.7%;45~59 岁,有 163 人,占总人数的 18.2%;60 岁以上,有 57 人,占总人数的 6.1%。

文化程度总样本中高中或中专的人数为 392 人,占 43.4%;大学及以上的人数为 511 人,占 56.6%。

月收入的分布比较均衡,1000 元以下有 304 人,这部分主要是学生群体,占 33.6%;1000~2000 元有 230 人,占 25.6%;2000~3000 元有 160 人,占 17.7%;3000 元以上有 209 人,占 23.1%。

二、测量问卷

运用本研究编制的体育休闲价值观问卷。此问卷由两个部分组成:第一部分为个人基本信息,包括了被试的年龄、性别、婚姻状况、学历、收入情况等。第二部分为自编量表部分。依据态度改变理论以及有关的研究文献,本研究给出的体育休闲价值观的操作性指标包括三个方面:(1)对休闲体育的认同程度(1—5 题项);(2)对休闲体育的喜爱程度(6—10 题项);(3)对休闲体育的参与程度(11—15 题项)。共有 15 个题目。问卷采用 Likert 的 5 点量表计分法,即非常同意——5 分;同意——4 分;说不清——3 分;不同意——2 分;非常不同意——1 分。就具体维度而言,得分越低说明认同程度越低,得分越高说明认同程度越高(问卷的信效度检验见第七章)。

三、数据处理

本研究采用 SPSS for Windows 15.0 软件对数据进行统计分析,主要的分析方法为数据描述和方差分析。

四、施测过程

组织发放问卷均通过当面发放和邮递的方式,由课题组成员完成。在问卷发放之前,事先向被试强调问卷只是用于分析研究,望认真填写,所做的答案没有对错之分,所有的信息都会完全保密。在填写问卷时,要求被试在相对集中的时间内根据对体育休闲的真实感受完成问卷,被试填完问卷之后当场收回或邮递收回。

五、城镇居民体育休闲价值观现状特征分析

我们对被试所填的问卷中 15 个问题的得分进行统计,各分值相加除以人数得到休闲体育价值观平均等级得分(见表 8-1)。

表 8-1 城镇居民休闲体育价值观量表

问 题	平均等级	排 序
体育休闲有娱乐作用,因而有减压放松的效果	4.08*	1
体育休闲很重要	4.00*	2
体育休闲可加强人与人之间的沟通与了解,密切人际关系	4.00*	2
如果条件允许我还是会参加一些体育休闲活动的	3.92*	4
我酷爱体育休闲活动	3.75*	5
如果朋友约我一起去远足,我会立刻答应	3.71*	6
体育休闲为人们提供了发展个性的空间	3.70*	7

续表

问　题	平均等级	排　序
每次参与体育休闲活动都能让我体会到无比的快乐	3.60*	8
如果时间允许我会经常参加体育休闲活动	3.60*	8
我总是期待下一次的体育休闲活动机会	3.40*	10
一想到要去参加体育休闲运动我就兴奋不已	3.40*	10
我经常参加体育休闲活动	3.40*	10
请客吃饭，不如请人流汗	3.25*	13
我每周至少参加两次体育休闲活动	3.30*	14
我经常尝试一些新颖刺激的体育休闲活动	3.01*	15

注：(1)按平均等级大小重新排列。
　　(2)*表示平均等级＞3。

从表8-1所示的调查结果中可以看出，被试总体上正面肯定休闲体育价值的观点已是目前城镇居民的共识，如"休闲体育有娱乐作用，因而有减压放松的效果"，"体育休闲很重要"，"体育休闲可以加强人与人之间的沟通与了解，密切人际关系"，"如果条件允许我还是会参加一些体育休闲活动的"，"如果时间允许我会经常参加体育休闲活动"、"体育休闲为人们提供了发展个性的空间"等题项的得分均列在其他题项的前面，代表了城镇居民体育休闲价值评判的主观念。从表8-1中也可以看出，尽管城镇居民对休闲体育的重要性给予了肯定，但在参与程度上还不是很高，主要的原因是人们总是认为"条件不允许"，或"没有更多的时间"等一些客观条件的限制，说明居民参与体育休闲活动还存在着许多限制因素，这些因素通常会减少他们对体育休闲机会的认知，从而也影响生活满意度的认知程度。另外也可以看出，城镇居民的体育休闲活动主要以传统的活动为主，一些新颖刺激的体育休闲活动参与的人数还不多。所以，多提供一些社区体育休闲活动场所并开展一些有组织的体育活动，能促进居民更多地参与体育休闲活动，能有效地提升体育休闲价值观的认知程度。

从分指标上看，城镇居民的体育休闲认同程度相对较高，如"体育休闲有娱乐作用，因而有减压放松的效果"，"体育休闲很重要"，"体育休闲可加强人与人之间的沟通与了解，密切人际关系"等题项的得分排序在前三名的均是认同程度的题项。说明目前居民对体育休闲价值观具有较高的主观认同特征。同时，我们也发现，体育休闲的参与程度题项相对得分较低，如"我经常参加体育休闲活动","我一周至少参加两次的体育休闲活动","我经常尝试一些新颖刺激的体育休闲活动"等题项的得分均排在后面,说明居民在实际参与体育休闲活动中还会遭遇许多客观的限制因素。这主要体现在"时间不足"上,而在参与过程中参与者的体验愉悦与否会进一步影响他们的喜爱与认同程度。

　　一方面,随着闲暇时间越来越多,休闲活动的需求性日益增加,而体育休闲活动通常是居民最为主要的休闲内容选择之一,所以对体育休闲的价值认同也会提高。无论是日常生活经验还是实证调查所得,近年来,国人在工作外的空闲时间越来越多。根据《中国公众休闲状况调查》,除去必要的生理需要时间,从业者花费在休闲活动上的时间占据所有时间的 34.5%,仅次于占据 48.8% 的工作时间。也就是说,人们有约三分之一的时间花费在休闲活动中。休闲时间的增多,必然带来休闲活动需求性的增加,有利于身心健康的体育休闲,更是众多居民的首选。在参与各种体育休闲活动中,人们可以从不同途径提高对体育休闲价值信息的认知。这在一些态度测量里面也有所体现。

　　另一方面,对体育休闲价值观认识的提高,说明人们对休闲活动中非物质形态的因素的增加。也就是说,人们休闲活动的内容从以前简单的"吃吃喝喝"转向了更具有精神层面的价值观念。人们对于休闲的认识不仅在于"如何去利用"或是"花费了多少时间",而更关注究竟能够从中获取什么。这种价值观念上的变化,与社会大环境的变迁也是有关的。当今中国社会处于社会大转型之中,个人的生活价值观容易迷失,即所谓的"都市病"越来越频繁地显现,都与此有关,因此,人们在休闲活动中也开始注重精神的获取。这一点,与本研究所提出的休闲与理性的假设有密切关系,也是本研究可以继续深入调查分析的依据。

　　最后,由于各种限制因素的影响,居民体育休闲参与程度相对较低。当然,限制因素是多方面的,主要包括个人因素和外在因素。撇开个人主观认知的影响,这从某个角度说明目前社交、娱乐、健身设施场地缺乏,大众参与意识淡薄,社区建设不能充分适应人们新的生活方式和休闲活动的需要。说明当今社会,有许多对于休闲的需求得不到满足,不仅缺乏适当的硬件条件,也没有很好地组织。笔者认为,这同样反映了转型社会所带来的共同体缺失,而体育休闲恰恰又是一种常常在熟人之间发生的活动,需要且容易建立起良好的人际关系网络,即增加人们的良性的社会互动。

第二节　城镇居民体育休闲价值观人口学变量的差异分析

依据休闲与生活质量的社会心理学概念模式,体育休闲价值观影响生活质量的机制中,受制于人口学的因素。为了探索不同性别、不同婚姻状况、不同年龄层次、不同文化程度及不同月收入等城镇居民人口学因素在"体育休闲价值观"上是否存在差异,本研究分别以性别、婚姻、文化程度为因变量,对体育休闲价值观进行了 T 检验(T-test)(见表 8-2),同时,以年龄和月收入为因变量,对体育休闲价值观进行了单因素方差分析(One-way ANOVA)(见表 8-3)。

表 8-2　城镇居民体育休闲价值观在人口统计学变量上的差异比较一览表

		M	T	P
性别			0.592	0.554
	男	36.912		
	女	36.511		
婚姻状况			2.716	0.007**
	已婚	37.624		
	未婚	35.812		
文化程度			3.359	0.000***
	中学或中专	39.593		
	大学及以上	36.276		

注:* 表示 $P<0.05$;** 表示 $P<0.01$;*** 表示 $P<0.001$。

T 检验结果显示,城镇居民的"体育休闲价值观"变量在性别因素上不存在显著性差异,但在婚姻和文化水平因素上均存在显著性差异。从平均值可以看出,未婚居民比已婚居民有更积极向上的体育休闲价值观;大学及以上文化程度的居民比中学或中专文化程度的居民有更积极向上的体育休闲价值观。不同的婚姻阶段和不同的文化程度对体育休闲价值观存在影响作用。通常未婚居民由于家庭或子女负担相对较轻,有更多的自由时间和精力参与一些体育休闲活动,或通过体育休闲活动扩大自己的交往范围,使他们从中体验了活动所带来的愉悦心情并能满足自己的社交需要,从而提升了他们的正面积极的体育休闲价值观。而文化程度差异的结果也说明了个体的文化修养、知识水平也是影响居民对体育休闲价值的认知程度的因素之一。文化程度高的居民对事物的认知能力及判断能力通常要高于文化程度较低的居民。结果同时也表明,无论男女,在对体育休闲价值观的认知、喜爱和参与上都表现出一致性的特征。

表 8-3　城镇居民体育休闲价值观在人口统计学变量上的差异比较一览表

		M	F	P
年龄段			8.929	0.000***
	18 周岁以下	33.241		
	18～45 周岁	36.906		
	45～59 周岁	39.133		
	60 周岁以上	36.182		
收入水平			12.513	0.000***
	1000 元以下	35.134		
	1000～2000 元	38.960		
	2000～3000 元	34.711		
	3000 元以上	36.714		

注:* 表示 $P<0.05$;** 表示 $P<0.01$;*** 表示 $P<0.001$。

研究还对不同年龄和不同月收入居民的体育休闲价值观进行了差异分析。单因素方差分析结果显示,城镇居民的体育休闲价值观在年龄和月收入水平上均存在显著性差异。从平均值大小可以发现,在不同年龄因素上,体育休闲价值观变量,18 周岁以下＞18～45 周岁＞60 周岁以上＞45～59 周岁的人群;从收入水平来看,1000 元以下的居民和 3000 元以上的居民要比 1000～2000 元和 2000～3000 元的居民有更好的体育休闲价值观。结果的可能性为,18 周岁以下通常有较多的机会参与体育活动,如学校体育活动、课外体育活动。年轻人通常更渴望的是自我的表达和感性的体验,如果他们通过其他活动方式满足自我表达与感性的体验,那么他们就会减弱对体育休闲的认同。18～45 岁年龄段的居民,由于工作、生活和家庭的负担大大减少了他们的休闲时间,但他们也渴望通过体育休闲方式去缓解压力、放松心情,因此也有着较高的认同度。但客观条件上,45～59 岁年龄组的居民,正处于家庭、事业压力最大的时期,尤其是女性,传统的思想以及许多客观条件限制了他们参与体育休闲的机会,使他们比较少地关注或参与体育休闲活动,从而影响了他们体育休闲价值观的形成。收入水平不同形成的差异说明,经济条件是制约体育休闲的因素之一,尤其是一些需要一定消费水平的体育活动,经济水平会影响居民的认同水平,当他们认为自己无能力达到该运动的消费水平时,对此活动的认同程度也会降低。同时,我们也发现,收入1000元以下的居民有着较高的体育休闲价值认同程度,由于此群体多为学生,这可能与他们有更多机会可以在校园参与一些体育活动有关。

第三节　城镇居民体育休闲的价值认同程度 人口学变量的差异分析

为了进一步分析体育休闲价值观各分维度的人口学特征,我们把体育休闲价值的认同程度、喜爱程度和参与程度分别作为变量,观察其人口学的特征差异。本节主要是检验不同性别、不同婚姻状况、不同年龄层次、不同文化程度及不同月收入的城市居民在体育休闲价值认同上是否存在差异。本研究分别以性别、婚姻、年龄、文化程度、月收入为因变量,对体育休闲的价值认同进行了 T 检验分析(见表 8-4)。

表 8-4　城镇居民对体育休闲价值认同的平均数比较一览表

		M	F	P
性别			7.655	0.006**
	男	11.321		
	女	10.712		
婚姻状况			2.265	0.133
	已婚	11.185		
	未婚	10.853		
年龄段			10.687	0.000***
	18 周岁以下	10.533		
	18～45 周岁	10.722		
	45～59 周岁	12.258		
	60 周岁以上	11.474		
文化程度			34.175	0.000***

续表

		M	F	P
	中学或中专	11.468		
	大学及以上	10.129		
收入水平			12.347	0.000***
	1000 元以下	10.757		
	1000～2000 元	11.584		
	2000～3000 元	11.893		
	3000 元以上	10.101		

注：* 表示 $P<0.05$；** 表示 $P<0.01$；*** 表示 $P<0.001$。

数据的统计结果显示，城镇居民对体育休闲价值的认同程度，在婚姻状况上没有显著性差异，但在性别、年龄、文化程度和月收入等四个因素上均存在显著性差异。对于平均数的比较可以发现，女性的认同度要高于男性；从年龄段上显示，认同度 18 周岁以下＞18～45 周岁＞60 周岁以上＞45～59 周岁的人群。由于本研究 18 周岁以下被试多为学生群体，由于校园具有体育场所的优势，学生们除学习以外，有更多的时间去参与体育休闲活动以缓解紧张学习带来的压力，所以有相对高的认同度程度。18～45 周岁群体正处于工作的创业期，同时也是家庭负担相对较重的时期，所以工作与家庭的双重压力使他们从主观上希望通过参与体育休闲活动来放松自己，因此也有着较高的认同程度。但由于现实中会遇到许多客观限制因素，阻碍了他们的休闲参与行为。60 周岁以上的老年人更强烈地意识到健康的重要性，因而也有更高的体育休闲认同度。而 45～59 周岁的人群刚好处在工作状态的高峰期，通常繁重的工作使他们没有更多的时间投入体育休闲活动中，所以其体育休闲价值的认同度最低。从学历因素看，大学及以上学历的居民比中学或中专学历的居民有更高的认同度，说明个体的文化水平是影响体育休闲价值认知水平的因素之一。另一方面，通常高学历的人群更多的是从事脑力劳动者，他们更希望通过体育休闲来放松自己的身心，锻炼自己的身体。从社会心理学的角度，不参加体育活动的因素有：地点受限、观念狭隘、精神不振、情绪的社会认可度等。所以，不参加体育活动并不是只与教育程度有关，而且还与收入、就业状况、经济问题有关系，当然乐观和轻松的人除外。对于不参加体育活动的人来说，他们的个性与教育程度有重大关联，观念狭隘、地点受限、精神不振等个性占教育程度不高的人群的大部分比例。据研究分析,收入和就业状况的原因占约 40%。还有研究显示,社会心理和物质条件使 75% 的低教育群体不愿参加体育活动。从收入水平因素来看,1000 元以下的居民和 3000 元以上的居民要比 1000～2000 元和 2000～3000 元的居民有更高的认同度,可能的解释是高收入水平的人们有更多的客观条件去体验体育休闲活动,因而认同程度相对较高。而 1000 元以下的居民多为学生群体,他们更多地把体育活动当成锻炼,从中切身体验到体育活动带来的乐趣,因此也同样有着较高的认同程度。

表 8-4 中的数值显示,不同年龄段以及不同收入的城镇居民在体育休闲价值认同上存在显著性差异。为了进一步比较"年龄段"和"月收入"因素变量各水平间的差异,本研究进行了 Post Hoc 检验,采用 LSD 法进行均值的多重比较(见表 8-5 和表 8-6)。

表 8-5　不同年龄段的城镇居民对体育休闲价值认同的多重比较一览表

年龄段	比较年龄段	相关系数	显著性水平
18 周岁以下	18～45 周岁	−0.189	0.545
	45～59 周岁	−1.725***	0.000
	60 周岁以上	−0.941	0.068
18～45 周岁	45～59 周岁	−1.536***	0.000
	60 周岁以上	0.752	0.099
45～59 周岁	60 周岁以上	−0.784	0.119

注:*** 表示 $P < 0.001$。

表 8-6　不同收入的城市居民对体育休闲价值认同的多重比较一览表

收　入	比较收入	相关系数	显著性水平
1000 元以下	1000～2000 元	−0.828**	0.004
	2000～3000 元	−1.137***	0.000
	3000 元以上	0.656*	0.025
1000～2000 元	2000～3000 元	−0.309	0.356
	3000 元以上	1.484***	0.000
2000−3000 元	3000 元以上	−1.793***	0.000

注:* 表示 $P < 0.05$;** 表示 $P < 0.01$;*** 表示 $P < 0.001$。

从不同年龄段的城镇居民对体育休闲价值认同的多重比较来看,18 周岁以下的人群与 45～59 周岁的人群有显著性差异,而与其他年龄段的人群无显著性差异;18~45 周岁的人群也与 45~59 周岁的人群有显著性差异,而与其他年龄段的人群无显著性差异;45~59 周岁的人群与 60 周岁的人群无显著性差异。

从不同收入的城市居民对体育休闲价值认同的多重比较来看,1000 元以下的人群与 1000~2000 元、2000~3000 元、3000 元以上的人群均存在显著性差异;1000~2000 元的人群与 1000 元以下和 3000 元以上的人群有显著性差异,而与 2000~3000 元的人群无显著性差异;2000~3000 元的人群与 3000 元以上的人群也存在显著性差异。

第四节　城镇居民体育休闲的喜爱程度
人口学变量的差异分析

同样,本节对体育休闲喜爱程度的人口学差异进行了分析。为了检验不同性别、不同婚姻状况、不同年龄层次、不同文化程度及不同月收入的城镇居民在体育休闲喜爱程度上是否存在差异,本研究分别以性别、婚姻、年龄、文化、月收入为因变量,对体育休闲的喜爱程度进行了 T 检验分析(见表 8-7)。

表 8-7　城市居民对体育休闲喜爱程度的平均数比较一览表

		M	F	P
性别	男	12.987	0.007	0.934
	女	12.962		
婚姻状况	已婚	13.248	3.513	0.061
	未婚	12.706		
年龄段	18 周岁以下	11.590	5.935	0.001**
	18~45 周岁	13.165		
	45~59 周岁	13.540		
	60 周岁以上	12.807		
文化程度	中学或中专	13.325	4.126	0.017*
	大学及以上	12.578		

续表

		M	F	P
收入水平	1000 元以下	12.337	7.776	0.000***
	1000～2000 元	13.849		
	2000～3000 元	13.631		
	3000 元以上	12.426		

注：* 表示 $P<0.05$；** 表示 $P<0.01$；*** 表示 $P<0.001$。

结果显示，城镇居民的体育休闲的喜爱程度，在性别上和婚姻状况上都没有显著性差异，而在年龄段、文化程度和月收入上均存在显著性差异。对于平均数的比较可以看出，年龄段在18周岁以下的人群更喜爱体育休闲，其次是60周岁以上的人群，喜爱程度较低的人群是18～45周岁和45～59周岁的人群。从心理特点分析，相对于其他年龄居民，年轻人在生活的各个领域都喜欢表现自主和独立，表现出更能自主地参加他们自己喜欢的体育休闲活动，而较少地受到外在因素的影响。而随着年龄增大，人们变得不那么冲动，他们的休闲活动变得更有纪律性和计划性，而且很多是围绕着工作和孩子的需要进行，也与这个年龄段的人群工作压力大、休闲的时间较少有一定的关系。大学及以上文化程度的人群比中学或中专文化程度的人群更喜爱体育休闲。由上可知，对体育休闲价值的认同程度直接影响他们对于体育休闲的喜爱程度。在各个社会阶层中，通常高学历多从事着脑力劳动，而低学历则多从事体力劳动，这可能是中学或中专文化程度的人群把大部分的休闲时间都用在体育休闲以外的休闲方式上，比如看电视、上网、打游戏等，而大学及以上文化程度的人群则更喜欢以体育休闲活动来缓解精神上的压力的原因。从收入水平来分析，1000元以下的人群的喜欢程度＞3000元以上＞2000～3000元＞1000～2000元，这说明经济收入是影响人们喜爱体育休闲的因素之一，而处在1000～2000元及2000～3000元收入状态的居民多为工薪阶层，经济压力会限制他们参与一些体育休闲活动。收入较高的群体一旦形成体育休闲行为的意向，其行为更容易得到经济能力的支撑而很快行动起来。以上结果说明居民体育休闲喜爱程度同样受到人口学因素的影响，尤其表现在年龄、文化程度和月收入水平因素上。

从不同年龄段的城镇居民对体育休闲喜爱程度的多重比较来看（见表8-8），除18周岁以下的人群与18～45周岁和45～59周岁的人群有显著性差异外，其他年龄段之间的人群均没有显著性差异。

表 8-8　不同年龄段的城镇居民对休闲体育喜爱程度的多重比较一览表

年龄段	比较年龄段	相关系数	显著性水平
18 周岁以下	18～45 周岁	−1.575*	0.000
	45～59 周岁	−1.950*	0.000
	60 周岁以上	−1.217	0.074
18～45 周岁	45～59 周岁	−0.375	0.330
	60 周岁以上	0.358	0.551
45～59 周岁	60 周岁以上	−0.733	0.269

注：* 表示 $P < 0.05$。

从对不同收入的城镇居民对体育休闲喜爱程度的多重比较来看（见表 8-9），1000 元以下的人群与 1000～2000 元、2000～3000 元的人群存在显著性差异，而与 3000 元以上的人群没有显著性差异；1000～2000 元的人群与 1000 元以下和 3000 元以上的人群有显著性差异，而与 2000～3000 元的人群无显著性差异；2000～3000 元的人群与 3000 元以上的人群也存在显著性差异。

表 8-9　不同收入的城镇居民对体育休闲喜爱程度的多重比较一览表

收　入	比较收入	相关系数	显著性水平
1000 元以下	1000～2000 元	−1.512***	0.000
	2000～3000 元	−1.295**	0.002
	3000 元以上	−0.089	0.818
1000～2000 元	2000～3000 元	0.217	0.623
	3000 元以上	1.423**	0.001
2000～3000 元	3000 元以上	1.205**	0.008

注：** 表示 $P < 0.01$；*** 表示 $P < 0.001$。

第五节　城镇居民体育休闲的参与程度人口学变量的差异分析

体育休闲参与程度是体育休闲价值观的另一维度，同样，本研究对体育休闲参与程度变量人口学特征差异也进行了分析。与前面两个维度一样，为了检验不同性别、不同婚姻状况、不同年龄层次、不同文化程度及不同月收入的城市居民在体育休闲参与程度上是否存在差异,本节分别以性别、婚姻、年龄、文化、月收入为因变量,对体育休闲的参与程度进行了 T 检验分析(见表 8-10)。

表 8-10　城市居民对体育休闲参与程度的平均数比较

		M	F	P
性别	男	12.612	0.962	0.327
	女	12.879		
婚姻状况	已婚	13.174	9.924	0.002**
	未婚	12.321		
年龄段	18 周岁以下	11.235	9.269	0.000***
	18～45 周岁	13.033		
	45～59 周岁	13.331		
	60 周岁以上	12.744		
文化程度	中学或中专	12.895	1.624	0.203
	大学及以上	12.520		
收入水平	1000 元以下	12.109	8.884	0.000***
	1000～2000 元	13.524		
	2000～3000 元	13.556		
	3000 元以上	12.182		

注:** 表示 $P<0.01$;*** 表示 $P<0.001$。

　　统计结果显示,城镇居民对体育休闲的参与程度,在性别上和文化程度上都没有显著性差异,而在婚姻状况、年龄段和月收入上存在显著性差异。对于平均数的比较可以看出,未婚人群要比已婚人群的参与程度高,这个结果应该说是显而易见,因为未婚人群比已婚人群有更多的可支配时间,也会有更多的自由度。从年龄段上的比较来看,参与程度 18 周岁以下人群>60 周岁以上人群>18～45 周岁人群>45～59 周岁人群,这说明前两个年龄段的人群有更多的时间和精力去参与体育休闲活动,而处在中间段的人群的工作压力大,休闲时间相对会少一些。从月收入上的比较来看,月收入在 1000 元以下的人群和月收入在 3000 元以上的人群的参与程度要高于月收入在 1000～2000 元和 2000～3000 元的人群,原因可能是月收入在 1000 元以下的人群大部分是学生,他们有较多的自由支配时间,也往往会寻找一些不用花很多钱就能满足他们体育休闲需求的运动,而 3000 元以上的人群有相对宽裕的经济基础,因此他们体育休闲的参与程度就高一些。这从另一方面也说明经济条件是人们参与休闲体育的物质保障之一。综上结果说明,婚姻、年龄和月收入水平因素是影响体育休闲参与程度的主要人口学因素。

从不同年龄段的城市居民对体育休闲参与程度的多重比较来看(见表 8-11),18 周岁以下的人群与 18～45 周岁和 45～59 周岁的人群之间有显著性差异,但与 60 周岁以上的人群没有显著性差异;18～45 周岁的人群与 18 周岁以下和 60 周岁以上的人群之间有显著性差异,而与 45～59 周岁的人群没有显著性差异;45～59 周岁的人群与 60 周岁的人群之间也存在显著性差异。说明不同年龄会呈现出不同的影响体育休闲活动参与的影响因素。如 18～45 周岁可以认为是人生的中心阶段,在事业上或者呈现出成功的迹象,或者一直处于不成功状态;在家庭中,养育孩子的任务或者比较繁忙,或者已经完成,工作和家庭为人们提供了基本的认同感,一些人更多地选择体育休闲活动作为寻求生活变化的手段。但家庭和职业上的投入,如经济与时间等,却会从客观角度限制体育休闲活动的参与。

表 8-11　不同年龄段的城镇居民对体育休闲参与程度的多重比较一览表

年龄段	比较年龄段	相关系数	显著性水平
18 周岁以下	18～45 周岁	−1.798***	0.000
	45～59 周岁	−2.096***	0.000
	60 周岁以上	−0.659	0.300
18～45 周岁	45～59 周岁	−0.298	0.407
	60 周岁以上	1.138*	0.043
45～59 周岁	60 周岁以上	1.437*	0.021

注:* 表示 $P<0.05$;*** 表示 $P<0.001$。

从对不同收入的城市居民对体育休闲参与程度的多重比较来看(见表 8-12),1000 元以下的人群与 1000～2000 元、2000～3000 元的人群存在显著性差异,而与 3000 元以上的人群没有显著性差异;1000～2000 元的人群与 1000 元以下和 3000 元以上的人群有显著性差异,而与 2000～3000 元的人群无显著性差异;2000～3000 元的人群与 3000 元以上的人群也存在显著性差异。研究认为,经济收入是影响体育休闲活动参与的重要因素。一个人的经济地位对其如何支配自己的资源,即时间和金钱起着根本的作用。我们当中的许多人通常在休闲时所从事的活动总与花钱联系在一起。的确,很多体育项目和健身活动,如高尔夫球、网球、游泳、滑雪等,都与高消费有关,还有体育器材、体育服装都与花钱联系在一起。因此,收入的高低是体育休闲活动的一个重要的限制因素。当然,不同收入者可以根据自己的经济能力选择消费可承受范围内的体育休闲方式。

表 8-12　不同收入的城镇居民对体育休闲参与程度的多重比较一览表

收 入	比较收入	相关系数	显著性水平
1000 元以下	1000～2000 元	-1.415^{***}	0.000
	2000～3000 元	-1.447^{***}	0.000
	3000 元以上	-0.073	0.841
1000～2000 元	2000～3000 元	-0.032	0.938
	3000 元以上	1.342^{**}	0.001
2000～3000 元	3000 元以上	1.374^{**}	0.001

注: ** 表示 $P<0.01$; *** 表示 $P<0.001$。

第六节　小　结

本章通过问卷调查与分析,揭示了目前城镇居民体育休闲价值观的现状特征与社会人口学的特征。调查结果显示,城镇居民对于体育休闲具有较高的认知程度,正面肯定的体育休闲观点已是城镇居民的共识,"体育休闲有娱乐作用,因而有减压放松的效果","体育休闲很重要","体育休闲可加强人与人之间的沟通与了解,密切人际关系"等代表了大多数城镇居民体育休闲价值评判的主观念。但同时也发现,尽管城镇居民对体育休闲的重要性给予了较为肯定的认识,但在参与程度上还存在着诸多客观因素的影响,主要体现在两方面,一是外在的环境如"条件不允许",二是内在的原因如"没有更多的时间"等。同时,调查结果还说明城镇居民的体育休闲活动仍然是以传统的活动为主,一些新颖刺激的体育休闲活动参与的人数还不多。当然本研究的调查范围及人数都存在一定的局限性,因此,调查结果虽有一定的代表性,但在普适性上还有待进一步的研究与论证。

本章同时对体育休闲价值观做了社会人口学的调查与分析。实证说明居民对体育休闲价值观的认知存在着人口学差异特征。城镇居民的体育休闲价值观在性别上不存在显著性差异,但在年龄、婚姻、文化程度和月收入因素上均存在显著性差异。本章进一步从体育休闲价值观的认同、喜爱和参与三个方面分别进行了人口学差异分析。

城镇居民在对体育休闲价值的认同方面,除在婚姻状况上没有显著性差异外,其他四个方面均存在显著性差异。女性的认同度要高于男性;从年龄段显示,18周岁以下＞18~45周岁＞60周岁以上＞45~59周岁的人群;大学及以上学历的居民比中学或中专学历的居民有更高的认同度;从收入水平来看,1000元以上的居民和3000元以上的居民要比1000~2000元和2000~3000元的居民有更高的认同度。

在城镇居民对体育休闲的喜爱程度上,在性别上和婚姻状况上都没有显著性差异,而在年龄段、文化程度和月收入上均存在显著性差异。年龄段在18周岁以下的人群更喜爱体育休闲活动,其次是60周岁以上的人群,喜爱程度较低的人群是18~45周岁和45~59周岁的人群;大学及以上文化程度的人群比中学或中专文化程度的人群更喜爱体育休闲活动;从收入水平来分析,1000元以下的人群的喜欢程度＞3000元以上＞2000~3000元＞1000元~2000元。

在城镇居民对体育休闲的参与程度上,在性别上和文化程度上都没有显著性差异,而在婚姻状况、年龄段和月收入上均存在显著性差异。未婚人群要比已婚人群的参与程度高;从年龄段上的比较来看,18周岁以下人群＞60周岁以上人群＞18~45周岁人群＞45~59周岁人群;从月收入上的比较来看,月收入在1000元以下的人群和月收入在3000元以上的人群的参与程度要高于月收入在1000~2000元和2000~3000元的人群。

第九章 城镇居民体育休闲价值观人口学特征的调查与分析

依据休闲与生活质量关系的概念模式的解释,休闲本身具有客观特征,休闲文化氛围强化个体价值的趋向还取决于社会人口的状况。许多学者认为诸多因素都可能影响休闲参与行为,如性别差异、宗教信仰等。这些因素具有个体非控制特征,主要作用于休闲的文化、兴趣、价值观和交流的行为。为了进一步对理论进行论证,本章以浙江省城镇居民作为研究对象,基于休闲与生活质量关系的概念模式,把体育休闲作为主观现象,考察城镇居民体育休闲价值观的人口学特征的现状,旨在为休闲的理论与实践研究提供科学依据。本研究选取部分浙江省城镇居民完成了体育休闲价值观问卷。方差分析发现城镇居民的体育休闲价值观在年龄、性别、婚姻、月收入等方面存在着不同程度的差异,且各因素还存在着交互作用。本章还对研究结果进行了分析讨论。

第一节 研究的问题

休闲作为现代社会的重要特征,表现出了它的多维自然属性。这促使了研究者从哲学、社会学、经济学等不同的角度来探讨休闲生活方式是怎样推进社会进步的。然而,无论从哪个视角来探讨休闲的自然属性,学者们都承认休闲的最终目的是为了获得身心愉悦。所以,休闲能促进心理满意的自我评估,因此它能提高生活质量。从这个角度讲,休闲的心理学探索则成为我们必须考虑的休闲研究领域。但是,从目前的国内研究文献看,大多数研究是基于休闲的客观指标来考察休闲与人民生活的关系,而对休闲的主观特性研究却不多见。

王进在2005年提出了一个理论模式的设想。该模式从社会心理学的角度构建了休闲与生活质量认知的关系解释。这个理论假设模式把休闲作为主观现象,放在社会系统中来考察,认为在休闲这个体系中,同一性影响社会互动的形式,作用于个体的休闲兴趣与价值。另外,由于休闲活动的发生是在社会体系中进行的,社会互动结果会增强个体对休闲机会的认知。这样,当休闲机会的认知度增加时,人们对生活质量的评估会提高。进一步,上述整个系统的运转还取决于社会人口学的状况。该休闲概念模式包含了社会心理学的观点,更多地考虑了人文的因素,阐述了休闲与生活质量关系的复杂性。在这个理论模式中,休闲被置于社会环境来考察行为者的主观评估,旨在解释社会环境作用于休闲认知,进而休闲认知引导生活质量评估的"环境—休闲—生活质量"链。同时,该理论也承认休闲本身的客观特征,认为休闲文化氛围强化个体价值的趋向还取决于社会人口状况。所谓社会人口状况指包括个体成就因素、生活因素和其他不定因素(如性别、事件等)的综合社会学指标体系。

体育休闲是人们休闲生活的重要组成部分,表现为人们参与体育活动是以休闲为目的,强调一种心理愉悦的体验。所以,本研究基于这一概念理论模型,考察体育休闲作为主观现象是否受到人口学因素的影响。根据这个理论解释,体育休闲作为一个社会体系,在其通过体育休闲价值观、社会互动和体育休闲机会认知而作用于生活质量的过程中,社会人口状况影响着体育休闲的整个过程的运转。因此,可以认为体育休闲价值观是影响人们生活质量的主要指标之一,体育休闲价值观是人们以自身和社会的需要为根据,对体育休闲的意义和重要性进行评价和选择的原则、信念和标准。本研究把社会人口学因素作为客观特征来考察它与体育休闲价值观之间的关系,以验证城镇居民的体育休闲价值观存在着人口学特征的差异,旨在为体育休闲的理论发展和使体育休闲更好地提高人们的生活质量提供科学依据。

第二节　研究方法

一、研究对象

按分层随机取样的方式,考虑年龄、性别、婚姻、月收入等方面的平衡,共抽取浙江省各市县居民被试共 2000 人进行问卷调查,回收问卷 1665 份,

去除缺失信息问卷 134 份,共得到有效问卷 1531 份。有效率为 91.95%。其中调查对象的基本情况如下:

(1)性别总样本中男性 665 人,占 43.4%,女性 866 人,占 56.6%。

(2)婚姻总样本中已婚 1096 人,占 71.6%,未婚 435 人,占 28.4%。

(3)本研究的年龄段共分为 5 段:其中 16~25 岁的人数有 419 人,占总人数的 27.4%;26~35 岁有 88 人,占总人数的 5.7%;36~45 岁有 718 人,占总人数的 49.6%;46~55 岁有 167 人,占总人数的 10.9%;55 岁以上的有 139 人,占总人数的 9.1%。

(4)月收入总样本的分布情况:1000 元以下有 523 人,占 34.2%;1000~2000 元有 354 人,占 23.1%;2000~3000 元有 343 人,占 22.4%;3000 元以上有 311 人,占 20.3%。

二、研究问卷

运用自行编制的体育休闲价值观问卷。此问卷基于"态度改变理论",对居民的体育休闲价值观从态度认知、情感、行为三个方面编制出具有操作性的指标,分别为:(1)对体育休闲的认同程度;(2)对体育休闲的喜爱程度;(3)对体育休闲的参与程度。问卷共有 15 个条目。研究证明问卷具有较高的信度和效度。本研究的体育休闲价值观问卷有较高的内部一致性(见第一章)。问卷采用 Likert 自评式 7 点问卷计分,即 0=完全不同意,过渡到 6=完全同意。就具体维度而言,得分越高说明相对应的指标程度越高;得分越低则其程度越低。

三、研究过程

研究者以浙江省各地市的居民为调查对象,组织发放均通过当面发放和邮递的方式,由课题组成员完成,被试填完问卷之后尽快收回。本研究采用 SPSS for Windows 13.0 软件对数据进行处理和分析。

第三节　研究结果与分析

依据休闲与生活质量的概念模式,休闲本身具有主、客观特征。从主观方面,休闲文化氛围强化个体休闲价值趋向,休闲价值观、社会互动通过休闲机会认知影响生活质量;从客观方面,上述休闲影响生活质量的所有过程,还受制于社会人口状况(个体成就因素、生活因素和其他不定因素),即与人口学因素有关。社会人口的状况影响着整个过程的运转。所以,在体育休闲活动中,体育休闲价值观作为主观特征指标是影响生活满意度的重要变量。为了考察主要变量体育休闲价值观是否存在人口学特征差异,本研究将样本被试的体育休闲价值观变量整体进行性别、年龄、婚姻和月收入等因素组合的双因素方差分析,以进一步考察其因素交互的影响关系。

一、影响体育休闲价值观的性别与年龄的双因素分析

性别与年龄是生活因素的主要指标之一。研究首先对体育休闲价值观在性别与年龄两因素上进行了差异检验,表 9-1 所示为变量在性别与年龄方面的平均值与标准差。

表 9-1　本研究被试体育休闲价值观在性别和年龄方面的平均值与标准差一览表($n=1531$)

	16～25 岁	26～35 岁	35～45 岁	45～55 岁	55 岁以上	总　体
男	62.806±17.216	68.561±19.392	58.787±19.636	62.481±20.218	71.239±17.705	61.888±19.159
女	58.434±17.252	58.745±20.437	57.775±18.450	65.966±16.388	73.688±17.158	60.848±18.617
总体	60.526±17.353	63.318±20.445	58.199±18.950	64.350±18.291	72.878±17.315	61.132±18.86

注:16～25 岁,$n=419$;26～35 岁,$n=88$;35～45 岁,$n=718$;45～55 岁,$n=167$;55 岁以上,$n=139$;男,$n=665$;女,$n=866$。

两因素方差分析显示,年龄在体育休闲价值观上的主效应显著($F=17.639,P=0.000$),说明体育休闲价值观在年龄方面存在差异。利用 LSD 法进行的事后统计分析显示,55 岁以上人群的体育休闲价值观最高,和各年龄段人群相比都达到极其显著的统计水平($P<0.001$),36～45 岁年龄段人群的休闲体育价值观比各年龄段都低,分别达到显著($P<0.05$)或者极其显著水平($P<0.001$),46～55 岁年龄段人群在休闲体育价值观上也显著高于16～25 岁年龄段人群($P<0.05$)。对性别差异的分析发现,体育休闲价值观在性别方面的主效应不显著。但它们的交互效应对体育休闲价值观的影响存在显著差异($F=2.909,P<0.021$)。也就是说,不同性别在不同年龄阶段的体育休闲价值观存在差异,45 岁以下的男性高于同龄女性,而 45 岁以上的女性的体育休闲价值观要高于同龄的男性。但这种差异更多地是由不同年龄阶段差异引起的,这可能与不同性别在各年龄阶段体育休闲动机

和限制因素有关。不同的年龄阶段,个体参与体育休闲活动的目的不同。45～55 岁和 55 岁以上年龄组的被试主要是接近退休或退休人群,随着年龄的增长,他们从主观上比其他年龄组更关注自我的身体健康和休闲的生活,更偏重于体育休闲给他们带来的身心方面的好处。为了达到这个目标,他们会更积极地参与到这个活动中去。同时,这个年龄段的女性由于事业、家庭子女教育等压力的减轻,可能使她们有更多的时间和经济保障参与到体育休闲中去,体验到体育休闲带给她们的益处,从而进一步促进体育休闲价值观的形成。16～25 岁的年轻人更渴望的是自我的表达和感性的体验,如果他们通过其他活动方式能满足自我表达与感性的体验,那么他们就会减弱对体育休闲的认同。25～45 岁年龄段的居民,工作、生活和家庭的压力剥夺了他们的部分休闲时间,但也渴望通过休闲方式去缓解压力、放松心情。但客观条件上,35～45 岁年龄组的居民,正处于家庭、事业压力最大的时期,尤其是女性,传统的思想及许多客观条件限制了她们参与体育休闲的机会,使她们比较少地关注或参与体育休闲活动,从而也影响了她们体育休闲价值观的建立。

二、影响体育休闲价值观的性别与婚姻状况的双因素分析

性别和婚姻状况作为生活因素,是社会人口状况的组成部分之一。为了考察体育休闲价值观是否在性别与婚姻状况方面存在差异,本研究对体育休闲价值观在性别与婚姻因素上进行差异检验,表 9-2 所示为各变量在性别与婚姻方面的平均值与标准差。

表 9-2　本研究被试体育休闲价值观在性别和
婚姻状况方面的平均值与标准差一览表($n=1531$)

	男	女	总　体
已婚	61.009 ± 19.906	61.254 ± 18.923	61.153 ± 19.324
未婚	63.710 ± 17.418	58.466 ± 17.558	61.076 ± 17.664
总体	61.889 ± 19.159	60.548 ± 18.617	61.131 ± 18.860

注:男,$n=665$;女,$n=866$;已婚,$n=1096$;未婚,$n=435$。

结果发现,体育休闲价值观在性别方面的主效应显著($F=5.445$,$P=0.020$),而在婚姻状况方面的主效应不显著,但它们的交互效应却具有较为显著的差异($F=6.564$,$P=0.011$)。说明不同性别之间体育休闲价值观有

着显著的差异,男性的体育休闲价值观高于女性。但在婚姻状况方面未表现出显著的差异性,而是性别与婚姻状况的交互作用对体育休闲价值观的影响存在差异性。已婚女性的体育休闲价值观高于男性,这反映了不同性别在不同的婚姻阶段对体育休闲价值观存在的影响作用。

三、影响体育休闲价值观的性别与月收入的双因素分析

个体的经济水平是体育休闲的一个限制因素。月收入作为个人成就因素,是制约休闲的客观因素之一。所以,本研究对体育休闲价值观在性别与月收入的组合因素上进行差异检验,表 9-3 所示为各变量在性别与月收入方面的平均值与标准差。

表 9-3　本研究被试体育休闲价值观在性别与
月收入方面的平均值与标准差一览表($n=1531$)

	1000 元以下	1000~2000 元	2000~3000 元	3000 元以上	总　体
男	62.171±17.660	61.215±22.393	58.546±18.910	64.430±19.063	61.889±19.159
女	60.353±19.030	59.126±19.120	60.653±18.734	64.243±15.563	60.548±18.617
总体	61.620±18.469	59.675±20.020	59.716±18.814	64.363±17.867	61.131±18.860

注:男,$n=665$;女,$n=866$;1000 元以下,$n=523$;1000~2000 元,$n=354$;2000~3000元,$n=343$;3000 元以上,$n=311$。

结果发现,体育休闲价值观在性别和月收入方面的主效应显著($F=23.352,P=0.000;F=3.618,P=0.013$)。但它们的交互效应却没有体现出显著的差异。说明不同性别之间居民的体育休闲价值观有着显著的差异,男性高于女性;月收入作为一个客观因素对体育休闲价值观产生一定的影响,月收入 3000 元以上的城镇居民的体育休闲价值观高于 3000 元以下的城镇居民。但性别与月收入的交互作用对体育休闲价值观的影响不存在显著性。结果在一定程度上反映了月收入高的城镇居民关注体育休闲活动的程度也更高,从而有利于他们建立良好的体育休闲价值观。

四、影响体育休闲价值观的月收入与婚姻的双因素分析

为了考察体育休闲价值观是否在月收入与婚姻方面存在差异,本研究对体育休闲价值观在月收入与婚姻因素上进行双因素差异检验。表 9-4 所示为体育休闲价值观在月收入与婚姻方面的平均值与标准差。结果发现,体育休闲价值观在婚姻方面的主效应显著($F=7.207,P=0.007$)。而在月

收入方面效应不显著,但它们的交互效应却表现出了显著的差异($F=$ 5.575,$P=0.001$)。结果说明,对于月收入与婚姻两因素,不同婚姻状况对体育休闲价值观有着显著性的影响,而月收入对体育休闲价值观的影响不大,但它们的交互作用对体育休闲价值观的影响主要是不同婚姻状况引起的,反映了个体不同的婚姻阶段会产生不同的体育休闲价值观。

表 9-4　本研究被试体育休闲价值观在月收入与
婚姻方面的平均值与标准差一览表($n=1531$)

	1000 元以下	1000～2000 元	2000～3000 元	3000 元以上	总　　体
已婚	64.469±20.593	59.173±19.200	59.423±18.921	63.891±17.915	61.153±19.324
未婚	59.984±17.573	69.056±18.523	70.556±9.723	72.056±15.558	61.076±17.664
总体	61.120±18.469	59.675±20.020	59.716±18.814	64.363±17.867	61.131±18.860

注:1000 元以下,$n=523$;1000～2000 元,$n=354$;2000～3000 元,$n=343$;3000 元以上,$n=311$;已婚,$n=1096$;未婚,$n=435$。

第四节　小　结

本研究运用休闲的社会心理学概念模式,把体育休闲作为主观现象放在社会系统中进行考察,运用实证研究探讨体育休闲价值观与人口学因素的关系。通过对浙江省 1531 名城镇居民的调查,结果验证了在体育休闲的社会环境中,个体体育休闲价值观受到社会人口学因素的影响,即具有人口学的差异。

根据研究的理论模式和研究设计,对体育休闲价值观不同人口学特征(主要为性别、年龄、婚姻状况、月收入等)进行了两因素组合的方差分析,结果发现,体育休闲价值观在性别与年龄、性别与婚姻、月收入与婚姻状况等组合上产生交互效应,但在性别与月收入上不存在交互效应。调查结果说明了社会人口状况作为客观因素在很大程度上影响着城镇居民的体育休闲价值观,也反映了体育休闲在社会系统中主观特征和客观特征的关联程度。实证说明体育休闲价值观作为主观现象指标之一置于社会体系中,会受到社会人口学因素的影响,即还具有客观特征。这与已有的研究一致。

第十章 基于体育休闲文化氛围下城镇居民社会互动的人口学特征研究

社会学的观点认为,社会互动是个人与个人、个人与群体、群体与群体之间发生相互影响性的行为方式和过程。人在社会中生活,几乎无时无刻不在与他人直接或间接地进行交往,发生相互作用。个人行为引起他人行为反应,他人的行为、期望又引起个人相应的行为反应。按照不同的行动主体,社会互动可分为人际互动和媒体互动两大类。在各类体育休闲活动中,城镇居民通过社会互动交流体育休闲信息,从而促进人们对体育休闲活动的认知、喜爱或参与,提高了人们的体育休闲价值观。

本章以浙江省城镇居民为研究对象,基于休闲与生活质量关系的概念模式,把体育休闲作为主观现象,考察城镇居民在体育休闲氛围下社会互动的人口学特征现状,旨在验证城镇居民体育休闲社会互动的社会人口学特征,为体育休闲的理论与实践研究提供科学依据。1531名浙江省城镇居民完成了体育休闲社会互动问卷。方差分析发现城镇居民的体育休闲社会互动存在人口学特征差异:社会互动在性别与年龄、性别与婚姻状况、性别与月收入、月收入与婚姻因素组合上均存在交互效应。本章还对研究结果进行了分析讨论。

第一节　研究的问题

在我国全面建设小康社会、和谐社会和加快城市化建设的进程中,休闲体育作为一种能满足人们健身强体、愉悦身心、提高生活质量等需要的社会文化现象,逐渐走入城市居民的生活。休闲作为现代社会的特征,已与人们的生活密切相关,并成为多领域研究的热点。从社会心理学的观点看,休闲是一个具有特定文化的社会体系。休闲的社会体验主要基于文化氛围的作用,因为它关系到人们的休闲价值观和社会交流的内容。如 Kelly 研究认为,对于休闲文化的氛围,社会的同一性会极大地影响个体休闲的价值观,同时也会主导社会休闲的互动形式。Winters 等运用社会认知理论研究中学生对休闲时间的评估,结果发现被试的休闲满意度取决于对社会休闲氛围的认知。说明了休闲认知的发展和强化要依赖于一定的社会环境,休闲文化氛围为个体提供了认知休闲活动的可能性。Hawkins 等的研究进一步发现,社会休闲文化的氛围会增加人们对生活满意度的认知,促进个体生活质量评估。M. Kathleen 等在对市民休闲活动与生活质量之间的关系的研究中指出,相对于客观指标而言,主观指标更能反映生活质量。

近年来,国内的休闲与生活质量关系已从客观指标转向主观特性的研究,并且相关的系统理论也得到了发展。值得关注的是王进在 2005 年提出了一个理论模式的设想。该模式从社会心理学的角度构建了休闲与生活质量认知的关系解释。这个理论假设模式把休闲作为主观现象,放在社会系统中来考察,认为在休闲这个体系中,同一性影响社会互动的形式,作用于个体的休闲兴趣与价值。另外,由于休闲活动的发生是在社会体系中进行的,社会互动结果会增强个体对休闲机会的认知。这样,当休闲机会的认知度增加时,人们对生活质量的评估也会提高。进一步,上述整个系统的运转还取决于社会人口学的状况,阐述了休闲与生活质量关系的复杂性。认为休闲文化氛围强化个体价值的趋向还取决于社会人口状况。所谓社会人口状况指包括个体成就因素、生活因素和其他不定因素(如性别、事件等)的综合社会学指标体系。

基于以上理论框架,在休闲的文化氛围中,社会互动作为休闲的主观指标影响人们的生活质量。同时在这个过程中受到客观的社会人口状况的影响。社会互动是个人与个人、个人与群体、群体与群体之间发生的具有相互影响性的行为方式和过程。赵臣建议,按不同行动主体可将社会互动分为人际互动和媒体互动。体育休闲是人们休闲生活的重要组成部分。表现为人们参与体育活动是以休闲为目的,强调一种心理愉悦的体验。所以,本研究基于这一概念理论模型,把社会人口学因素作为客观特征来考察它与体育休闲社会互动之间的关系,以验证城镇居民在体育休闲氛围下的社会互动存在着人口学特征的差异以及各因素的交互影响效应,旨在为体育休闲的理论发展和使体育休闲更好地提高人们的生活质量提供科学依据。

第二节　研究方法

一、研究对象

按分层随机取样的方式,共抽取浙江省各市县城镇居民和学生被试共2000人进行问卷调查,回收问卷 1665 份,去除缺失信息的问卷 134 份,共得到有效问卷 1531 份,有效率为 91.95%。

(1)性别总样本中男性 665 人,占 43.4%,女性 866 人,占 56.6%。

(2)婚姻总样本中已婚 1096 人,占 71.6%,未婚 435 人,占 28.4%。

(3)本研究的年龄根据戈登对生活时期的划分,共分为 4 段:其中 18~29 岁的人数有 508 人,占总人数的 33.2%;30~44 岁有 717 人,占总人数的46.8%;45~54 岁有 167 人,占总人数的 10.9%;55 岁以上的人数有 139人,占总人数的 9.1%。

(4)月收入的分布比较均衡,1000 元以下有 523 人,这部分主要是学生群体和无固定收入者,占 34.2%;1000~2000 元有 354 人,占 23.1%;2000~3000 元的有 343 人,占 22.4%;3000 元以上有 311 人,占 20.3%。

二、测量问卷

运用自行编制的社会互动问卷,问卷根据不同行动主体分为传媒互动和人际互动两个指标,包含 16 个项目,1—7 条构成人际互动的指标,8—16条构成媒体互动的指标。此研究问卷的维度构想和题项编拟是基于理论文献综述、知名相关量表、开放式问卷调查和个别访谈几方面综合考虑的结果,探索性因素分析的问卷总解释度为 69.11%,同时,传媒互动和人际互动因素的 Cronbach 一致性的系数 α 分别为 0.83 和 0.88,说明问卷具有较高的信度和效度。本研究中,经因素分析,两因素的总贡献率为 72.40%,与问卷的结构相符。其问卷的内部一致性信度检验分别为:人际互动的 α 值为0.91,媒体互动的 α 值为 0.84,也都符合信度统计要求(见第七章)。

三、数据处理

本研究采用 SPSS for Windows 15.0 软件对数据进行处理和分析,主要的分析方法为方差分析。

第三节　研究结果与分析

依据休闲与生活质量的概念模式,从客观方面,休闲对于生活质量的影响的所有过程,受制于社会人口状况(个体成就因素、生活因素和其他不定因素),即与人口学因素有关。社会人口的状况影响着整个过程的运转。为了考察体育休闲社会互动在影响生活质量的过程中是否存在人口学特征差异,本研究将被试的研究变量整体进行性别、年龄、婚姻和月收入等因素组合的双因素方差分析。

一、社会互动变量性别与年龄的双因素分析

性别与年龄是生活因素的主要指标之一。研究首先对体育休闲文化氛围下的社会互动在性别与年龄两因素上进行了差异检验,对社会互动变量进行了双因素分析。表 10-1 所示为变量在性别与年龄方面的平均值与标准差。

表 10-1　被试社会互动在性别和年龄方面的平均值与标准差一览表($n=1531$)

	16～25 岁	26～35 岁	35～45 岁	45～55 岁	55 岁以上	总　体
男	59.697± 21.885	65.902± 22.060	52.468± 22.741	52.987± 25.501	60.609± 27.003	56.099± 23.422
女	49.247± 21.489	47.787± 24.375	45.645± 22.353	54.833± 23.753	61.269± 24.388	49.305± 23.124
总体	54.248± 22.275	56.227± 24.909	48.505± 22.752	53.982± 24.517	61.050± 25.187	52.259± 23.490

注:16～25 岁,$n=419$;26～35 岁,$n=88$;35～45 岁,$n=718$;45～55 岁,$n=167$;55 以上,$n=139$;男,$n=665$;女,$n=866$。

两因素差异分析显示,性别和年龄对社会互动影响的主效应都显著,(分别为 $F=17.649$,$P=0.000$;$F=9.911$,$P=0.000$),并且它们的交互效应也表现出显著的差异。这说明不同性别和年龄的社会互动存在着差异。也就是说,不同性别在不同年龄阶段的社会互动是各不相同的。总体上男性的社会互动程度高于女性,35～45 岁的居民要低于其他年龄段,但 45～55 岁和 55 岁以上的女性的社会互动要高于同龄男性。结果的可能性解释是:这可能与不同性别对参与体育运动项目的兴趣差异有关,如男性往往喜欢关心体育信息或参加一些球类运动,使他们有更多的兴趣和机会参与互

动。35～45岁的居民往往是把时间更多地投入到家庭和工作中,特别是传统的家庭角色要求承担家务和子女教育的任务,同时工作压力也使他们参与体育休闲的机会减少。随着年龄增长,特别是女性,对自我身心关注的增加及参与体育休闲的一些限制因素减少,如经济收入的增加、家庭子女教育与工作压力相对减轻。所以有利于身心健康的体育休闲活动通常会成为她们的首选,从而使她们更加关注或参与与体育休闲有关的媒体传播或人际交往。

二、社会互动变量性别与婚姻状况的双因素分析

对社会互动同样进行了性别与婚姻的差异性检验,表 10-2 所示为变量在性别与婚姻状况方面的平均值与标准差。

表 10-2　被试社会互动在性别和婚姻状况方面的平均值与标准差一览表($n=1531$)

	男	女	总　体
已婚	54.067±23.833	49.468±23.670	51.352±23.834
未婚	60.304±22.012	48.822±21.478	54.537±22.268
总体	56.099±23.422	49.305±23.124	52.259±23.489

注:男,$n=665$;女,$n=866$;已婚,$n=1096$;未婚,$n=435$。

分析发现社会互动在性别和婚姻状况方面都具有显著的主效应($F=37.144,P=0.000$;$F=4.490,P=0.034$)。而且它们的交互效应也显著($F=6.806,P=0.009$)。可以看出,不同性别和婚姻状况对社会互动存在显著的影响,总体上,男性高于女性,未婚居民高于已婚居民,但不同性别和婚姻状况居民的社会互动是各不相同的。未婚男性的社会互动要高于已婚男性,而已婚女性的社会互动要高于未婚女性。但性别的影响要大于婚姻的影响。结果反映了婚姻使男女双方的体育休闲也发生了变化。婚后的男性可能会减少与朋友一起休闲的时间,尽可能地与家人在一起。同时家庭责任与工作压力使他们与未婚男性相比,减少了对体育休闲媒体和活动的关注。而女性在婚后可能会更多地参与以家庭为形式的休闲活动,从而增加了她们对体育休闲的社会互动。

三、社会互动变量性别与月收入的双因素分析

对社会互动进行性别与月收入的差异性检验发现(见表 10-3),社会互

动在性别和月收入方面都具有显著的主效应($F=37.144, P=0.000; F=4.490, P=0.034$)。而且它们的交互效应也显著($F=6.806, P=0.009$)。可以看出,不同性别和月收入对社会互动的影响存在显著的差异,并且不同性别和月收入的居民社会互动是各不相同的。但性别的影响要大于月收入的影响。这进一步说明与体育休闲有关的社会互动还受制于性别和月收入的因素。

表 10-3　被试社会互动在性别与月收入方面的平均值与标准差一览表($n=1531$)

	1000 元以下	1000～2000 元	2000～3000 元	3000 元以上	总　体
男	58.321±22.849	56.032±25.348	51.796±21.814	56.945±24.035	56.099±23.422
女	51.135±22.756	46.395±22.708	48.602±23.875	52.360±23.242	49.305±23.124
总体	54.166±23.049	48.927±23.776	50.018±23.007	55.309±23.819	52.259±23.490

注:男,$n=665$;女,$n=866$;1000 元以下,$n=523$;1000～2000 元,$n=354$;2000～3000元,$n=343$;3000 元以上,$n=311$。

四、社会互动变量月收入与婚姻状况的双因素分析

本研究对社会互动以及月收入与婚姻状况的差异性进行了检验(见表 10-4),发现社会互动在月收入和婚姻状况方面以及它们的交互效应都不显著。说明与体育休闲相关的社会互动不受不同月收入和不同婚姻状况的限制,反映了不同经济收入和不同婚姻状况的居民对于参与体育休闲社会互动的需求是无差异的。

表 10-4　被试社会互动在月收入与婚姻方面的平均值与标准差一览表($n=1531$)

	1000 元以下	1000～2000 元	2000～3000 元	3000 元以上	总　体
已婚	54.977±24.117	48.324±23.860	50.045±23.143	65.722±19.189	51.352±23.834
未婚	53.890±22.700	60.167±19.479	49.000±18.248	65.722±19.189	54.537±22.468
总体	54.166±23.049	48.927±23.776	50.018±23.007	55.309±23.820	52.289±23.490

注:1000 元以下,$n=523$;1000～2000 元,$n=354$;2000～3000 元,$n=343$;3000 元以上,$n=311$;已婚,$n=1096$;未婚,$n=435$。

第四节　小　结

从社会心理学的角度分析,社会互动在休闲活动影响生活质量的过程

中有着促进作用,但也会受到人口学等客观因素的影响。为了从实证的角度验证理论的构建关系,本研究运用休闲的社会心理学概念模式,把体育休闲作为主观现象放在社会系统中进行考察,通过对浙江 1531 名城镇居民的调查,对社会互动变量的不同人口学特征(主要为性别、年龄、婚姻状况、月收入等)进行了两因素组合的方差分析。结果发现,不同人口学因素对于社会互动产生不同的影响;社会互动在性别与年龄、性别与婚姻状况、性别与月收入、月收入与婚姻因素组合上均存在交互效应。也就是说,体育休闲活动中人们的社会互动存在着人口学的特征差异,由于这种差异的存在,势必会从主观的角度影响人们通过体育休闲提高生活质量的程度。值得一提的是,影响居民体育休闲的人口学因素还很多,对于人口学因素与体育休闲的关联,今后的研究可考虑观察更多的人口学因素的差异,并做进一步的探讨和考察。

第十一章　城镇居民体育休闲机会
认知的人口学特征调查与分析

体育休闲机会认知是指人们对参与体育休闲活动可能性大小的判断。从社会心理学的角度分析,体育休闲机会认知是体育休闲促进生活质量过程机制中的中介变量,即个体对体育休闲认知机会较多时,其参与体育休闲的机会就多,进而促进生活满意度的认知;反之,则对生活满意度认知减少。一般来说,体育休闲的机会认知主要是通过对余暇时间、活动场所及活动信息等认知途径实现的。

本章以浙江省城镇居民为研究对象,基于休闲与生活质量关系的社会心理学概念模式,把体育休闲作为主观现象,考察城镇居民体育休闲机会认知的社会人口学特征现状,旨在为体育休闲的理论与实践研究提供科学依据。1531名浙江省城镇居民完成了体育休闲机会认知问卷。方差分析发现,城镇居民的体育休闲机会认知存在人口学特征差异,即体育休闲机会认知在性别与年龄、性别与婚姻状况、月收入与婚姻状况和城市与性别因素组合上均存在交互效应,但性别与月收入和城市与月收入因素组合上不存在交互效应。本章对研究结果进行了分析讨论。

第一节　研究的问题

从社会心理学的观点分析,休闲能促进个人的生活质量。Moore认为休闲与生活质量有着直接的关系,主要体现在生活质量定义的内容实际上是描述休闲的结果。依据王进提出的休闲与生活质量关系的社会心理学理论模式,个体对于休闲机会的认知程度是休闲影响生活质量过程中的中介变量,认为人们对休闲机会的认知程度可以反映生活质量的评估,即当个体休闲机会的认知度增加时,生活质量的评估就会提高。同时,该理论也承认休闲本身的客观特征,认为休闲对生活质量的整个影响过程还取决于社会人口状况。所谓社会人口状况指包括个体成就因素、生活因素和其他不定因素(如性别、事件等)的综合社会学指标体系。

体育休闲是人们休闲生活的重要组成部分。表现为人们参与体育活动是以休闲为目的,强调一种心理愉悦的体验。体育休闲机会是指参与体育休闲的所具备的客观条件,当这些客观条件都满足了,参与体育休闲的机会也就存在了。

基于王进休闲与生活质量概念的社会心理学理论假设,社会人口学的因素是制约着个体体育休闲机会的认知过程的客观因素。所以本研究将运用实证考察其对体育休闲机会认知的影响关系,以观察并验证城镇居民的体育休闲机会认知存在着人口学特征的差异,旨在为体育休闲的理论发展和体育休闲更好地提高人们的生活质量提供科学依据。

第二节　研究方法

一、研究对象

按分层随机取样的方式,考虑年龄、性别、婚姻、月收入和地域等方面的平衡,共抽取浙江省的杭州、金华、台州、湖州、舟山等城镇居民被试共 2000 人进行问卷调查,回收问卷 1665 份,去除缺失信息的问卷 134 份,共得到有效问卷 1531 份,有效率为 91.95%。其中调查对象的基本情况如下:

(1)性别总样本中男性 665 人,占 43.4%,女性 866 人,占 56.6%。

(2)婚姻总样本中已婚 1096 人,占 71.6%,未婚 435 人,占 28.4%。

(3)本研究的年龄根据戈登对生活时期的划分:其中 16~25 岁的人数有 419 人,占总人数的 27.4%;26~35 岁有 88 人,占总人数的 5.7%;36~45 岁有 718 人,占总人数的 49.6%;46~55 岁有 167 人,占总人数的 10.9%;55 岁以上的人数有 139 人,占总人数的 9.1%。

(4)总样本月收入的分布比较均衡,1000 元以下有 523 人,占 34.2%;1000~2000 元有 354 人,占 23.1%;2000~3000 元的有 343 人,占 22.4%;3000 元以上有 311 人,占 20.3%。

(5)城市按行政区域划分,城市 1(金华)为 844 人,占总人数 55.1%;城市 2(台州)为 90 人,占总人数 5.8%;城市 3(舟山)为 203 人,占总人数 13.3%;城市 4

（杭州）为 229 人，占总人数 15％；城市 5（湖州）为 165 人，占总人数 10.7％。

二、测量问卷

体育休闲认知为人们对参与体育休闲可能性大小的判断，根据赵臣对体育休闲机会认知的阐述，体育休闲机会认知变量可通过时间认知（如"我有更多的时间去进行体育休闲活动"）、场所认知（如"在我看来，周围提供的体育休闲的场所比较多"）和信息认知（如"比较容易地获取有关体育休闲的信息"）三个指标进行测量。

上述问卷均采用 Likert 自评式 7 点问卷计分，0＝完全不同意，过渡到 6 ＝完全同意，就具体维度而言，得分越高说明相对应的指标程度越高。

三、数据处理

本研究采用 SPSS for Windows 15.0 软件对数据进行处理和分析，主要的分析方法为方差分析。

第三节　研究结果与分析

依据休闲与生活质量的概念模式，体育休闲机会认知在影响生活质量的所有过程中，还受制于社会人口状况，即与人口学因素有关。为了考察体育休闲机会认知是否存在人口学特征差异，本研究将样本被试的变量整体进行性别、年龄、婚姻、月收入和不同城市等因素组合的双因素方差分析。

一、体育休闲机会认知变量性别与年龄的双因素分析

首先对体育休闲机会认知变量进行了性别与年龄的差异分析，表 11-1 所示为变量在性别与年龄方面的平均值与标准差。两因素方差分析显示，性别与年龄在体育休闲机会认知的主效应均显著（$F=9.532, P=0.002$；$F=4.278, P=0.002$），并且它们的交互效应也表现出显著性（$F=3.563, P=0.007$）。说明不同性别和年龄的体育休闲机会认知存在着显著差异，而且它们的交互作用对体育休闲机会认知的影响也存在着显著差异。也就是说，不同性别在不同年龄阶段的体育休闲机会认知是各不相同的。总体上，男性的体育休闲机会认知高于女性；55 岁以上的被试与其他年龄段相比，有

较高的机会认知程度,35～45 岁年龄段要低于其他年龄段。但 55 岁以上的女性被试的体育休闲机会认知程度要高于同龄的男性。分析认为,从家庭结构来看,男主外、女主内的传统家庭角色分工仍然是主流,虽然职业女性也外出工作,但女性价值的体现通常是通过对家庭的经营来实现的,而男性的价值通常是以工作(事业)来实现的。这造成了女性更多地把自己的活动空间与家庭绑在一起。由于传统的思想和家庭角色,中青年女性通常更多地受到工作、家庭和子女教育等因素的影响,使她们没有太多的时间与精力去关注或参与体育休闲。另一方面,家庭和职业上的投入,包括时间与经济方面,从另一角度却限制了体育休闲行为的发生。而随着家庭与经济负担的减少,女性由于对自我身心的重视和较少地受到外界因素的影响,有更多的体育休闲时间和机会,并能自主地选择场地(如公园、社区空地)参与体育休闲活动,如有研究显示,女性多选择离家近、方便的体育休闲场所进行体育活动,从而提高了对体育休闲机会的认知程度。特别是退休后的老人,其生活目的在于保持自身能力与生活意义的独立性,同时拥有健康的身体是他们最大的愿望。一方面,他们希望能够主宰自己的生活,能够自己决定如何投入自己的精力,体育休闲成为他们很重要的选择。另一方面,体育休闲是展示能力与自主的平台。退休后他们可以有整块的时间,可以尝试以前没有时间尝试的活动。体育休闲可以为自我表达和探索新的可能性提供机会,从而也提高了对机会的认知。

表 11-1　本研究被试体育休闲机会认知在年龄和
性别方面的平均值与标准差一览表($n=1531$)

	16～25 岁	26～35 岁	35～45 岁	45～55 岁	55 岁以上	总　体
男	11.338± 4.487	12.415± 4.364	9.887± 4.864	10.273± 4.822	10.826± 10.004	10.590± 4.779
女	9.831± 4.447	9.064± 4.198	9.556± 4.617	9.811± 4.860	11.548± 4.810	9.962± 4.631
总体	10.552± 4.524	10.625± 4.572	9.695± 4.721	10.024± 4.833	11.309± 4.869	10.166± 4.709

注:16～25 岁,$n=419$;26～35 岁,$n=88$;35～45 岁,$n=718$;45～55 岁,$n=167$;55 岁以上,$n=139$;男,$n=665$;女,$n=866$。

二、体育休闲机会认知变量性别与婚姻的双因素分析

本研究对体育休闲机会认知在性别与婚姻方面的差异性也进行了检

验。表 11-2 所示为变量在性别和婚姻方面的平均值与标准差。结果显示，体育休闲机会认知在性别和婚姻上主效应显著（$F=13.692, P=0.000; F=4.059, P=0.044$）。交互效应也显著（$F=5.987, P=0.015$）。但性别的效应值要大于婚姻的效应值，说明不同性别与婚姻状况的居民在体育休闲机会认知上存在着差异。在它们的交互作用中，性别的影响要大于婚姻的影响。男性对于体育休闲机会认知的程度要高于女性，未婚的居民要高于已婚的居民，但已婚的女性要高于未婚的女性。结果反映了婚姻生活使男女双方的体育休闲也发生了变化，已婚男性居民由于家庭的责任，相对于未婚生活，通常会遭受更多的体育休闲限制因素。如随着结婚生子，原来相对的自由会变成一系列的限制与责任，使他们与未婚居民相比，减少了参与体育休闲的时间和机会，从而影响了他们社会互动的参与性和体育休闲机会认知度。而未婚男性，则较少地受到外在因素的影响，表现出更能自主地参加自己喜欢的体育休闲活动，有着更高的体育休闲机会认知程度。对于女性而言，调查结果在一定程度上反映了已婚女性更多的是把体育活动作为休闲看待。随着年龄和月收入的增加，家庭子女教育和工作压力的减少，这种外部的限制因素通常会逐渐减少，女性对自我的关注程度会逐渐增加，选择并参与体育休闲的机会增加，其认知程度也随之提高。而本研究未婚女性被试多为大学生群体，则可能更多地把体育活动只是作为健身与锻炼的方式。

表 11-2 本研究被试体育休闲机会认知在性别和
婚姻方面的平均值与标准差一览表（$n=1531$）

	男	女	总 体
已婚	10.203±4.880	9.869±4.712	10.006±4.782
未婚	11.392±4.468	9.753±4.393	10.569±4.501
总体	10.590±4.779	9.840±4.631	10.166±4.709

注：男，$n=665$；女，$n=866$；已婚，$n=1096$；未婚，$n=435$。

三、体育休闲机会认知变量性别与月收入的双因素分析

作为客观条件，个体的经济水平是体育休闲的一个限制因素。月收入作为个人成就因素，是制约休闲的客观因素之一。所以，本研究对体育休闲机会认知在性别与月收入的组合因素上进行差异检验，表 11-3 所示为变量

在性别与月收入方面的平均值与标准差。结果显示,体育休闲机会认知在性别和月收入上的主效应显著($F=4.810$,$P=0.028$;$F=5.897$,$P=0.001$)。但交互效应不显著。说明不同性别和月收入分别对被试体育休闲机会认知的影响存在着差异性,但不存在交互作用。从平均值看,不同级别的收入群体中,男性的体育休闲机会认知程度均高于女性。月收入 1000 元以下与 3000 元以上的居民高于其他级别收入的居民。结果的可能性解释是:主观希望参与体育休闲的居民,收入增加使他们更加有条件关注体育休闲信息,选择更多的时间参与体育休闲,并更有条件到一些体育消费场所,增加参与体育休闲的可能性。同时,经济收入的提高使得"花钱买健康"的行为更有物质保障。经济收入本身就是影响体育休闲行为的一个外部因素,它在一定程度上决定了个人的资源分配和时间支配。有研究表明,人均可支配收入高的地区居民的体育价值观认知程度明显高于人均可支配收入低的地区居民。所以,收入高的居民通常会更有条件形成体育休闲意向或参与更多的体育休闲活动,进而提高他们体育休闲机会的认知度。而本研究 1000 元以下的被试主要是大学生和一些无固定收入的人群,免费学校体育场所和学校的体育课程为学生提供了更多的体育休闲的机会。无固定收入人群由于职业的不固定或无业,可能有更多的空闲时间参与一些免费的或消费较低的休闲体育活动,如选择居民小区和公园广场作为体育休闲活动场所,从而提高了他们的体育休闲机会的认知程度。另外,在全民健身计划的实际执行中,设施、指导、计划的缺乏仍然是影响女性体育休闲向更广、更多元方向发展的制约因素。如由于受到性别意识和观念的影响,公共篮球场、足球场、网球场很少看到女性的身影,她们主要集中在设施比较简陋,或是根本就没有体育设施的空地上进行技术含量相对来说较低的项目。无论是公共娱乐机构还是商业机构都很少会制订一些活动计划去鼓励女性的参与,也不会提供一些必要的知识和技术,因为他们不愿意提供那些参与率没有保障的活动,这进一步造成了女性对这些活动的心理障碍与排斥,从而限制了她们体育休闲活动内容与空间的拓展,进而造成低于男性的机会认知。

表 11-3　本研究被试体育休闲机会认知在性别与

月收入方面的平均值与标准差一览表($n=1531$)

	1000 元以下	1000～2000 元	2000～3000 元	3000 元以上	总　体
男	11.131±4.561	9.946±5.078	9.513±4.706	11.110±4.787	10.590±4.779
女	10.274±4.686	9.249±4.463	9.775±4.928	10.153±4.230	9.840±4.631
总体	10.636±4.649	9.432±4.635	9.659±4.825	10.769±4.612	10.166±4.709

注:男,$n=665$;女,$n=866$;1000 元以下,$n=523$;1000～2000 元,$n=354$;2000～3000 元,$n=343$;3000 元以上,$n=311$。

四、体育休闲机会认知变量月收入与婚姻的双因素分析

进一步,为了考察体育休闲机会认知是否在月收入与婚姻方面存在差异,本研究对体育休闲机会认知在月收入与婚姻因素上进行差异检验,表 11-4 所示为变量在月收入与婚姻方面的平均值与标准差。对体育休闲机会认知在月收入与婚姻方面的差异性同样进行了检验,结果显示,体育休闲机会认知在婚姻上的主效应显著($F=4.571,P=0.033$),在月收入方面无显著效应,但它们的交互效应显著($F=3.358,P=0.018$)。说明不同婚姻状况的被试体育休闲机会认知的影响存在着差异性,未婚居民高于已婚居民。但 1000 元收入以下的已婚居民要高于其他级别收入的居民。这反映了在月收入与婚姻因素上,不同的婚姻状况居民对于休闲体育机会的认知程度也不同,这可能与不同婚姻阶段个体的限制因素有关。未婚居民由于没有家庭孩子等因素的限制,有着更多的时间和机会参与一些与体育休闲有关的活动和社会互动。而对于收入低或无固定收入的已婚居民,由于没有职业和上班的限制,在很大程度上限制了他们生活空间的增长。他们可能有更多的空闲时间,更愿意选择免费或者花费比较小的城市中心进行体育活动,同时也通过体育活动增加自己的社会交流机会。另一方面,这一群体一般多为女性,在节假日在家人的影响和带动下,通常会更多地参与一些家庭组织形式的体育休闲活动,增加她们的体育休闲机会认知。而高收入使得已婚居民参与各种体育休闲活动的主观愿望得以实现。特别是那些退休后有一定经济实力的居民,更多地会结伴参与一些体育旅游等活动,对时间、场地和信息各方面的机会认知度都会大大提高。

表 11-4　本研究被试体育休闲机会认知在月收入与婚姻方面的

平均值与标准差一览表($n=1531$)

	1000 元以下	1000～2000 元	2000～3000 元	3000 元以上	总　　体
已婚	11.248±4.935	9.348±4.662	9.605±4.810	10.652±4.650	10.006±4.782
未婚	10.427±4.515	11.000±0.679	11.667±5.268	12.667±3.515	10.569±4.501
总体	10.636±4.649	9.432±4.635	9.659±4.825	10.769±4.612	10.166±4.710

注:1000 元以下,$n=523$;1000～2000 元,$n=354$;2000～3000 元,$n=343$;3000 元以上,$n=311$;已婚,$n=1096$;未婚,$n=435$。

五、体育休闲机会认知变量城市与月收入的双因素分析

休闲文化氛围会强化个体价值趋向。不同地域的休闲文化也是影响体育休闲认知的因素之一。为了考察体育休闲机会认知是否在城市与收入方面存在差异,本研究还对体育休闲机会认知在不同城市与收入因素上进行了差异检验,表 11-5 所示为变量在城市与月收入方面的平均值与标准差。对体育休闲机会认知在城市与月收入方面的差异性同样进行了检验,结果显示,体育休闲机会认知在城市上的主效应显著($F=4.254$,$P=0.002$);但在月收入方面及交互作用无显著效应。分析表明,不同城市对被试体育休闲机会认知的影响存在着差异性,而不同月收入及交互作用对体育休闲机会认知的影响没有显著性差异。这反映了体育休闲机会认知还受制于地域休闲文化的差异,不同体育休闲文化环境和氛围同样会影响个体的体育休闲机会的认知。文化的差异使得不同的社会环境中有着不同的体育休闲氛围。而一个地方文化的独特性、差异性,是由这个地方人的文化性格决定的。同时不同地域的体育活动场所设施的差异也会影响个体的体育休闲机会的认知。而不同地域居民体育休闲机会认知不受月收入因素的限制,从一定程度上反映了不同地域不同收入水平居民对于休闲体育机会的认知存在着一致性。

表 11-5　本研究被试体育休闲机会认知在城市与

月收入方面的平均值与标准差一览表($n=1531$)

	1000 元以下	1000～2000 元	2000～3000 元	3000 元以上	总　　体
城市 1	11.452±4.493	9.714±4.511	10.009±4.823	10.853±4.778	10.459±4.689
城市 2	8.176±5.411	8.611±4.754	7.429±4.841	10.704±3.781	8.789±4.759

续表

	1000 元以下	1000~2000 元	2000~3000 元	3000 元以上	总　体
城市 3	10.201±4.404	13.333±4.509		11.167±5.879	10.276±4.445
城市 4	10.232±5.049	8.722±5.007	9.537±5.083	10.323±4.925	9.738±5.020
城市 5	9.925±5.106	8.805±04.713	9.353±4.022	11.060±3.987	9.873±4.516
总体	10.636±4.649	9.432±4.635	9.659±4.825	10.769±4.612	10.169±4.709

注:1000 元以下,n=523;1000~2000 元,n=354;2000~3000 元,n=343;3000 元以上,n=311;城市 1,n=844;城市 2,n=90;城市 3,n=203;城市 4,n=229;城市 5,n=165。

六、体育休闲机会认知变量城市与性别的双因素分析

最后,为了考察体育休闲机会认知是否在不同地域文化环境与性别方面存在差异,本研究对体育休闲机会认知在城市与性别因素上进行了差异检验,表 11-6 所示为体育休闲机会认知在城市与性别方面的平均值与标准差。对体育休闲机会认知在城市与性别方面的差异性的检验结果显示,体育休闲机会认知在城市和性别及它们的交互作用的主效应也均显著($F=4.347,P=0.002;F=9.221,P=0.002;F=6.510,P=0.000$)。说明不同城市和不同性别之间的体育休闲机会认知存在显著的差异,同时它们的交互作用也具有显著的差异性。总体男性高于女性,但有部分城市的女性高于男性。结果说明,由于不同城市的体育休闲文化环境和氛围的不同,会造成不同城市的男女居民对体育休闲机会认知产生不同程度的差异。一般来说,文化传统对女性的定义仍然是影响当前女性社会空间活动的重要因素。传统文化对理想女性气质的描述通常是娴静、温柔、秀外慧中,因此女性的休闲活动多以静为主。但随着全民健身计划开展的深入,许多传统女性不断地加入健身休闲的队伍,他们选择一些不太激烈、空间要求不强的体育项目来进行锻炼,并在某些城市形成了一种良好的锻炼氛围。如调查发现,在小区、公园空地跳舞、做操的多为女性居民,而男性则可能会喜欢有场地器材要求的球类项目。这也反映了良好的体育休闲文化氛围的营造,能增进居民的社会互动和体育休闲的机会认知,进而提高他们的生活满意度。

表 11-6　本研究被试体育休闲机会认知在城市与

性别方面的平均值与标准差一览表($n=1531$)

	城市 1	城市 2	城市 3	城市 4	城市 5	总　体
男	10.692± 4.966	8.390± 4.695	11.427± 4.217	10.273± 4.811	9.759± 4.628	10.590± 4.779
女	10.323± 4.517	9.122± 4.833	7.533± 3.739	10.637± 5.084	9.977± 4.435	9.840± 4.631
总体	10.459± 4.689	8.789± 4.758	10.276± 4.445	9.738± 5.020	9.872± 4.516	10.166± 4.709

注:城市 1,$n=844$;城市 2,$n=90$;城市 3,$n=203$;城市 4,$n=229$;城市 5,$n=165$;男,$n=665$;女,$n=866$。

第四节　小　结

本研究运用休闲的社会心理学概念模式,把体育休闲作为主观现象放在社会系统中进行考察,验证了体育休闲机会认知变量存在着社会人口学特征。通过对浙江省 1531 名城镇居民的调查,对体育休闲机会认知变量不同人口学特征(主要为性别、年龄、婚姻、月收入和居住城市等)进行了两因素组合的方差分析,结果发现,体育休闲机会认知在性别与年龄、性别与婚姻、月收入与婚姻、城市与性别组合上产生交互效应,但在性别与月收入和城市与月收入的组合上无交互效应。调查结果说明了社会人口状况作为客观因素在很大程度上影响着城镇居民的体育休闲机会认知,实证说明性别、年龄、婚姻、月收入及居住城市是影响体育休闲机会认知的人口学因素之一,验证了其客观特征的一面。当然,今后的研究可考虑观察更多的人口学因素的差异,并做进一步的探讨和考察。

第十二章　浙江省不同地域城镇居民
体育休闲认知的调查与分析

　　不同地域由于经济水平的不同、休闲意识的不同、整个城市的休闲氛围的不同,居民在体育休闲行为上存在着明显的差异。如石振国、孙冰川、田雨普等人对南京、济南、广州、成都、太原五城市居民的体育休闲现状进行了调查分析,发现五城市在城市居民的业余生活方面、居民体育休闲的活动情况方面、居民每次活动的时间安排方面均存在一定的差异性。P. V. Marsden 等人使用 1973 年美国抽样调查的样本数据作为研究对象,调查和研究了南部和其他地区美国人在休闲时间的活动情况,结果也发现居住的区域不同,喜欢的休闲活动也有差别。对于大多数的活动(农村和西部音乐、宗教音乐除外),南部居民参加的次数少于北部居民。这种现象发生的可能原因是,南方居民更加喜欢待在花园、家里和教堂。由于不同地域存在一些文化环境上的差异,对于同一事物也会产生认知上的差异,进而影响个体的价值观形成和社会互动的形式。本章以浙江省的居民为研究对象,研究基于休闲与生活质量的概念模式,观察不同地域城镇居民体育休闲认知的差异,旨在验证不同体育休闲环境对城镇居民体育休闲认知的影响。1531 名浙江省不同行政区域的城镇居民完成了体育休闲价值观、社会互动、体育休闲机会认知问卷。单因素方差分析发现,不同城市区域城镇居民的体育休闲价值观、社会互动和体育休闲机会认知存在着显著差异,且体育休闲价值观和社会互动的下位指标均存在地域上的差异。本章对结果进行了分析与讨论。

第一节　研究的问题

　　休闲作为现代社会的特征,已与人们的生活密切相关,并成为多领域研究的热点。从社会心理学的观点看,休闲是一个具有特定文化的社会体系。休闲的社会体验主要基于文化氛围的作用,因为它关系到人们休闲价值观和社会交流的内容。如 Kelly 研究认为,对于休闲文化的氛围,社会的同一性会极大地影响个体休闲的价值观,同时也会主导社会休闲的互动形式。Winters 等运用社会认知理论研究中学生对休闲时间的评估,结果发现被试的休闲满意度取决于对社会休闲氛围的认知。说明了休闲认知的发展和强化要依赖于一定的社会环境,休闲文化氛围为个体提供了认知休闲活动的可能性。Hawkins 等的研究进一步发现社会休闲文化的氛围会增加人们对生活满意度的认知,促进个体生活质量评估。

虽然近年来我国研究人员对休闲的研究关注不减,但大多只是停留在休闲的客观特性研究上,而忽略了休闲的主观特性,即行为者的主观认知评估。从社会心理学的角度,休闲被看作是内部主观合作认知的结果。所以,休闲作为社会体系应具有主观特征。近年来王进基于社会心理学提出了一个休闲理论模式,进一步论证了这一观点。在这个理论模式中,休闲被置于社会环境来考察行为者的主观评估,旨在解释社会环境作用于休闲认知,进而休闲认知引导生活质量评估的"环境—休闲—生活质量"链。从这一理论假设模式可知,社会环境作用于休闲的认知,认为在休闲这个体系中,同一性影响社会互动的形式,作用于个体的休闲兴趣与价值观,进而提高休闲机会的认知度。

体育休闲是人们休闲生活的重要组成部分,表现为人们参与体育活动是以休闲为目的,强调一种心理愉悦的体验。所以,本研究基于这一概念理论模型,验证不同社会文化环境对体育休闲认知的影响作用。根据这个理论解释,休闲文化环境通过社会互动和休闲价值观两方面作用于休闲机会认知。因此,不同的休闲文化环境通过对个体休闲认知产生影响,进而影响生活质量的主观评估。本研究旨在通过浙江省不同地域居民体育休闲现状调查,以实证验证不同地域体育休闲环境对居民体育休闲认知会产生不同的影响,为我国体育休闲的理论研究和政府对于休闲的相关决策提供实证依据。

第二节　研究方法

一、研究对象

按分层随机取样的方式,按行政区域划分共抽取浙江省 5 个城市居民被试共 2000 人进行问卷调查,回收问卷 1665 份,去除缺失信息问卷 134 份,共得到有效问卷 1531 份,有效率为 91.95％。按行政区域划分:金华为 844人,占总人数 55.1％;台州为 90 人,占总人数 5.8％;舟山为 203 人,占总人数 13.3％;杭州为 229 人,占总人数 15％;湖州为 165 人,占总人数 10.7％。

二、问卷测量

问卷包括体育休闲价值观、社会互动和体育休闲机会认知三个方面的内容。

1. 体育休闲价值观问卷

采用已有研究编制的体育休闲价值观问卷。该问卷基于"态度改变理论",对居民的体育休闲价值观从态度认知、情感、行为三个方面编制出操作性的指标,分别为:(1)对体育休闲的认同程度;(2)对体育休闲的喜爱程度;(3)对体育休闲的参与程度。问卷共有 15 个条目,1—5 条构成认同程度的指标,6—10 条构成喜爱程度的指标,11—15 条构成参与程度的指标。此问卷的效度检验采用探索性因素分析验证,其三个维度的总解释度为 74.35％,具备较高的内容和结构效度,符合心理测量的要求。问卷的 Cronbach 一致性的系数 α 为 0.83,所以问卷同时具有较高的信度。本次回收的问卷再经因素分析,结果三因素的总贡献率为 72.49％,与之前编制的问卷(见第七章)的结构相符。其问卷的内部一致性信度检验分别为认同程度的 α 值 0.84,喜爱程度的 α 值 0.79,参与程度的 α 值 0.80,都符合信度统计要求。

2. 社会互动问卷

运用本研究编制的社会互动问卷,问卷根据不同行动主体分为传媒互动和人际互动两个指标,包含 16 个项目,1—7 条构成人际互动的指标,8—

16 条构成媒体互动的指标。探索性因素分析的问卷总解释度为 69.11%，同时,传媒互动和人际互动因素的 Cronbach 一致性的系数 α 分别为 0.83 和 0.88。说明问卷具有较高的信度和效度。本次回收的问卷,再经因素分析,两因素的总贡献率为 72.40%,与之前编制的问卷(见第七章)的结构相符。其问卷的内部一致性信度检验分别是人际互动的 α 值为 0.91,媒体互动的 α 值为 0.84,也都符合信度统计要求。

3.体育休闲机会认知问卷

体育休闲机会认知为人们对参与体育休闲可能性大小的判断。根据理论上对体育休闲机会认知的阐述,体育休闲机会认知由 3 个条目组成,即时间认知(我有更多的时间去进行体育休闲活动)、场所认知(在我看来,周围提供的体育休闲的场所比较多)和信息认知(比较容易地获取有关体育休闲的信息)。

上述问卷均采用 Likert 自评式 7 点问卷计分,0=完全不同意,过渡到 6=完全同意,就具体维度而言,得分越高说明相对应的指标程度越高。

三、研究过程

研究者以浙江省各地市的城镇居民为调查对象,组织发放均通过当面发放和邮递的方式,由课题组成员完成。在填写问卷时,要求被试在相对集中的时间内根据对体育休闲的真实感受完成问卷。被试填完问卷之后尽快收回。本研究采用 SPSS for Windows 11.0 软件对数据进行处理和分析。

第三节　研究结果与分析

依据休闲与生活质量的概念模式,在休闲的社会环境中,休闲文化社会环境作用于社会互动的形式和个体休闲兴趣与价值观,社会互动增强个体对休闲机会的认知,进而促进生活质量的评估。也就是说不同休闲社会环境影响着个体的休闲认知。所以,为了考察不同体育休闲环境是否存在体育休闲价值观、社会互动和体育休闲机会认知的差异,本研究将样本被试的各变量进行不同地域因素的方差分析。

以体育休闲价值观、社会互动和体育休闲机会认知 3 个变量组成因变量,城市作为自变量,进行单因素方差分析。表 12-1 所示为各变量在城市方面的平均值和标准差。结果显示,体育休闲价值观、社会互动和体育休闲机会认知3个变量在城市因素上均存在主效应,分别为体育休闲价值观 $F(4,1527)=17.534, P=0.000$;社会互动 $F(4,1527)=7.551, P=0.000$;体育休闲机会认知 $F(4,1527)=3.425, P=0.009$。说明不同城市之间的体育休闲价值观、社会互动和体育休闲机会认知存在着差异。从问卷得分上看,金华居民的体育休闲价值观、社会互动和体育休闲机会认知程度最高,而台州居民则最低。进一步的 LDS 检验发现,金华和台州居民的体育休闲价值观与其他城市之间存在着显著差异,而舟山、杭州和湖州的城镇居民体育休闲价值观未表现出显著差异;其次,对社会互动的均值比较可知,除杭州与湖州外,其他城市之间的社会互动均存在显著差异;最后,对休闲机会认知也进行了多重比较,结果显示,金华与台州和杭州、台州与舟山居民之间存在着显著差异(见表12-2)。

表 12-1　本研究被试不同城市体育休闲价值观、社会互动和
体育休闲机会认知的平均值与标准差一览表($n=1531$)

	金华	台州	舟山	杭州	湖州	总体
价值观	64.342±18.552	51.255±19.972	59.330±16.156	58.288±19.234	56.255±18.741	61.131±18.860
认同程度	23.305±6.298	19.600±7.510	21.409±5.240	22.349±6.189	20.461±6.393	22.387±6.324
喜爱程度	20.525±7.215	15.267±8.265	19.158±6.397	17.520±7.946	17.830±7.744	19.296±7.510
参与程度	20.530±7.688	16.389±7.403	18.764±6.303	18.419±7.503	17.964±7.430	19.460±7.547
社会互动	53.937±23.349	42.344±24.799	51.421±20.558	48.983±25.230	49.939±22.495	52.289±23.490
人际互动	24.355±11.199	18.289±11.839	24.202±9.614	21.472±11.378	21.703±10.446	23.261±11.109
媒体互动	29.582±13.654	24.056±14.562	31.044±11.825	27.511±15.296	28.236±13.714	28.997±13.825
机会认知	10.459±4.689	8.789±4.758	10.276±4.445	9.738±5.020	9.872±4.516	10.166±4.709

注:金华,$n=844$;台州,$n=90$;舟山,$n=203$;杭州,$n=229$;湖州,$n=165$。

表 12-2　不同地域城镇居民体育休闲认知的多重比较(LSD)一览表

变　量	城　市	1	2	3	4
价值观	2	13.087*			
	3	5.012*	−8.075*		
	4	6.054*	−7.032*	1.042	
	5	8.088*	−4.999*	3.076	2.034
社会互动	2	11.593*			
	3	−1.309	−12.902*		
	4	4.955*	−6.638*	6.264*	
	5	3.998*	−7.595*	5.307*	−0.957
休闲机会	2	1.670*			
	3	0.183	−1.487*		
	4	0.721*	−0.949	0.538	
	5	0.586	−1.084	0.403	−0.135

注:* 表示 $P < 0.05$;1.金华;2.台州;3.舟山;4.杭州;5.湖州。

进一步对体育休闲价值观、社会互动下位指标的单因素方差验证发现,体育休闲价值观的 3 个下位指标在地域因素的差异分别体现在认同程度 $F(4,1527)=14.352, P=0.000$;喜爱程度 $F(4,1527)=1.670, P=0.000$;参与程度 $F(4,1527)=11.409, P=0.000$ 上。社会互动的 2 个指标在城市因素的差异也同时表现在人际互动 $F(4,1527)=9.419, P=0.000$,媒体互动 $F(4,1527)=5.209, P=0.000$ 上。这样,地域因素方差分析验证了不同城市的城镇居民的体育休闲价值观、社会互动以及体育休闲机会认知是有差异的。且不同地域的城镇居民有着不同的体育休闲认同程度、喜爱程度和参与程度,以及有着不同的与体育休闲有关的人际互动和媒体互动。

本研究基于休闲与生活质量的社会心理学概念模式,把体育休闲作为主观现象放在社会系统中进行考察,运用实证研究考察不同地域的社会环境对于居民体育休闲的影响。通过对浙江省不同地域 1531 名城镇居民的调查,结果验证了在不同地域的体育休闲的社会环境中,被试的体育休闲价值观、社会互动和体育休闲机会认知存在着差异性。

首先,本研究依据理论采用已有研究的问卷,获得样本的数据资料。然后,通过单因素方差分析对体育休闲价值观、社会互动和体育休闲机会认知 3 个变量进行不同地域的差异性考察,发现 3 个变量均存在显著的地域差异。最后,进一步对体育休闲价值观和社会互动的分指标——认同程度、喜爱程度、参与程度、人际互动和媒体互动进行不同地域因素的单因素方差分析,结果显示5个指标也均存在地域差异。这反映地域的不同会对居民的体育休闲认知产生不同的影响作用。造成这种差异的原因可能与被试在不同区域社会环境下的文化因素有关,不同的地域有着不同的体育休闲文化氛围。文化是一个广泛的概念,E. B. Tylor 提出,文化是作为社会成员的人类所掌握的知识、信仰、艺术、道德、法律、习俗及其他能力和习惯的复杂整体,也就是某一社会群体的整个生活方式。Franz Boas 和 V. Gordon Childe 认为,当休闲被认作是空闲时间时,它和文化有着重要联系,而且文化表现于个人内在、人际间和结构性的制约。邱亚君关于女性休闲限制因素的研究认为,在社会环境中,文化因素对于休闲的限制是基于知识、信仰、艺术、道德、法律、习俗等内容,作用于个体的自身限制、人际限制和结构限制,影响着女性休闲偏好和意向的形成以及休闲行为。如当个体在做休闲意向和决定时,文化限制影响着个人的价值观、性别角色和性格等因素。

所以,文化的差异使得不同的社会环境中有着不同的体育休闲氛围。而一个地方文化的独特性、差异性是由这个地方人的文化性格决定的。如金华这个位于浙江中部的城市,近几年被评为"全国十大适宜居住的城市"之一。整个城市的文化气息就是悠闲自得,自称为"继杭州之后的第二大休闲城市"。这个休闲的定义并不是针对外地人来度假的意思,而是指本地人很休闲的生活状态。金华人比较注重生活质量,所以并不太会为了追求更大的经济利益而将生活过得很累,更多的时候他们愿意去享受生活中那些微小的幸福和乐趣。加上相对于其他地域来讲,低的物价与房价,使他们的休闲生活减少了不少结构限制因素。另一方面,研究结果也反映了金华居民与体育有关的休闲活动要多于其他地域的居民。而对于杭州这样的休闲城市,更多的是指适宜外地人来旅游度假的概念。本地人的休闲方式其实更多的是围绕着两个基本点——"喝茶、打牌"。或者说,杭州居民休闲方式的多元化,使得这个休闲之都的居民与体育有关的休闲认知和行为并不占优势。另外,对于杭州本地普通居民,城市的高消费等因素可能会给休闲生活造成更多的结构性限制因素。因此,不同的地域文化造就了不同的城市特性,而不同的体育休闲文化氛围影响着居民的体育休闲价值观和社会互动。值得一提的是,影响城市文化差异的因素有很多,对于文化因素与休闲的关联,应在今后的相关研究中做进一步的探讨和考察。

第四节　小　结

文化是一个历史悠久而定义短暂的概念,无论在东方还是西方,文化的现象早与人类的文明进步同步发生。但当时人类还没有把各种现象进行归类命名的能力,因而也就没有诸如今天的文化这样的具有高度概括性的词汇产生,所以文化是一个逐渐演变和发展的词汇。学界对文化的定义众多,每个定义都有自己划定的一个范畴和特定的含义,自然也就存在不及之处,很难说哪一个定义更加准确或者更加正确。在1982年世界文化政策大会上发表的《墨西哥宣言》指出:文化体现出一个社会或一个社会群体特定的那些精神的、物质的、理智的和感性的特征的完整复合性。美国社会学家戴维(David Pompanos)则从抽象的定义角度认为:文化是一个群体或社会所共同具有的价值观和意义体系,它包括这些价值观和意义在物质形态上的具体化。而《辞海》中对文化一词所下的定义是:文化是人类社会历史实践过程中所创造的物质财富和精神财富的总和。这个广义的文化包括了物态文化、制度文化、行为文化、心态文化四个层次,其中心态文化层是文化的核心部分。

休闲文化是宏观文化的组成部分,是文化表现形态的一个特殊领域,也是建构整个文化的基本单位或者维度。如果把人类文化看作是一个整体或者系统的话,那么休闲文化就是构建这个整体的部分,或者是构成文化系统的子系统。体育休闲文化是休闲文化和体育文化的一种表现方式。而建构这种表现方式的全部内容正是文化的基本构架——即物质实体、价值观念、制度规范和行为方式等方面的建构因素。这些建构因素共同形成了我们所说的体育休闲文化。

运用“休闲和生活质量关系社会心理学模型”,休闲文化社会环境作用于个体的社会互动的形式和个体休闲兴趣与价值观,也就是说,不同的休闲文化社会环境中的人们对休闲价值观、休闲兴趣和由此形成的社会互动的主观认知不同。但这更多只是从理论上阐述了这样的因果关系。很显然,对于理论上的假设,需要大量的实证研究来证实这一构建。通过本章的实证调查,提供了一个不同地域城镇居民体育休闲认知存在着差异性的结论,并且这种差异性主要体现在体育休闲价值观、社会互动和体育休闲机会认知三个指标上。说明不同的地域文化影响居民的体育休闲文

化氛围,进而影响居民的体育休闲的主观认知。当然,本研究无法更深地
了解具体文化层次对于休闲文化氛围的影响,所以在今后的研究中可进
一步对此做出研究,以帮助我们了解不同地域文化环境深层次对于体育
休闲文化环境的影响。

第十三章　媒体传播对城镇居民体育休闲价值观影响的实证研究

　　在社会中生存与发展的个体,价值观的形成和发展总是会受到社会各方面因素的影响。影响个体价值观形成和发展的最主要的因素是政治经济的制约、中外文化的影响、各类教育的强化和大众传媒的导向。其中大众传媒通过自身独特的方式向公众传播信息,同时展现并阐释一定的社会价值观,使社会个体在无形中接受这种对现实世界的解释和价值观的引导。

　　随着人们生活水平的提高、余暇时间的增多及生活观念的转变,休闲体育已成为城镇居民日常生活不可缺少的一部分,体育休闲带给人们良好的身心体验,有力地促进了人与人以及人与自然社会的和谐发展。现代社会的各种大众传媒,如电视、报纸、杂志、广播、网络、广告牌等,在我们的生活中扮演着越来越重要的角色,它不但可以使人们借以反馈和表达休闲体育消费的欲望,还会以其强大的势力左右着人们的休闲行为,左右着人们休闲价值观的改变。近年来对媒体传播与体育休闲关系的研究已逐渐引起国内外学者的重视,成为新的研究热点。前人的研究成果为本研究开展体育休闲传播对城镇居民生活质量的影响研究提供了较为丰富的资料。同时新的传播媒介的出现、素质教育的实施以及对城镇居民群体研究的空白为本研究提供了一定的研究拓展空间,从而保障本研究有一定的学术研究价值和社会意义。虽然休闲与生活质量关系的模型从理论上构建并阐释了媒体互动对于休闲价值观的影响的关系机制,但目前实证研究的缺乏,使得理论只能停止在推理上面而显得有些不足,不利于休闲理论的进一步研究和发展。

　　本章以浙江省居民为调查对象,运用自行编制的问卷对部分居民被试进行问卷调查,通过数据统计与分析,剖析了媒体传播对居民体育休闲价值观的影响作用。本研究还进一步将城镇居民通过媒体对体育休闲的认知与"休闲体育价值观"进行了相关分析,结果显示,城镇居民对各类媒体在休闲

165

体育宣传方面的感知与个体的休闲体育价值观之间均存在着正相关关系，即城镇居民感知到的"体育休闲的宣传报道"越多，人们的体育休闲价值观的认识程度也越高。为了进一步了解不同媒体的宣传对"休闲体育价值观"的影响程度，本研究把城镇居民对体育休闲的价值认同、对体育休闲的喜爱程度和体育休闲的参与程度的总和作为因变量，把城镇居民通过报纸、电视、广播、互联网和广告牌等媒体对体育休闲的认知作为自变量，进行多元线性回归分析，并通过回归分析得出各类媒体传播和居民体育休闲价值观的预测模式。

第一节　研究的问题

媒体传播总有自己的宗旨和宣传目的，也就是对某种传播效果的追求，期望能最大限度地影响受众的社会态度和思想观念。研究表明，大众传媒对人们生活方式产生了异乎寻常的影响，对人们的价值观、行为方式有着潜移默化或立竿见影的功用。传播学研究认为传播效果的显性表现是直接对受众的态度的影响，而潜在的隐性表现则是对受众的认识结构、价值观念、情感倾向和行为模式的影响等，其效果经过日积月累，才会显示出来，带有稳定性、持久性和累积性，对受众的观念乃至社会思潮的形成，有着巨大的作用。现代社会，电视、广播、报纸、网络以及广告牌等大众传媒与我们的日常生活息息相关；媒介与体育休闲结合日益紧密；城镇居民成为大众传媒的使用者；城镇居民利用大众传媒的体育休闲信息来满足自己的各种需求。因此，媒体传播对城镇居民体育休闲价值观的影响就引起了研究者们的关注。人们可以发现，大众传媒在现代社会对人们具有相当大的影响力。大众传媒中所传播的体育休闲价值观念能迅速在社会上流行，并在一定情境下影响居民的体育休闲行为。因此，研究媒体传播对居民的体育休闲价值观的影响问题显得非常重要。但查阅相关资料显示，目前较多的研究分析了城镇居民行为特征或是影响城镇居民体育休闲的主要因素，但如何对这些因素进行人为的干预，从而提高人们的体育休闲水平，类似的文章很少。另外，一些研究分析了体育休闲的文化价值、生物价值、和谐价值、心理健康价值等，但对如何影响和改变城镇居民体育休闲价值观的问题的研究还较缺乏。

尽管无论是从休闲的社会心理学概念模式还是从以往相关的文献资料

都可以看出,社会媒体会影响城市居民的体育休闲价值观,但这更需要通过实证的方法来证明。因此,本研究依据休闲与生活质量的心理学概念模式,主要通过实证调查的方法,运用相关分析和回归分析来探索不同的媒介种类对居民的体育休闲价值观有何不同的影响,以进一步验证体育休闲对于人们生活质量影响的解释机制,旨在为体育休闲的理论发展和体育休闲更好地提高人们的生活质量提供科学依据。主要研究的问题为:

(1)了解不同社会人口学特征的媒体传播对于城镇居民体育休闲价值观影响的现状。

(2)观察城镇居民通过媒体对体育休闲的认知与体育休闲价值观之间的关系。

(3)验证城镇居民通过媒体对体育休闲的认知与体育休闲价值观的预测路径。

第二节　研究方法

一、研究对象

根据分层随机取样的原则,考虑年龄、性别、月收入等方面的平衡,主要以高校教师、公安人员、医务人员、离退休人群、高校学生、职高学生等居民为调查对象,发放问卷共 1000 份,回收 922 份,回收率为 92.2%,有效问卷903 份,有效率为 97.9%。调查对象的具体情况如下:

性别总样本中男性 449 人,占 49.7%,女性 454 人,占 50.3%。

婚姻总样本中已婚 448 人,占 49.7%,未婚 455 人,占 50.3%。

本研究的年龄段共分为四段:其中 18 岁以下 137 人,占总人数的15.2%;18～45 岁有 546 人,占总人数的 60.7%;45～59 岁有 163 人,占总人数的 18.2%;60 岁以上有 57 人,占总人数的 6.1%。

文化程度总样本中高中或中专为 392 人,占 43.4%,大学及以上的为511 人,占 56.6%。

月收入的分布比较均衡,1000 元以下有 304 人,这部分主要是学生群体,占 33.6%;1000～2000 元有 230 人,占 25.6%;2000～3000 元有 160 人,占 17.7%;3000 元以上有 209 人,占 23.1%。

二、测量问卷

采用自行编制的体育休闲价值观问卷。此问卷由两个部分组成。第一部分为个人基本信息,包括了被试的年龄、性别、婚姻状况、学历、收入情况等。第二部分为自编量表部分,包括两个主要因素,即城市居民通过媒体对休闲体育的认知情况调查和居民的休闲体育价值观调查。其中量表的A1—A5 题着重于测量被试对报纸、广播、电视、互联网和广告牌等媒体在休闲体育方面宣传情况的认知和居民对社会媒体有关体育休闲宣传的关注程度。在这里媒体主要框定在电视、广播、报纸、互联网、广告牌五个方面。第B1—B5、C1—C5、D1—D5 题为测试体育休闲价值观。基于“态度改变理论”,对居民的体育休闲价值观从态度认知、情感、行为三个方面进行了具有操作性的指标定义。问卷共有 15 个条目,采用 Likert 自评式 5 点量表计分,“非常同意”记 1 分,“基本同意”记 2 分,“说不清”记 3 分,“基本不同意”记 4 分,“非常不同意”记 5 分。就具体维度而言,得分越低说明认同程度越高,得分越高说明认同程度越低。居民的体育休闲价值观情况,其价值观的操作性指标为居民对体育休闲的认同程度、喜爱程度和参与程度等三方面维度。

三、数据处理

本研究采用 SPSS for Windows 15.0 软件对数据进行统计分析,主要的分析方法为数据描述和方差分析。

四、施测过程

组织发放问卷均通过当面发放和邮递的方式,由课题组成员完成。在调查之前,事先向被试强调问卷只是用于分析研究,所做的答案没有对错之分,所有的信息都会完全保密。在填写问卷时,要求被试在相对集中的时间内根据对体育休闲的真实感受完成问卷。被试填完问卷之后当场收回。

第三节 研究结果与分析

一、城镇居民通过媒体对体育休闲的认知的现状调查

媒体的正面宣传对居民的体育休闲价值观有着较好的影响。为了探索不同媒体对于居民体育休闲认知的影响程度,我们以电视、广播、报纸、互联网、广告牌五个典型媒体为调查内容,了解目前城镇居民通过媒体对体育休闲的认知情况。运用体育休闲认知问卷,列举了 5 个方面的问题对居民进行调查,题项按照非常同意——5 分、同意——4 分、说不清——3 分、不同意——2 分、非常不同意——1 分,各分值相加除以人数得到城镇居民通过媒体对体育休闲的认知状况的平均等级得分(见表 13-1)。

表 13-1 城镇居民通过媒体对体育休闲的认知量表

观　点	平均等级	排　序
我总能在电视上看到有关体育休闲方面的宣传报道	3.7*	1
我总能在报纸上注意到有关体育休闲方面的宣传报道	3.57*	2
在互联网上,我总能注意到有关体育休闲方面的宣传报道	3.4*	3
在听广播时,我总能听到有关体育休闲方面的宣传报道	3.2*	4
在路边的广告牌上,我总能注意到有关体育休闲方面的宣传报道	3.18*	5

注:按平均等级大小重新排列。"*"表示平均等级>3。

从表 13-1 中可以看出,城镇居民通过电视、报纸、广播、互联网、广告牌等媒体对体育休闲的认知平均等级均大于 3,说明随着人们生活水平的提高,余暇时间的增多与生活观念的转变,媒体已经注意到体育休闲带给人们的身心方面的良好作用,并在这一领域进行了大量的宣传报道,说明居民通过媒体对体育休闲的认知情况较好。从以上五种媒体来看,人们通过媒体认知体育休闲较多的是来源于电视和报纸,其次是互联网,而从广播和广告牌上认知到体育休闲的信息相对较少。结果说明,目前电视和报纸是居民日常生活接触最多的媒体,看电视、读报纸仍是大多数居民的休闲内容之一。通常在电视、报纸中增加体育休闲的宣传对居民的休闲价值观影响相对较大。同时,从某个角度也说明,电视与报纸等媒体已更多地关注体育的报道,以满足现代人对体育休闲信息的需求。

二、城镇居民通过媒体传播对体育休闲的认知在人口统计学变量上的差异比较

为了更深入地了解不同人口学特征的城镇居民通过媒体的宣传对体育休闲的认知现状,研究从不同性别、不同婚姻状况、不同年龄层次、不同文化程度、不同月收入等人口统计学变量上进行了差异性的比较研究,并对结果进行了解释和分析。

1. 城镇居民通过媒体传播对体育休闲的认知在性别上的差异比较

首先,为了解城镇居民通过媒体对体育休闲的认知在性别上是否有差异,本研究以性别为因变量,对居民通过各媒体对体育休闲的认知进行了方差分析。结果表明(见表 13-2),男性和女性对报纸、电视、广播、互联网、广告牌等媒体的关注程度均没有显著性差异($P>0.05$)。可能的解释是,媒体已经与我们的生活息息相关,居民中无论男女,接触媒体的机会均等,且都会关注一些媒体中有关体育休闲的报道与知识宣传,所以对媒体在体育休闲方面的信息了解程度也大体一致。但从平均数的角度看,男女在报纸、电视上关注到体育休闲的报道较多;其次是互联网,而在广播和广告牌上关注到体育休闲的报道最少。这说明报纸、电视是居民生活中接触最多且最方便的媒体,适合各种年龄层次的居民,在这些媒体上进行一些体育休闲信息的宣传会更有利于增加居民对体育休闲的正面认知。

表 13-2 不同性别的城镇居民通过媒体传播对体育休闲认知的平均数比较

性 别	报 纸	电 视	广 播	互联网	广告牌
男	2.467	2.548	2.913	2.742	2.936
女	2.595	2.571	2.960	2.728	2.907
显著性水平	0.086	0.408	0.500	0.816	0.695

2. 城镇居民通过媒体传播对体育休闲的认知在婚姻状况上的差异比较

为了解城镇居民通过媒体对体育休闲的认知在婚姻状况上是否有差异,研究以婚姻状况为因变量,对居民通过各媒体对体育休闲的认知进行了方差分析。结果显示(见表 13-3),在体育休闲的宣传方面,结婚与否在报纸、电视和广播等媒体上对城镇居民的影响无显著性差异($P>0.05$),而在

互联网和广告牌上均存在显著性差异($P<0.05$)。这说明不管是已婚人群还是未婚人群对报纸、电视和广播的关注程度相当,而未婚人群会更多地通过互联网和路边的广告牌关注有关体育休闲方面的宣传。

表 13-3　不同婚姻状况的城镇居民通过媒体传播对体育休闲认知的平均数比较

婚姻状况	报　纸	电　视	广　播	互联网	广告牌
已婚	2.553	2.642	2.954	2.899	2.997
未婚	2.551	2.478	2.919	2.576	2.847
显著性水平	0.564	0.250	0.672	0.000	0.040

3. 城镇居民通过媒体对体育休闲的认知在年龄段上的差异比较

为了解城镇居民通过媒体对体育休闲的认知在年龄段上是否有差异,本研究以年龄段为因变量,对居民通过各媒体对体育休闲的认知进行了方差分析。结果显示(见表 13-4),不同年龄段的人们在通过不同媒体关注体育休闲方面均存在显著性差异($P<0.05$),在所有的媒体中,18 周岁以下的居民经常注意到体育休闲报道的人数最多,其次是 60 周岁以上的老人,18~45 岁和 45~59 岁的人群较少,原因可能是高职学生和老人都没有工作的压力,相对的休闲时间较多。

表 13-4　不同年龄段的城镇居民通过媒体传播对体育休闲认知的平均数比较

年龄段	报　纸	电　视	广　播	互联网	广告牌
18 周岁以下	1.98	2.00	2.40	2.15	2.12
18~45 周岁	2.39	2.39	2.87	2.46	2.89
45~59 周岁	2.28	2.29	2.44	2.74	2.55
60 周岁以上	2.31	2.11	2.63	2.86	2.47
显著性水平	0.007	0.008	0.000	0.000	0.000

为了进一步探索各年龄段之间是否存在差异,本研究对不同年龄段的人群进行了多重比较(见表 13-5)。结果显示,从不同年龄段的人群在报纸上经常看到体育休闲的报道的反映情况看,18 周岁以下的人群和其他三个年龄段的人群都存在显著性差异,其他三个年龄段的人群除了只与 18 周岁以下的人数有显著性差异外,与其他人群均无显著性差异;从电视上的反映

情况看,18 周岁以下的人群与 18~45 周岁的人群和 45~59 周岁的人群有显著性差异,而与 60 周岁以上的人群无显著性差异;从广播的反映情况看,18 周岁以下的人群与 18~45 周岁和 60 周岁以上的人群有显著性差异,与45~59 周岁的人群无显著性差异;18~45 周岁的人群与 18 周岁以下和 45~59 周岁的人群有显著性差异,与 60 周岁以上的人群无显著性差异;从互联网上的反映情况看,18 周岁以下的人群与 18~45 周岁的人群无显著性差异,45~59 周岁的人群与 60 周岁以上的人群无显著性差异,其他均存在显著性差异;从广告牌上的反映情况看,60 周岁以上的人群与 18~45 周岁和45~59 周岁的人群无显著性差异,其他人群之间均有显著性差异。

表 13-5　不同年龄段的城镇居民通过媒体传播对体育休闲认知的多重比较

媒　体	年龄段	比较年龄段	相关系数	显著性水平
报纸	18 周岁以下	18~45 周岁	0.326*	0.001
		45~59 周岁	−0.295*	0.016
		60 周岁以上	−0.461*	0.006
	18~45 周岁	45~59 周岁	0.031	0.745
		60 周岁以上	−0.135	0.359
	45~59 周岁	60 周岁以上	−0.166	0.307
电视	18 周岁以下	18~45 周岁	−0.457*	0.001
		45~59 周岁	−0.382*	0.018
		60 周岁以上	−0.338	0.124
	18~45 周岁	45~59 周岁	0.075	0.546
		60 周岁以上	0.119	0.538
	45~59 周岁	60 周岁以上	0.044	0.836
广播	18 周岁以下	18~45 周岁	−0.382*	0.000
		45~59 周岁	−0.037	0.765
		60 周岁以上	−0.336*	0.045
	18~45 周岁	45~59 周岁	0.348*	0.000
		60 周岁以上	0.049	0.739
	45~59 周岁	60 周岁以上	0.300	0.068

续表

媒　体	年龄段	比较年龄段	相关系数	显著性水平
互联网	18 周岁以下	18～45 周岁	−0.207	0.058
		45～59 周岁	−0.564*	0.000
		60 周岁以上	−0.825*	0.000
	18～45 周岁	45～59 周岁	−0.357*	0.001
		60 周岁以上	−0.618*	0.000
	45—59 周岁	60 周岁以上	−0.261	0.137
广告牌	18 周岁以下	18～45 周岁	0.664*	0.000
		45～59 周岁	−0.404*	0.001
		60 周岁以上	−0.461*	0.010
	18～45 周	45～59 周岁	0.260*	0.007
		60 周岁以上	0.224	0.140
	45～59 周岁	60 周岁以上	−0.037	0.827

注:* 表示 $P<0.05$。

4. 城镇居民通过媒体对体育休闲的认知在文化程度上的差异比较

为了解城镇居民通过媒体对体育休闲的认知在文化程度上是否有差异,本研究以文化程度为因变量,对居民通过各媒体对体育休闲的认知进行了方差分析。结果表明,受过不同文化教育程度的居民对报纸、电视、广播等媒体的关注程度相当,均没有显著性差异($P>0.05$)(见表 13-6),但对互联网和广告牌的关注程度有显著性差异。大学以上教育程度的居民在互联网上更多地关注有关体育休闲的报道,而高中或中专文化程度的居民在路边的广告牌上看到有关体育休闲的宣传更多一点。

表 13-6　不同文化程度的城镇居民通过媒体传播对体育休闲认知的平均数比较

文化程度	报　纸	电　视	广　播	互联网	广告牌
高中或中专	2.263	2.182	2.675	2.525	2.531
大学以上	2.327	2.320	2.764	2.354	2.824
显著性水平	0.598	0.102	0.377	0.018	0.001

5.城镇居民通过媒体对体育休闲的认知在月收入状况上的差异比较

为了解城镇居民通过媒体对体育休闲的认知在月收入水平上是否有差异,研究以月收入为因变量,对居民通过各媒体对体育休闲的认知进行了方差分析。结果表明,不同月收入的居民在报纸、电视、互联网和广告牌上看到体育休闲报道的频率不同,存在显著性差异($P<0.05$,见表 13-7)。月收入为 1000 元以下的居民和 3000 元以上的居民对媒体的关注程度大于 1000～3000 元之间的居民,但在广播的传播方面没有显著性差异。

表 13-7　不同月收入水平的城镇居民通过媒体传播对体育休闲认知的平均数比较

月收入	报　纸	电　视	广　播	互联网	广告牌
1000 元以下	2.366	2.282	2.836	2.355	2.622
1000～2000 元	2.592	2.690	2.832	2.750	2.946
2000～3000 元	2.250	2.386	2.843	2.721	2.979
3000 元以上	2.385	2.265	2.820	2.475	2.800
显著性水平	0.026	0.012	0.998	0.001	0.004

为了进一步探索各月收入之间是否存在差异,研究对不同月收入人群进行了多重比较(见表 13-8)。结果显示:对于报纸,月收入 1000 元以下的居民与 1000～2000 元的居民存在显著性差异,而与其他收入段的居民无显著性差异,1000～2000 元的居民只与 2000～3000 元的居民存在显著性差异,与其他收入段的居民无显著性差异;对于电视,月收入 1000 元以下的居民与 1000～2000 元的居民存在显著性差异,其他收入段的居民均无显著性差异;对于互联网,月收入 1000 元以下的居民与 1000～2000 元、2000～3000 元的居民均存在显著性差异,但与 3000 元以上的居民无显著性差异,而 1000～2000 元的居民与 3000 元以上的居民存在显著性差异;对于广告牌,月收入 1000 元以下的居民与其他三个收入段的居民均存在显著性差异,其他收入段之间均不存在显著性差异。

表 13-8　不同月收入水平的城镇居民通过媒体传播对体育休闲认知的多重比较

媒　体	月收入	比较月收入	相关系数	显著性水平
报纸	1000 元以下	1000～2000 元	−0.226*	0.026
		2000～3000 元	0.116	0.290

续表

媒　体	月收入	比较月收入	相关系数	显著性水平
		3000 元以上	−0.019	0.851
	1000～2000 元	2000～3000 元	0.342	0.004
		3000 元以上	0.207	0.054
	2000～3000 元	3000 元以上	−0.166	0.244
电视	1000 元以下	1000～2000 元	−0.408*	0.003
		2000～3000 元	−0.103	0.492
		3000 元以上	0.017	0.897
	1000～2000 元	2000～3000 元	0.305	0.059
		3000 元以上	0.425*	0.359
	2000～3000 元	3000 元以上	−0.121	0.445
互联网	1000 元以下	1000～2000 元	−0.395*	0.000
		2000～3000 元	−0.366*	0.002
		3000 元以上	−0.120	0.265
	1000～2000 元	2000～3000 元	0.029	0.824
		3000 元以上	0.275	0.019
	2000～3000 元	3000 元以上	0.246	0.052
广告牌	1000 元以下	1000～2000 元	−0.324*	0.003
		2000～3000 元	−0.356*	0.001
		3000 元以上	−0.178	0.019
	1000～2000 元	2000～3000 元	−0.033	0.793
		3000 元以上	0.146	0.203
	2000～3000 元	3000 元以上	0.179	0.148

注：* 表示 $P < 0.05$。

三、城市居民通过媒体对体育休闲的认知与体育休闲价值观的相关分析

为了更好地了解广播、电视、互联网、报纸和广告牌等媒体对体育休闲的宣传与居民体育休闲价值观间的关系，研究将城市居民对各类媒体上对体育休闲的宣传感知与其体育休闲价值观进行了相关分析，结果见表 13-9

所示的相关矩阵。

表 13-9　城镇居民通过媒体对体育休闲的认知与其体育休闲价值观的相关分析

	M	SD	1	2	3	4	5	6	7	8	9
1.报纸上的感知	2.433	1.06	1								
2.广播上的感知	2.433	1.40	0.460**	1							
3.电视上的感知	2.837	1.07	0.547**	0.363**	1						
4.互联网上的感知	2.629	1.16	0.439**	0.351**	0.452**	1					
5.广告牌上的感知	2.816	1.11	0.400**	0.357**	0.446	0.357**	1				
6.休闲体育价值观	36.709	10.06	0.387**	0.302**	0.345**	0.401**	0.330**	1			
7.价值认知	11.018	3.32	0.249**	0.217**	0.145**	0.326**	0.222**	0.769**	1		
8.喜爱程度	12.951	4.36	0.395**	0.271**	0.405**	0.345**	0.316**	0.897**	0.537**	1	
9.参与程度	12.74	4.09	0.330**	0.278**	0.300**	0.345**	0.296**	0.800**	0.509**	0.705**	1

注：$N=899$；* 表示 $P<0.05$；** 表示 $P<0.01$；*** 表示 $P<0.001$。

表 13-9 的结果显示，城镇居民对所有媒体在体育休闲宣传方面的感知与个体的体育休闲价值观之间均存在着正相关关系，在 $\alpha=0.01$ 水平线性相关显著，即城镇居民通过各种媒体感知到的"体育休闲的宣传报道"越多，人们的总体体育休闲价值观的认知也越高。同时，我们发现，这种正相关关系还表现在各个分维度中，也就是说，人们感知媒体对于体育休闲宣传的信息越多，他们对于体育休闲价值的认知、喜爱程度和参与程度也就越高。结果说明，各种媒体对于体育休闲的正面宣传，能较好地提高人们对于体育休闲价值观的认知水平。至于各媒体的宣传对建立体育休闲价值观的贡献率，还要通过进一步的回归分析加以说明。

四、城镇居民通过媒体对体育休闲的认知与体育休闲价值观的回归分析

从表 13-10 中我们可以看出，城镇居民的体育休闲价值观与报纸、电视、广播、互联网、广告牌等媒体对体育休闲的宣传之间均存在着显著性相关关系。因此，在体育休闲价值观的预测模式中，我们引入"居民通过各媒体对体育休闲的认知"作为自变量，以"体育休闲价值观"为因变量，回归分析得出了剔除广播以外的回归方程。

表 13-10　体育休闲价值观的逐步回归分析一览表

	R	R^2	$F\Delta$	β	t	P
第一步:互联网	0.474	0.225	64.539	0.244	7.248	0.000***
第二步:报纸	0.387	0.150	159.062	0.185	5.168	0.000***
第三步:电视	0.412	0.169	21.081	0.081	2.382	0.017*
第四步:广告牌	0.490	0.240	17.945	0.137	4.119	0.000***

注:* 表示 $P<0.05$;** 表示 $P<0.01$;*** 表示 $P<0.001$。

根据逐步回归的结果(见表 13-10),在体育休闲价值观的预测模式中,有 4 种媒体被选入回归方程,并建立了 4 个回归模型(数据略)。我们根据模型的 R^2 值选出统计意义最显著的预测模式。最终的回归方程包含了全部的 4 类媒体,$R^2=0.240$。这说明这一模式对城镇居民的体育休闲价值观的预测量为 24%。从表 13-10 中可以看出,互联网对"体育休闲价值观"的预测量为 24.4%,报纸的为 18.5%,电视的为 8.1%,广告牌的为 13.7%。各变量的容忍度(tolerance)没有出现特别小的数值,方差膨胀因子(VIF)也没有特别大的数值出现,说明方程中各变量之间没有出现共线性问题。

研究得出了媒体传播对体育休闲价值观的影响路径图(见图 13-1),可知影响城镇居民体育休闲价值观最大的媒体是互联网,影响系数为 24.4;其次是报纸,影响系数为 18.5;第三是广告牌,影响系数为 13.7;电视的影响最小,影响系数为 8.1。

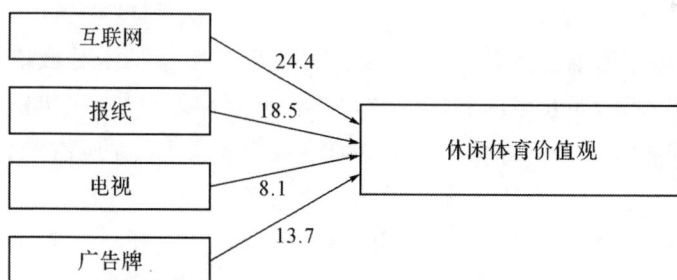

图 13-1　媒体传播对体育休闲价值观的影响路径图

通过逐步回归检验城镇居民对各类媒体的感知程度与体育休闲价值观之间的预测关系,发现对"体育休闲价值观"的预测,报纸、电视、互联网、广告牌四种媒体均达到了显著预测效力。但从回归方程可以看出,互联网的预测效力最大，其次是报纸，相对较低的是电视和广告牌。结果说明，在信息时代，各种媒体，尤其是互联网和报纸两大媒体在体育休闲方面的宣传将极大地影响人们对于其价值观的认识。同时，实证验证了休闲与生活质量关系模型中社会互动与休闲价值观之间存在相互作用的理论假设。研究结果提示，为了提高城镇居民的"体育休闲价值观"程度，建议媒体有意识地在互联网、报纸、广告牌及电视上进行有关体育休闲方面的宣传报道，如倡导健康的生活和消费理念，同时为居民提供丰富而翔实的消费指导，使他们能够得出理性的判断，进而选择并拓展适合自己的健康的休闲行为模式等等。这一结果也与大众传播学中的议程设置理论相吻合，即大众媒介加大对某些问题的报道量，或突出报道某些问题，能影响受众对这些问题重要性的认知。所以，媒体对体育休闲的正面宣传能有效地促进居民的体育休闲价值观。

第四节　小　结

随着人们生活水平的提高、余暇时间的增多与生活观念的转变，媒体已注意到体育休闲带给人们的身心方面的良好作用，已在这一领域进行了大量的宣传报道。但从以上五种媒体来看，人们注意到体育休闲较多的是电视和报纸，其次是广播和互联网，较少的是广告牌。当然，居民对于媒体体育休闲的关注存在着人口学的差异。从人口统计学变量分析看，男性和女性对报纸、电视、广播、互联网、广告牌等媒体的关注程度相当，均没有显著性差异；在体育休闲的宣传方面，报纸、电视和广播等媒体对城市居民的影响无显著性差异，而互联网和广告牌均存在显著性差异；不同年龄段的人们在通过不同媒体关注体育休闲方面均存在显著性差异，在所有的媒体中，18周岁以下的居民中经常注意到体育休闲报道的人数最多，其次是60周岁以上的老人，18～45岁和45～59岁的人群较少；不同文化教育程度的居民对报纸、电视、广播等媒体的关注程度相当，均没有显著性差异，但对互联网和广告牌的关注程度有显著性差异，大学以上教育程度的居民在互联网上更多地关注有关体育休闲的报道，而高中或中专文化程度的居民在路边的广告牌上看到有关体育休闲的宣传更多一点；不同月收入的居民在报纸、电视、互联网和广告牌上看到体育休闲报道的频率不同，存在显著性差异；月收入1000元以下的居民和3000元以上的居民对媒体的关注程度大于1000

～3000 元之间的居民,但在广播的传播方面没有显著性差异。

相关分析显示,对于城镇居民来说,除了广播以外,其他的媒体对体育休闲的宣传与个体的体育休闲价值观之间均存在着正相关关系,在 α=0.01 水平线性相关显著,即城镇居民感知到的体育休闲的宣传报道越多,人们的体育休闲价值观的分值也越高。上述相关关系为进一步的回归预测提供了分析的变量。

通过逐步回归检验城镇居民对各类媒体的感知程度与体育休闲价值观之间的关系,研究者发现对"体育休闲价值观"的预测,报纸、电视、互联网、广告牌四种媒体均达到了显著预测效力。但从回归方程可以看出,互联网的预测效力最大,其实是报纸、广告牌,最低的是电视。因此为了提高城市居民的体育休闲价值观,媒体应该有意识地在互联网、报纸、广告牌及电视上进行有关体育休闲方面的宣传报道,在媒体上广泛宣传,倡导健康的生活和消费理念,同时为居民提供丰富而翔实的消费指导,使他们能够得出理性的判断,进而选择并拓展适合自己的健康行为模式等。

本章的研究存在着有待改进之处:第一,从研究设计来看,本研究并非真实验的研究设计,没有对被试进行前测,并将之与后测数据进行比较分析。这样的研究设计由于缺乏对照组,而且不符合控制影响内部效度的大多数因素原则,也就是除了实施的实验处理外,不能排除历史、成熟、选择等无关因素对后测成绩的影响,因此很难得出因果关系的推论,对被试在关系过程中的变化趋势也无法做出有效的解释。因此,在后续的研究中,可以参考现有的研究结果,在研究设计上做出改进,尽量避免无关因素对实验结果的影响,以期在这个领域得到更精确的研究结果。第二,从研究样本来看,60 岁上的样本量相对较少,这样势必对研究结果会产生一定的影响。因此,在今后的研究中,可以进一步扩大样本量,以获取更多的有效信息,也使结论更具科学性。第三,从测量工具来看,由于本研究采用自编量表,量表的有效性和准确性成为数据是否准确的一个重要影响因素。量表是通过多遍修订,经专家评定、小样本测试之后形成的。作为修订过的量表,并不能说该问卷就是测量本研究所涉及相关问题的最好工具。因此,在今后的研究中,还需要进行不断的修订,以期提高问卷的准确性和有效性,更为准确地反映媒体传播和体育休闲价值观关系的实际情况。未来的研究还需要在做一些访谈的基础上,考察问卷在国内休闲氛围相对浓厚的城市中的通用性,以期形成具有普遍适用性的专有的测量工具。第四,从研究内容看,受研究设计和研究者本身研究能力的限制,对数据反映的部分问题还有待后续研究加以深入细致地分析。

　　总之,在未来的研究中我们可以通过不同的研究视角和多样化的研究方法,不断深入对媒体传播和体育休闲价值观关系的研究。

第十四章　城镇居民社会互动与体育休闲价值观关系的实证研究

本章研究依据休闲与生活质量的关系解释理论,把体育休闲作为一个社会体系,运用实证研究考察城镇居民社会互动与体育休闲价值观之间的关系,旨在为体育休闲促进生活质量的理论发展与实践提供科学依据。研究对 1531 名城镇居民进行了体育休闲氛围下社会互动和体育休闲价值观的问卷调查。结果发现,城镇居民的社会互动和体育休闲价值观均有着人口学特征差异。社会互动(人际互动、媒体互动)变量在性别、婚姻、年龄和月收入因素上存在差异;体育休闲价值观(认同程度、喜爱程度、参与程度)变量在年龄与月收入因素上存在差异。在分指标中,男性的参与程度、人际互动和媒体互动高于女性;未婚居民的媒体互动高于已婚居民;认同程度、喜爱程度、参与程度、人际互动和媒体互动均存在年龄上的差异;除喜爱程度外,其他分指标还存在月收入上的差异。进一步的相关分析发现社会互动和体育休闲价值观之间及其分指标之间均存在显著的相关关系。且回归分析表明,社会互动与体育休闲价值观之间存在着相互预测的关系;社会互动分指标人际互动和媒体互动对体育休闲价值观均产生预测作用;体育休闲价值观分指标的认同程度、喜爱程度和参与程度对社会互动也均产生预测作用。同时,在社会互动与体育休闲价值观各分指标之间,除认同程度对人际互动无预测作用外,其余分指标间均显示了相互预测的关系。

第一节　研究的问题

休闲作为现代社会的重要特征,休闲的主观特性研究正不断受到关注。有关心理学研究认为,休闲的行为主要激发于内在的动力,强化享受与满足的体验,促进心理满意的自我评估,因此休闲能提高生活质量。M. Kathleen

等在对市民休闲活动与生活质量之间的关系研究中指出,相对于客观指标而言,主观指标更能反映生活质量。依据王进的休闲与生活质量认知关系的社会心理学理论假设模式解释,在休闲影响生活质量的过程中,休闲的价值趋向和社会交流形成的休闲文化氛围为个体提供了一个社会认知的环境。即当休闲被置于社会环境来考察行为者的主观评估时,社会互动与休闲价值观之间的互为影响所形成的休闲文化氛围在休闲促进生活质量的过程机制中起着重要的中介作用。从这一理论解释可知,在休闲这个社会体系中,社会互动与休闲价值观之间存在着互动的关系,即社会互动会影响到人们对休闲价值观的认识,而积极的休闲价值观或者休闲价值观的建立可以促使人们去做进一步的社会交流,两者产生一种相互促进的作用,并能形成良好的休闲文化氛围,进而提高人们对休闲机会的认知度,使个体对生活满意感的主观评估增加,且这种作用过程还受到人口学因素的影响。

社会互动是个人与个人、个人与群体、群体与群体之间发生相互影响的行为方式和过程。本研究建议,按不同行动主体可分为人际互动和媒体互动。体育休闲是人们休闲活动的重要组成部分,表现为人们参与体育活动是以休闲为目的的,强调一种心理愉悦的体验。而休闲体育价值观是人们以自身和社会的需要为依据,对体育休闲的意义和重要性进行评价和选择的原则、信念与标准。依据态度改变理论,个体态度的形成来自认知信息、情感信息和行为信息三方面的信息作用。而当态度形成后,又会从个体的思维、情感和行为方面表现出来。就体育休闲而言,体育休闲价值观较强的人,他与家人、朋友一起参与体育休闲行为的可能性就比较大,而且也会积极通过传媒手段了解相关信息。同时,人在社会环境中,个体的价值观的形成发展总是会受到社会各方面因素的影响。如在信息时代,除了人际间的交流外,大众传媒作为一种全新的社会力量,逐渐渗透到人们生活的各个领域,已成为影响人们价值观的重要途径。

然而,理论的构建需要实证的验证。查阅国内有关的研究,目前该理论模式得到一些研究直接或间接的验证,如王裕桂在媒体传播对体育休闲价值观的影响作用的研究中认为,媒体传播对体育休闲价值观产生影响作用,其中互联网的影响最大。但此研究单是关注媒体互动对体育休闲价值观的影响。另外,赵臣在体育休闲与生活满意度理论模型的研究中,认为社会互动与体育休闲价值观之间有着效应较小的关系。遗憾的是此研究在体育休闲价值观的问卷设计上单从功能的角度去看问题,缺乏对体育休闲价值观含义更为全面的理解。所以,本研究基于休闲与生活质量认知关系这一概念理论模型,运用实证研究方法着重考察社会互动和体育休闲价值观之间的影响关系,以进一步验证体育休闲对于生活质量影响的解释机制,旨在为体育休闲的理论发展和体育休闲更好地提高人们的生活质量提供科学依据。研究的主要内容有:(1)了解不同社会人口学特征的城镇居民社会互动和体育休闲价值观各变量的现状如何;(2)考察城镇居民社会互动与体育休闲价值观各变量之间的关系;(3)验证社会互动与体育休闲价值观各变量之间的预测路径。

第二节 研究方法

一、研究对象

按分层随机取样的方式,共抽取浙江省城镇居民和学生被试共 2000 人进行问卷调查,回收问卷 1665 份,去除缺失信息问卷 134 份,共得到有效问卷 1531 份,有效率为 91.95%。

(1)性别总样本中男性 665 人,占 43.4%;女性 866 人,占 56.6%。

(2)婚姻总样本中已婚 1096 人,占 71.6%;未婚 435 人,占 28.4%。

(3)年龄根据戈登对生活时期的划分,总样本年龄为 18~74 岁,$M=37.43$ 岁,$SD=13.16$ 岁。其中 18~29 岁有 508 人,占 33.2%;30~44 岁有 717 人,占 46.8%;45~54 岁有 167 人,占 10.9%;55 岁以上有 139 人,占 9.1%。

(4)总样本月收入为 500~8000 元,$M=2395.89$ 元,$SD=1487.92$ 元。其中 1000 元以下有 523 人,占 34.2%;1000~2000 元有 354 人,占 23.1%;2000~3000 元有 343 人,占 22.4%;3000 元以上有 311 人,占 20.3%。

二、测量问卷

1.社会互动问卷

运用本研究编制的社会互动问卷,此问卷根据不同行为主体分为媒体互动和人际互动两个指标。共含 16 个条目,1—7 条目构成人际互动的指标,8—16 条目构成媒体互动的指标。问卷具有较高的信度和效度(通过探索性因素分析,问卷总解释度为 69.11%,人际互动和媒体互动因素的 Cronbach 一致性的系数 α 分别为 0.88 和 0.83)。在本研究中,经因素分析,两因素的总贡献率为 72.40%,与问卷的结构相符。其内部一致性信度检验,人际互动的系数 α 值为 0.91,媒体互动的系数 α 值为 0.84,说明符合信度统计要求。

2.体育休闲价值观问卷

运用本研究编制的体育休闲价值观问卷,此问卷基于"态度改变理论",从态度认知、情感、行为三个方面对居民的体育休闲价值观编制出操作性的三个指标(即对体育休闲的认同程度;对体育休闲的喜爱程度;对体育休闲的参与程度),共含 15 个条目,1—5 条目构成认同程度的指标,6—10 条目构成喜爱程度的指标,11—15 条目构成参与程度的指标。通过探索性因素分析,三个维度的总解释度为 74.35%,具有较高的内容和结构效度。问卷的 Cronbach 一致性的系数 α 为 0.83,问卷的分半信度系数为 0.81,所以问卷同时也有较高的信度。本研究中,经因素分析,三因素的总贡献率为 72.49%,与问卷的结构相符。其内部一致性信度检验分别为认同程度的系数 α 值 0.84,喜爱程度的系数 α 值 0.79,参与程度的系数 α 值 0.80,也都符合信度统计要求。

上述问卷均采用 Likert 自评式 7 点问卷计分,0＝完全不同意,过渡到 6＝完全同意,就具体维度而言,得分越高说明相对应的指标程度越高。

三、研究过程

研究者以浙江省杭州、温州、金华、台州、湖州、舟山等市县的城镇居民为调查对象,通过当面和邮递的方式组织发放。在填写问卷时,要求被试在相对集中的时间内根据对体育休闲的真实感受完成问卷。被试填完问卷之后尽快收回。

四、数据处理

本研究采用 SPSS for Windows 15.0 软件对数据进行处理和分析,主要的分析方法为 T 检验、方差分析、相关分析和回归分析。

第三节　研究结果与分析

一、社会互动、体育休闲价值观变量的人口学特征分析

依据休闲与生活质量的概念模式,休闲文化氛围强化个体价值趋向,社会互动与休闲价值观的相互作用过程,还受制于人口学因素。所以,为了考察社会互动和体育休闲价值观变量是否存在人口学特征差异,本研究将样本被试的各变量整体进行性别、婚姻、年龄和月收入等因素的 T 检验和方差分析。

首先,采用 T 检验分析社会互动和体育休闲价值观各变量的性别差异,表 14-1 显示,男女在社会互动上产生差异($T=5.67, P=0.00$),但在体育休闲价值观上不存在差异性。在分指标上男女分别在参与程度、人际互动和媒体互动上存在着显著差异,且从得分上看,男性高于女性。而男女在认同程度和喜爱程度上没有差异。说明性别角色是影响社会互动的人口学客观因素之一,但男女在体育休闲价值观的认同程度和喜爱程度上基本趋于一致,只是在行为参与上男性高于女性。这可能与不同性别的结构限制因素和兴趣有关。对于女性来说,由于传统的家庭角色,她们除工作限制外,更多地会受到家庭因素的限制。特别是对于工作和家庭"双肩挑"的女性,参与体育休闲的机会和时间会大大减少,从而导致其体育休闲社会互动和参与程度低于男性。同时,男女在休闲内容选择上不同的兴趣也可能是造成这一结果的原因。这种兴趣的差异可能与性别所反映出来的社会期待有关。研究认为,文化传统对女性的定义仍然是影响当前女性社会空间活动的重要因素。当社会普遍认为女性不应该去参加带有危险的、激烈的、有损淑女形象的活动,许多女性对于那些运动量较大的、强调力量和具有一定危险性的活动就不感兴趣,而倾向于参与一些危险性小的塑身休闲活动,而男性则较少地受到这类限制。

同样,对社会互动和体育休闲价值观各变量的婚姻差异进行了 T 检验(见表 14-2),结果显示,体育休闲价值观在婚姻因素上不存在差异,而社会互动在婚姻因素上存在差异($T=-2.40, P=0.02$)。从分指标看,只有媒体互动存在着婚姻上的差异($T=3.57, P=0.00$),人际互动则未显示显著的差异。具体地说,未婚的城镇居民比已婚的城镇居民表现出更多的社会

互动,但主要表现在媒体互动方面。结果反映出婚姻生活使男女双方的体育休闲也发生了一些变化。对于已婚居民,除工作外还要更多地承担孩子和家庭的责任,需要花较多的时间操持家务,其参与体育休闲活动,可能更多是以与家庭为单元的活动有关。而对于未婚居民,由于没有家庭的限制因素,则有更多的自由时间通过诸如互联网、电视等关注与体育休闲有关的信息,从而表现出更多的媒体互动。但婚姻前后未对居民的体育休闲价值观产生影响,说明从主观认知上,无论婚否,居民对体育休闲价值观的认识趋于一致,并在主观上不会改变自己的参与行为。

表 14-1　被试各变量在性别方面的平均值与标准差($n=1531$)

	男		女		T	P
	SD	M	SD	M		
价值观	61.89	19.16	60.55	18.62	1.38	0.17
认同程度	22.17	6.26	22.55	6.37	−1.18	0.24
喜爱程度	19.59	7.54	19.07	7.48	1.33	0.18
参与程度	20.13	7.83	18.94	7.28	3.07	0.00
社会互动	56.10	23.42	49.30	23.12	5.67	0.00
人际互动	24.48	10.93	22.32	11.16	3.78	0.00
媒体互动	31.62	13.89	26.98	13.44	6.60	0.00

注:男,$n=665$;女,$n=866$。

表 14-2　被试各变量在婚姻方面的平均值与标准差($n=1531$)

	已婚		未婚		T	P
	SD	M	SD	M		
价值观	61.15	19.32	61.08	17.66	0.07	0.94
认同程度	22.52	6.47	22.04	5.92	1.32	0.19
喜爱程度	19.23	7.69	19.48	7.04	−0.33	0.53
参与程度	19.43	7.85	19.54	6.74	0.27	0.79
社会互动	51.35	23.83	54.54	22.47	−2.40	0.02
人际互动	23.15	11.30	23.55	10.63	−0.64	0.53
媒体互动	28.20	14.14	30.99	12.79	3.57	0.00

注:已婚,$n=1096$;未婚,$n=435$。

为了考察居民体育休闲氛围下社会互动和体育休闲价值观各变量是否

存在年龄上的差异特征,通过单因素方差分析(One-way ANOVA)检验发现(见表 14-3),不同年龄段居民的社会互动($F=15.13,P=0.00$)和体育休闲价值观($F=26.74,P=0.00$)均存在非常显著的差异。各个分指标也均存在年龄上的差异。从得分上看,55 岁以上年龄段的居民社会互动和体育休闲价值观程度最高,而 30～44 岁年龄段的居民为最低。这种结果还体现在各个分指标中。说明随着年龄的增大,城镇居民的社会互动和体育休闲价值观的认知水平也逐渐提高。55 岁以上年龄段与其他年龄的居民相比,受到外在的结构限制因素的影响逐渐减少,并随着对健康的重视程度提高,主观参与体育休闲的动机与意识增强。而对于 30～44 岁年龄段的居民来说,通常有着更多的来自工作与家庭的压力,也就是说,往往有着更多的结构限制因素,使得主观动机与客观条件产生矛盾。同时,也反映年龄作为人口学特征也是影响体育休闲氛围下社会互动和体育休闲价值观的客观因素之一。

表 14-3　被试各变量在年龄方面的平均值与标准差($n=1531$)

	18～29 岁		30～44 岁		45～55 岁		55 岁以上		F	P
	M	SD	M	SD	M	SD	M	SD		
价值观	61.03	17.92	58.18	18.95	64.35	18.29	72.88	17.31	26.74	0.00
认同程度	22.08	5.97	21.67	6.56	23.65	5.67	25.68	5.88	18.91	0.00
喜爱程度	19.47	7.15	18.02	7.56	20.45	7.33	23.86	6.73	26.63	0.00
参与程度	19.50	6.93	18.48	7.85	20.33	7.42	23.34	6.90	17.57	0.00
社会互动	54.62	22.73	48.47	22.75	53.98	24.51	61.05	25.19	15.13	0.00
人际互动	23.72	10.67	21.65	10.81	24.51	11.53	28.37	11.92	16.24	0.00
媒体互动	30.90	13.00	26.81	13.78	29.47	14.33	32.58	14.64	12.82	0.00

注:18～29 岁,$n=508$;30～44 岁,$n=717$;45～54 岁,$n=167$;55 岁以上,$n=139$。

结果还显示,不同月收入水平的城镇居民在社会互动($F=6.38,P=0.00$)和体育休闲价值观($F=4.42,P=0.00$)的得分上也存在着差异。由表 14-4 所示的结果可知,四类不同收入水平居民中除去喜爱程度指标没有差异外,其他各分指标均显示了显著性差异。进一步的分值比较发现,月收入在 3000 元以上的居民比其他收入水平的居民,有着更高程度的社会互动和体育休闲价值观。反映了不同的经济收入会影响居民的人际互动、媒体互动以及认同程度和参与程度,但对体育休闲的喜爱程度不受经济因素的影响。说明经济收入也是影响社会互动和体育休闲价值观的一个外部因素。有研究表明,人均可支配收入高的居民其体育价值观认知程度明显高于人均可支配收入低的居民。收入高的居民通常会更有客观条件参与体育休闲活动,进而促进他们的社会交流活动和建立良好的体育休闲价值观。同时,结果也说明不同收入水平的居民,均会从主观认知上表现出对体育休闲活动的喜爱。

表 14-4　被试各变量在月收入方面的平均值与标准差($n=1531$)

	1000 元以下		1000～2000 元		2000～3000 元		3000 元以上		F	P
	M		SD		M		SD			
价值观	61.12	18.47	59.67	20.02	59.71	18.81	64.36	17.87	4.42	0.00
认同程度	22.21	6.12	21.98	6.75	22.09	6.66	23.48	5.66	4.02	0.01
喜爱程度	19.36	7.48	18.99	7.91	18.89	7.41	19.98	7.19	1.41	0.24
参与程度	19.55	6.99	18.71	8.04	18.79	7.36	20.90	7.90	5.92	0.00
社会互动	54.17	23.05	48.93	23.78	50.00	23.01	55.31	23.82	6.38	0.00
人际互动	23.92	11.33	22.05	11.00	22.57	10.94	24.29	10.91	3.35	0.02
媒体互动	30.24	13.12	26.88	14.03	27.44	13.77	31.02	14.32	7.98	0.00

注:1000 元以下,$n=523$;1000～2000 元,$n=354$;2000～3000 元,$n=343$;3000 元以上,$n=311$。

上述研究结果说明,城镇居民在体育休闲文化氛围下的社会互动与体育休闲价值观均受到性别、婚姻、年龄和月收入等人口学因素的影响。也就是说,社会人口状况作为客观因素在很大程度上影响着城镇居民的社会互动和体育休闲价值观。这与休闲与生活质量的关系解释理论阐述一致。

二、社会互动与体育休闲价值观的相关结果分析

休闲与生活质量关系解释理论认为,在休闲的社会体系中,社会互动与休闲价值观之间存在着互为影响的关系。在体育休闲活动中,这种互为影响的作用所建立的良好的体育休闲文化氛围有效地提高了人们对体育休闲机会的认知,进而提高生活满意度。根据理论假设,本研究对社会互动与体育休闲价值观各变量之间进行相关分析(见表 14-5)。结果显示,社会互动与体育休闲价值观变量总体之间存在着显著的正相关关系($r=0.71$,$P<$0.001)。体育休闲价值观分指标中认同程度、喜爱程度、参与程度与社会互

动之间均存在着正相关关系($r=0.50,P<0.001;r=0.68,P<0.001;r=0.68,P<0.001$);同样社会互动分指标中的人际互动、媒体互动与体育休闲价值观之间也存在有意义的正相关关系($r=0.72,P<0.001;r=0.62,P<0.001$),且各分指标之间也均存在正相关的关系。此结果说明,社会互动与体育休闲价值观之间存在着相互正向影响的关系,社会互动与体育休闲价值观之间可能有相互预测的作用。这种相关关系倾向于解释:一方面随着社会互动的增加,有助于居民建立良好的体育休闲价值观,即居民对于体育休闲的认同、喜爱和参与程度也会随着提高;另一方面,随着居民体育休闲价值观的建立或提高,又会进一步促进居民体育休闲氛围下的社会互动,更加关注与体育休闲有关的媒体报道和人际间的交流。依据休闲与生活质量的关系理论,这种良性的互动关系能增进人们对休闲机会的认知程度,进而促进生活质量的主观认知提高。

表 14-5　被试体育休闲价值观与社会互动各指标之间的相关情况($n=1531$)

	1	2	3	4	5	6	7
1.认知程度	1						
2.喜爱程度	0.64***	1					
3.参与程度	0.58***	0.76***	1				
4.价值观	0.82***	0.92***	0.90***	1			
5.人际互动	0.50***	0.69***	0.70***	0.72***	1		
6.媒体互动	0.45***	0.59***	0.59***	0.62***	0.77***	1	
7.社会互动	0.50***	0.68***	0.68***	0.71***	0.93***	0.95***	1

注:** 表示 $P<0.01$;*** 表示 $P<0.001$。

三、社会互动与体育休闲价值观各变量之间的回归分析

基于以上的相关分析,为了进一步探索社会互动和体育休闲价值观各变量之间的关系,分别以社会互动对体育休闲价值观,体育休闲价值观对社会互动,体育休闲价值观分指标认同程度、喜爱程度和参与程度对社会互动,社会互动分指标人际互动、媒体互动对体育休闲价值观,以及社会互动与体育休闲价值观各分指标之间来考察各变量之间的预测关系(见表 14-6和表 14-7),并构建了关系图(见图 14-1、图 14-2 和图 14-3)。

表 14-6　被试社会互动预测体育休闲价值观($n=1531$)

	R	ΔR^2	β	ΔF	P
社会互动	0.71	0.50	0.71	37.85	0.000***

注:*** 表示 $P<0.001$; ΔR^2 为附加效应; ΔF 为 F 的变化比率; β 为标准区别功能系数。

表 14-7　被试体育休闲价值观预测社会互动($n=1531$)

	R	ΔR^2	β	ΔF	P
体育休闲价值观	0.71	0.50	0.71	39.37	0.000***

注:*** 表示 $P<0.001$; ΔR^2 为附加效应; ΔF 为 F 的变化比率; β 为标准区别功能系数。

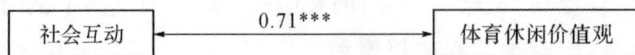

图 14-1　体育休闲价值观和社会互动关系图

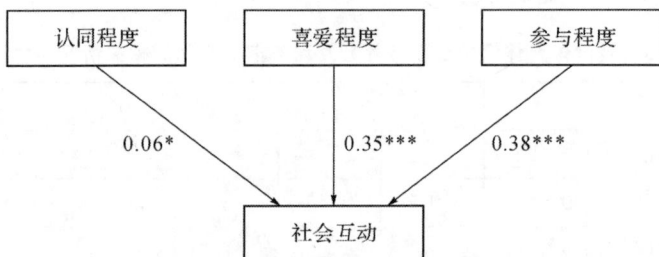

注:* 表示 $P<0.01$;*** 表示 $P<0.001$ 。

图 14-2　休闲价值观分指标和社会互动关系图

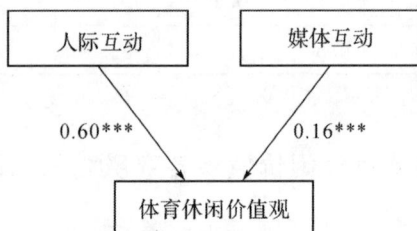

注:*** 表示 $P<0.001$ 。

图 14-3　社会互动分指标和体育休闲价值观关系图

　　首先,我们对社会互动与体育休闲价值观之间的预测作用进行考察,以体育休闲价值观为因变量、社会互动为自变量进行回归分析(见表 14-6);同样,以社会互动为因变量、体育休闲价值观为自变量进行回归分析(见表 14-7)。可见,社会互动和体育休闲价值观之间有着相互预测的作用($\beta=$

0.71)。说明体育休闲价值观与社会互动之间有着相互正向促进的作用。即随着城镇居民社会互动的增加,体育休闲价值观的认识程度也会提高;而随着体育休闲价值观的提高,又会进一步促进居民参与体育氛围的社会互动。实证验证了体育休闲价值观与社会互动之间互为促进的影响关系。

研究还分析了体育休闲价值观分指标对社会互动,以及社会互动分指标对体育休闲价值观的预测作用。从表 14-8、表 14-9 可见,在社会互动的预测模型中,体育休闲价值观分指标中的认同程度、喜爱程度和参与程度分别表现出对社会互动的显著预测作用,但相比之下,喜爱程度($\beta=0.35$)和参与程度($\beta=0.38$)的预测系数要大于认同程度($\beta=0.06$),即人们对体育休闲的参与程度和喜爱程度的提高,能更有效地促进个体的社会互动。在体育休闲价值观的预测模型中,社会互动分指标中的人际互动和媒体互动均对体育休闲价值观产生预测作用,其中人际互动的预测系数($\beta=0.60$)要大于媒体互动($\beta=0.16$),说明人际间的交流比媒体交流更能促进居民体育休闲价值观的提高。从回归系数 β 值看,认同程度、喜爱程度和参与程度对社会互动,人际互动和媒体互动对体育休闲价值观均产生正向作用。上述结果进一步表明,社会互动与体育休闲价值观之间存在相互促进的关系。社会互动分指标中的人际互动和媒体互动均能正向影响体育休闲价值观;反之,体育休闲价值观分指标中的认同程度、喜爱程度和参与程度也均能正向影响社会互动,但其影响程度的大小不同。

表 14-8　被试认同程度、喜爱程度和参与程度预测社会互动($n=1531$)

	R	ΔR^2	B	SE	β	ΔF	P
认同程度	0.72	0.52	0.21	0.09	0.06	2.47	0.01 **
喜爱程度			1.08	0.09	0.35	11.75	0.00 ***
参与程度			1.19	0.09	0.38	13.79	0.00 ***

注:** 表示 $P<0.01$;*** 表示 $P<0.001$;ΔR^2 为附加效应;ΔF 为 F 的变化比率;β 为标准区别功能系数。

表 14-9　被试人际互动、媒体互动预测体育休闲价值观($n=1531$)

	R	ΔR^2	B	SE	β	ΔFt	P
人际互动	0.73	0.54	1.02	0.05	0.60	21.90	0.00 ***
媒体互动			0.22	0.04	0.16	5.77	0.00 ***

注:*** 表示 $P<0.001$;ΔR^2 为附加效应;ΔF 为 F 的变化比率;β 为标准区别功能系数。

　　为了进一步考察社会互动和体育休闲价值观各分指标之间的不同影响作用,研究分别以社会互动和体育休闲价值观两变量的各分指标为因变量,进行回归分析(见图 14-4 和图 14-5)。首先,我们对社会互动作用于体育休闲价值观进行了分指标间的考察。以认同程度为因变量、人际互动和媒体互动为自变量进行回归分析(见表 14-10),结果显示两者都对认同程度产生显著的预测作用(人际互动 $\beta=0.38$;媒体互动 $\beta=0.16$)。同样,以喜爱程度为因变量、人际互动和媒体互动为自变量进行回归分析(见表 14-11),结果同样显示了人际互动($\beta=0.58$)和媒体互动($\beta=0.15$)都对喜爱程度产生显著的预测作用。最后,以参与程度为因变量,人际互动和媒体互动为自变量进行回归分析(见表 14-12),结果显示人际互动($\beta=0.61$)和媒体互动($\beta=0.12$)作为参与程度的预测指标具有统计学意义。但人际互动对体育休闲价值观各分指标的作用要大于媒体互动。其次,对体育休闲价值观作用于社会互动也进行了各分指标间的分析。基于所选的指标以人际互动为因变量,认同程度、喜爱程度和参与程度为自变量,进行回归分析(见表 14-13),结果发现,喜爱程度($\beta=0.35$)和参与程度($\beta=0.42$)对人际互动具有显著的预测作用,而认同程度作为人际互动的预测指标没有统计学意义。同样,以

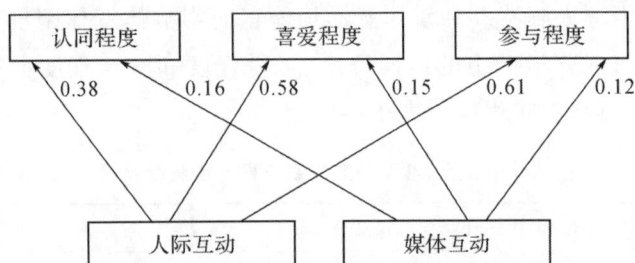

图 14-4　社会互动各分指标作用于体育休闲价值观各分指标关系图

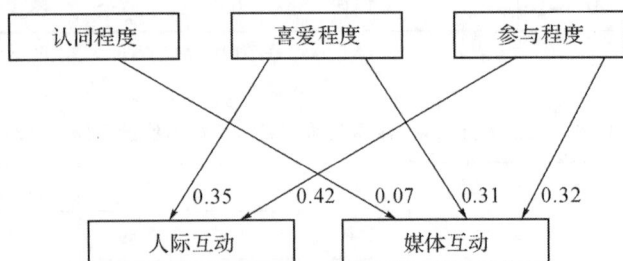

图 14-5　体育休闲价值观各分指标作用于社会互动各分指标关系图

媒体互动为因变量,认同程度、喜爱程度和参与程度为自变量,进行回归分析(见表 14-14),结果显示,认同程度($\beta=0.07$)、喜爱程度($\beta=0.31$)和参与程度($\beta=0.32$)对媒体互动均具有显著的预测作用,其中参与程度和喜爱程度的作用大于认同程度。分析可知,除去认同程度对人际互动没有统计学意义,其他各分指标之间都存在着正向的相互预测关系。结果反映了社会互动与体育休闲价值观之间更为深层的影响作用,即体育休闲氛围下的社会交流的增加能增进居民对体育休闲认同程度、喜爱程度和参与程度的提高,而正面的体育休闲价值观又会促进居民进一步参与体育休闲氛围下的社会交流。同时,结果也进一步验证了休闲与生活质量社会心理学理论假设模式中关于社会互动与休闲价值观关系的理论解释。

表 14-10　被试人际互动、媒体互动预测认同程度($n=1531$)

	R	ΔR^2	B	SE	β	ΔF	P
人际互动	0.51	0.26	0.22	0.02	0.38	10.99	0.00***
媒体互动			0.07	0.02	0.16	4.47	0.00***

注:*** 表示 $P<0.001$;ΔR^2 为附加效应;ΔF 为 F 的变化比率;β 为标准区别功能系数。

表 14-11　被试人际互动、媒体互动预测喜爱程度($n=1531$)

	R	ΔR^2	B	SE	β	ΔF	P
人际互动	0.70	0.49	0.39	0.02	0.58	20.02	0.00***
媒体互动			0.08	0.02	0.15	5.06	0.00***

注:*** 表示 $P<0.001$;ΔR^2 为附加效应;ΔF 为 F 的变化比率;β 为标准区别功能系数。

表 14-12　被试人际互动、媒体互动预测参与程度($n=1531$)

	R	ΔR^2	B	SE	β	ΔFt	P
人际互动	0.71	0.50	0.42	0.02	0.61	21.51	0.00***
媒体互动			0.07	0.02	0.12	4.17	0.00***

注:*** 表示 $P<0.001$;ΔR^2 为附加效应;ΔF 为 F 的变化比率;β 为标准区别功能系数。

表 14-13　被试认同程度、喜爱程度和参与程度预测人际互动($n=1531$)

	R	ΔR^2	B	SE	β	ΔF	P
认同程度	0.74	0.55	0.06	0.04	0.04	1.56	0.12
喜爱程度			0.52	0.04	0.35	12.29	0.00***
参与程度			0.61	0.04	0.42	15.42	0.00***

注:*** 表示 $P<0.001$;ΔR^2 为附加效应;ΔF 为 F 的变化比率;β 为标准区别功能系数。

表 14-14　被试认同程度、喜爱程度和参与程度预测媒体互动($n=1531$)

	R	ΔR^2	B	SE	β	ΔF	P
认同程度	0.63	0.40	0.15	0.06	0.07	2.66	0.01**
喜爱程度			0.56	0.06	0.31	9.26	0.00***
参与程度			0.58	0.06	0.32	10.18	0.00***

注：** 表示 $P<0.01$；*** 表示 $P<0.001$；ΔR^2 为附加效应；ΔF 为 F 的变化比率；β 为标准区别功能系数。

第四节　小　结

　　休闲与生活质量关系理论模式认为,社会互动与休闲价值观之间存在着互动的关系。本章采用社会互动和体育休闲价值观问卷对部分居民进行实地调查,从实证的角度研究证明,居民在体育休闲氛围下的社会互动和体育休闲价值观之间存在着互为正向影响的关系,且这种正向的相互促进作用的关系同时体现在两个变量的各分指标中。也就是说,社会互动能正向促进体育休闲价值观的提高,而具有积极体育休闲价值观的居民更能积极地参与体育休闲氛围下的互动,两者能相互作用。这种相互影响的作用过程,促进居民对体育休闲机会的认知度提高,从而提升他们对生活的满意度。本章同时对社会互动与体育休闲价值观的社会人口学特征进行了实证调查分析,发现城镇居民在体育休闲氛围下的社会互动和体育休闲价值观均存在着社会人口学的差异特征。社会人口状况中的性别、婚姻、年龄和月收入是影响城镇居民社会互动和体育休闲价值观的客观因素。因此,本章内容从实证的角度进一步证明了理论构建的合理性。

第十五章　城镇居民体育休闲与
生活满意感的关系的实证研究

关注人的生活质量是我们这个时代的要求与特征,体育休闲在大众中的普遍兴起正是我国居民生活质量不断提高的一种表现,同时也是提高居民生活质量的有效手段之一。个体的身心健康是提高生活质量的物质性基础,也是提高生活质量的目的所在。生活满意感作为生活质量的主观指标,自然是生活质量研究领域的重要关注点。鉴于此,本章针对城镇居民体育休闲与生活满意感的关系进行实证研究,对制定城镇居民健康促进策略与政策,提高居民生活质量有积极意义。本研究基于休闲与生活质量关系解释理论,观察城镇居民体育休闲与生活满意感的关系,旨在验证城镇居民体育休闲对生活质量提高的解释度。1531名浙江省城镇居民(男性 665 人,女性 866 人)完成了体育休闲价值观问卷、社会互动问卷、体育休闲机会认知问卷和生活满意感问卷。协方差分析(ANCOVA)发现,城镇居民的体育休闲价值观、社会互动、体育休闲机会认知和生活满意感在分别控制了年龄和月收入的影响因素后,存在着性别与婚姻的差异。进一步的相关分析发现,体育休闲价值观、社会互动、体育休闲机会认知和生活满意感各变量之间存在显著的相关关系,且回归路径分析表明,体育休闲价值观与社会互动之间产生相互影响,两者通过体育休闲机会认知这个中间变量对生活满意感产生作用。同时,体育休闲价值观具有直接预测生活满意感的作用。本章最后对研究结果进行分析讨论。

第一节　研究的问题

休闲作为现代社会的重要特征,表现出了它的多维自然属性。这促使了研究者从哲学、社会学、经济学等不同的角度来探讨休闲生活方式是怎样推进社会进步的。如哲学家认为休闲是一种文化创造、文化欣赏和文化建构的生命状态和行为方式，它的价值不在于实用，而在于文化。所以，作为生命状态的形式，休闲强调了一种生活方式，旨在消除疲劳，获得精神享受；社会学者把休闲看成一种个体与社会沟通的生活方式，反映在对生活的态度上，是发展个性的社会途径；从经济学的观点，休闲被作为一种精神产品，正在凸显出它的经济地位，通过产业开发和市场拓展来推进社会的进步。然而，无论从哪个视角来探讨休闲的自然属性，学者们都承认休闲的最终目的是为了获得身心愉悦。从这个角度讲，休闲的心理学探索则成为我们必须考虑的休闲研究领域。但是，从目前的国内研究文献看，大多数研究是基于休闲的客观指标来考察休闲与人民生活的关系，而休闲的主观特性研究却不多见。

有关心理学研究建议，休闲的行为主要激发于内在的动力，强化享受与满足的体验，促进心理满意的自我评估，因此它能提高生活质量。M. Kathleen 等在对市民休闲活动与生活质量之间的关系的研究中指出，相对于客观指标而言，主观指标更能反映生活质量。从社会行为心理的层面看，休闲具有主观的特征，不仅能增强体质，保持心理的健康，还能改变社会行为方式，有益于生活满意感的提高。例如，Kraus 研究发现，休闲参与的态度与心理健康、个人同一性、需求满意度和生活满意度之间存在着正相关关系。Moore 认为，休闲与生活质量有着直接的关系，主要体现在生活质量定义内容实际是描述休闲的结果。Jeffers 和 Dobos 运用社会心理学的方法测试了生活质量的公众认知、休闲价值趋向、休闲机会认知和社会交流，结果发现休闲的价值趋向与社区的生活质量存在着正相关关系，从另一方面间接地揭示了休闲与生活满意度的关系。

在相关研究领域中，尽管这些研究人员认为休闲与生活满意感存在着一定的关系，但是仍没有发展出一个系统的理论来解释这种现象。值得关注的是近年来王进提出了一个理论模式的设想，该模式从社会心理学的角度构建了休闲与生活质量认知的关系解释。这个理论假设模式把休闲作为主观现象，放在社会系统中来考察，认为在休闲这个体系中，同一性影响社会互动的形式，作用于个体的休闲兴趣与价值观。另外，由于休闲活动的发生是在社会体系中进行的，社会互动结果会增强个体对休闲机会的认知。这样，当休闲机会的认知度增加时，人们对生活质量的评估就会提高。进一步，所有这些过程还取决于社会人口学的状况。该休闲的概念模式包含了社会心理学的观点,更多地考虑了人文的因素,阐述了休闲与生活质量关系的复杂性。在这个理论模式中,休闲被置于社会环境中来考察行为者的主观评估,旨在解释社会环境作用于休闲认知,进而休闲认知引导生活质量评估的"环境—休闲—生活质量"链。目前,该理论模式得到了一些研究的直接或间接的验证。如赵臣在2008年完成的硕士论文研究中,运用结构方程分析的方法验证了体育休闲与生活满意度的关系,认为社会互动一方面对生活满意度有直接的影响,另一方面通过体育休闲机会认知间接影响生活满意度;再如,王裕桂在2008年完成的硕士论文研究中,基于该理论模式测试了城镇居民媒体传播与体育休闲价值观之间的关系,结果表明媒体传播与体育休闲价值观之间存在着相互促进的关系。

所以,本研究基于这一概念理论模型,进一步深入验证体育休闲与生活满意感的关系。根据这个理论解释,休闲文化环境通过社会互动和休闲价值观两方面作用于休闲机会认知。社会互动与休闲价值观是一种互动关系,社会互动可分为媒体互动和人际互动,媒体互动和人际互动的结果会影响到人们休闲价值观的认识,而积极的休闲价值观或者休闲价值观的建立可以促使人们去关注媒体等方面关于休闲的宣传报道,增进人际的交流。另一方面,社会互动与休闲价值观共同作用增强人们对休闲机会的认知度,当休闲机会的认知度提高时,个体对生活质量的主观评估也会提高。

体育休闲是人们休闲生活的重要组成部分,表现为人们参与体育活动是以休闲为目的,强调一种心理愉悦的体验。理论上讲,它与休闲体育是有区别的。休闲体育侧重于活动的形式,指具有休闲功能的体育活动,其概念多用于休闲开发领域的研究,如与休闲发展有关的社会学、经济学研究。而体育休闲则强调体育活动的心理体验,尤指人们参与体育活动的行为是以休闲为目的,所以此概念多用于心理学研究中。

生活质量是衡量居民生活条件优劣程度的客观反映。生活满意感是特定生活条件下的主观感受,是生活质量评估的重要主观指标。本研究根据以上理论模式,把体育休闲机会认知度作为影响生活满意感的中介变量,来考察体育休闲价值观、社会互动、体育休闲机会认知和生活满意感之间的关系,进而解释体育休闲对于生活满意感的影响机制。研究的主要内容有:

(1)了解不同社会人口学特征的城镇居民体育休闲价值观、社会互动、体育休闲机会认知和生活满意感的现状。

（2）观察城镇居民体育休闲价值观、社会互动、体育休闲机会认知和生活满意感之间的关系。

（3）验证以上各变量的预测路径。

第二节　研究方法

一、研究对象

按分层随机取样的方式,考虑性别、年龄、婚姻、月收入等方面的平衡,共抽取浙江省杭州、温州、金华、台州、湖州、舟山等市县城镇居民和学生被试共 2000 人进行问卷调查,回收问卷 1665 份,去除缺失信息问卷 134 份,共得到有效问卷 1531 份(男性 665 人,占 43.4%,;女性 866 人,占 56.6%。婚姻总样本中已婚 1096 人,占 71.6%;未婚 435 人,占 28.4%。总样本年龄为 18～74 岁,$M=37.43$ 岁,$SD=13.16$ 岁;月收入为 500～8000 元,$M=2395.89$ 元,$SD=1487.92$ 元),有效率为 91.95%。

二、指标测量

测量主要包括体育休闲价值观问卷、社会互动问卷、体育休闲机会认知问卷和生活满意感问卷。

1.体育休闲价值观问卷

采用本研究编制的体育休闲价值观问卷。此问卷基于"态度改变理论",对居民的体育休闲价值观从态度认知、情感、行为三个方面编制出操作性的指标,分别为:(1)对体育休闲的认同程度,如"请客吃饭,不如请人流汗";(2)对体育休闲的喜爱程度,如"我酷爱体育休闲活动";(3)对体育休闲的参与程度,如"我经常参加体育休闲活动"。问卷共有 15 个条目,1—5 条构成认同程度的指标,6—10 条构成喜爱程度的指标,11—15 条构成参与程度的指标。此问卷的效度检验采用探索性因素分析,验证其三个维度的总解释度为 74.35%,具备较高的内容和结构效度,符合心理测量的要求。问卷的 Cronbach 一致性的系数 α 为 0.83,问卷的分半信度系数为 0.81,所以问卷同时具有较高的信度。本研究中,经因素分析,三因素的总贡献率为 72.49%,与前问卷的结构相符。其问卷的内部一致性信度检验分别为认同

程度的 α 值 0.84,喜爱程度的 α 值 0.79,参与程度的 α 值 0.80,都符合信度统计要求。

2.社会互动问卷

采用本研究编制的社会互动问卷。问卷根据不同行动主体分为传媒互动,如"我经常在报纸上看到有关体育休闲方面的报道";和人际互动,如"和家人、朋友聊天时,我们经常聊到有关体育休闲的话题"两个指标,包含 16 个项目,1—7 条构成人际互动的指标,8—16 条构成媒体互动的指标。此研究问卷的维度构想和题项编拟是基于理论文献综述、知名相关量表、开放式问卷调查和个别访谈几方面综合考虑的结果,探索性因素分析的问卷总解释度为 69.11%。同时,传媒互动和人际互动因素的 Cronbach 一致性的系数 α 分别为 0.83 和 0.88。说明问卷具有较高的信度和效度。本研究中,经因素分析,两因素的总贡献率为 72.40%,与前问卷的结构相符。其问卷的内部一致性信度检验分别是人际互动的 α 值为 0.91,媒体互动的 α 值为 0.84,也都符合信度统计要求。

3.体育休闲机会认知问卷

体育休闲机会认知为人们对参与体育休闲可能性大小的判断。根据理论上对体育休闲机会认知的阐述,体育休闲机会认知由 3 个条目组成,如时间认知(我有更多的时间去进行体育休闲活动)、场所认知(在我看来周围提供的体育休闲的场所比较多)和信息认知(比较容易地获取有关体育休闲的信息)。

4.生活满意感问卷

采用 Leung 和 Leung(1992)的一般生活满意感问卷进行测量。该问卷有 6 个条目(如"我的生活状况在各个方面都很好")。由于该问卷为成熟问卷,许多相关的研究表明,问卷具有较高的信度和效度。

上述问卷均采用 Likert 自评式 7 点问卷计分,0=完全不同意,过渡到 6=完全同意,就具体维度而言,得分越高说明相对应的指标程度越高。

三、研究过程

研究者以浙江省各地市的城镇居民和大学生等为调查对象,问卷发放均通过当面发放和邮递的方式,由课题组成员完成。在调查之前,事先向被试强调问卷只是用于科学研究,所做的答案没有对错之分,所有的信息都会完全保密。在填写问卷时,要求被试在相对集中的时间内根据对体育休闲的真实感受完成问卷。被试填完问卷之后尽快收回。

本研究采用 SPSS for Windows 15.0 软件对数据进行处理和分析,主要的分析方法为方差分析、相关分析和线性回归分析。

第三节　体育休闲与生活满意感的社会人口学分析

依据休闲与生活质量的概念模式,休闲文化氛围强化个体价值趋向,休闲价值观、社会互动和休闲机会认知影响生活质量的所有过程,还受制于人口学因素(年龄、性别、婚姻、收入等)。所以,为了考察各变量是否存在人口学特征差异,本研究将样本被试的体育休闲各变量和生活满意感整体进行性别、婚姻、年龄和月收入等因素的方差分析。

为了更加准确地研究观测变量在人口学上的差异,排除其他能够排除的因素对分析的影响作用,以体育休闲各指标和生活满意感组成因变量,性别与婚姻为自变量,年龄和月收入作为协变量,进行多变量协方差分析(ANCOVA),结果(见表 15-1、表 15-2 和表 15-3)表明,在控制了年龄和月收入的因素影响后,在性别与婚姻因素的变量上存在着差异,分别为 $F(4,1522)=69.58, P=0.000$ 和 $F(4,1522)=12.42, P=0.000$,并且两因素的交互作用也有显著的效应,$F(4,1522)=32.94, P=0.000$。结果验证体育休闲影响生活满意感这一过程受到社会人口学因素的影响。

表 15-1　本研究被试体育休闲各变量和生活满意感在性别和
婚姻方面的平均值与标准差一览表($n=1531$)

| | 男 | | | | | | 女 | | | | | |
| | 已　婚 | | | 未　婚 | | | 已　婚 | | | 未　婚 | | |
	n	M	SD	n	M	SD	n	M	SD	n	M	SD
价值观	61.01	19.91	449	63.71	17.42	217	61.25	18.92	646	58.47	17.56	219
社会互动	54.07	23.83	449	60.30	22.01	217	49.46	23.69	646	48.82	21.48	219
机会认知	10.20	4.88	449	11.39	4.47	217	9.87	4.72	646	9.75	4.39	219
生活满意	17.64	7.03	449	16.32	6.29	217	18.19	7.17	646	14.89	6.31	219

表 15-2　多变量协方差分析总方程结果一览表(n＝1531)

变　量	自由度	F	P	ES
性别(变量)	41522	69.58	0.000	0.03
婚姻(变量)	41522	12.42	0.000	0.04
性别＊婚姻(变量)	41522	32.94	0.000	0.01
年龄(协变量)	41522	39.44	0.000	0.05
月收入(协变量)	41522	8.11	0.004	0.01

表 15-3　各分变量方差分析结果一览表(n＝1531)

变　量	因变量	自由度	F	P	ES
性别	社会互动	11525	32.94	0.000	0.02
	机会认知	11525	11.60	0.001	0.01
婚姻	价值观	11525	39.44	0.000	0.03
	社会互动	11525	22.94	0.000	0.02
	机会认知	11525	11.50	0.001	0.01
性别＊婚姻	价值观	11525	8.11	0.004	0.01
	社会互动	11525	7.25	0.007	0.01
	机会认知	11525	6.36	0.012	0.00
	生活满意	11525	6.57	0.010	0.00
年龄(协变量)	价值观	11525	69.58	0.000	0.04
	社会互动	11525	24.37	0.000	0.02
	机会认知	11525	7.85	0.005	0.01
	生活满意	11525	19.17	0.000	0.01
月收入(协变量)	价值观	11525	12.42	0.000	0.01

　　对各变量的分析发现,体育休闲各变量和生活满意感在性别因素上的差异主要体现在社会互动和体育休闲机会认知两个分变量上,从问卷得分看,男性城镇居民的社会互动和体育休闲机会认知均高于女性。基于协变量年龄($F(4,1522)＝39.44,P＝0.000$)和月收入($F(4,1522)＝8.11,P＝0.004$)的效应值可知,随着年龄的增大,男性居民的社会互动和体育休闲机会认知程度逐渐增加,女性也是如此。说明性别角色是影响体育休闲和生

活满意感的人口学因素之一。这可能与不同性别对于体育休闲的兴趣和结构限制因素有关。如相对于男性，由于传统的家庭角色，女性对于孩子及家庭通常有着更多的责任，需要花较多的时间操持家务，特别是对于工作和家庭"双肩挑"的女性，参与体育休闲的机会和时间会大大减少，从而导致其社会互动和体育休闲机会认知低于男性。结果还显示，在不同性别群体中，随着年龄的增大，城镇居民的社会互动和体育休闲的机会认知程度也逐渐提高。说明随着年龄的增大，受到外在结构限制因素的影响逐渐减少，而主观动机和参与体育休闲意识在增强。特别是退休后的老龄居民与其他年龄的居民相比，往往有更多的休闲时间和休闲机会，可以自主地选择自己感兴趣的体育活动。同时也反映出年龄作为人口学特征也是影响体育休闲的客观因素。另外，结果未显示出体育休闲价值观和生活满意感的性别差异。说明随着年龄和月收入的变化，不同性别之间对于体育休闲价值观的建立或接受，以及对于自我生活满意感的评估具有主观一致性。

其次，不同婚姻状况之间的差异主要体现在体育休闲价值观、社会互动和体育休闲机会认知三个分变量中。具体地讲，已婚的城镇居民比未婚的城镇居民有更高的体育休闲价值观，而未婚的城镇居民比已婚的城镇居民有更多的社会互动和更高的体育休闲机会认知度，且在不同的婚姻群体中，随着年龄的增大，已婚居民表现出了逐渐增加的体育休闲价值观、社会互动和体育休闲机会认知。另外，已婚居民随着月收入的增加，其体育休闲价值观逐渐增加。上述结果同样体现在未婚群体中。说明婚姻生活使男女双方的体育休闲也发生了变化。这可能与婚后休闲生活受到家人的相互影响有关。如婚后通常会更多地与家人一起关注和参与体育休闲活动，进而从主观上提高了对体育休闲价值观的认识程度。但是，主观的动机往往与客观条件相矛盾。婚后由于家庭的责任和工作的压力，对于参与体育休闲，往往有着更多的结构限制因素，如随着结婚生子，原来相对自由会变成一系列的限制与责任，使他们与未婚居民相比，减少了参与体育休闲的时间和机会，从而影响了他们的社会互动的参与性和体育休闲机会认知度。随着年龄的增大，在不同婚姻群体中这种外部的限制因素通常会逐渐减少，对自我的关注程度会逐渐增加。尤其是退休后，居民一般能自由支配时间和自由选择体育休闲的时机和项目，进而增加与体育休闲有关的社会互动的参与机会，同时提高他们体育休闲价值观的认知程度。而经济收入的提高使得"花钱买健康"的行为更有物质保障。经济收入本身就是影响体育休闲行为的一个外部因素。在一定程度上决定了个人的资源分配和时间支配。有研究表明，人均可支配收入高的地区居民的体育价值观认知程度明显高于人均可支配收入低的地区居民。所以，收入高的居民通常会更有条件形成体育休闲意向或参与体育休闲活动，进而促进他们建立良好的体育休闲价值观。另外，婚姻生活没有使城镇居民的生活满意感产生差异，反映了城镇居民的生活满意感可能受到多方面主客观因素的影响，婚姻作为一个客观因素并不是人们评估自我生活满意感的主要因素。

最后，性别与婚姻的交互作用反映在体育休闲价值观、社会互动、体育休闲机会认知和生活满意感4个变量中，具体地讲，未婚男性的城镇居民比已婚男性的城镇居民有更高程度的体育休闲价值观、社会互动和体育休闲机会认知，却有较低的生活满意感；而已婚女性的城镇居民各分变量均高于未婚女性。在不同性别与婚姻状况的群体中，随着年龄和月收入的增加，男性城镇居民4个指标的认知程度逐渐增加，女性居民也是如此，其中，男性高龄的高收入的居民最看重体育休闲的价值，而未婚的男性更多地参与社会互动且对体育休闲机会认知度更高。相对地，女性虽然也表现出在高收入和高龄时认知程度的增强，但对于未婚的女性来说，其体育休闲的社会互动参与性最低，而且体育休闲的机会认知也最低。说明不同性别与婚姻状况的体育休闲和生活满意感存在着差异。这进一步反映了已婚男性居民由于家庭的责任，通常会遭受更多的体育休闲限制因素。而对于未婚男性，则较少地受到外在因素的影响，表现出更能自主地参加自己喜欢的体育休闲活动。同时，结果也反映了未婚男性的生活满意感可能与多因素有关，参与体育休闲并不是未婚男性评价生活满意感的重要因素。这可能与本研究被试选取大学生群体有关。研究认为，对于大学生群体，学业成就是影响生活满意感的最重要因素。所以，当今学习与就业的压力会造成这一群体有着较低的生活满意感。而对于女性已婚居民，在家人的影响和带动下，通常会更多地参与一些家庭组织形式的体育休闲活动。且随着年龄和月收入的增加，家庭子女教育和工作压力的减少，已婚女性会更关注自我的身心健康，从而促使她们会更多地关注或参与自己喜爱的体育休闲活动，并可能把体育休闲作为自己生活的一部分。而未婚女性则可能更多地把体育活动作为锻炼身体的方式。上述研究结果说明，社会人口状况作为客观因素在很大程度上影响着城镇居民的体育休闲和生活满意感，也反映了体育休闲在社会系统中主观特征和客观特征的关联程度，这与已有的研究结论一致。

第四节　体育休闲与生活满意感之间的关系分析

一、体育休闲与生活满意感的关系分析

休闲与生活质量关系解释理论认为,在休闲的社会体系中,同一性影响社会互动的形式,作用于个体的休闲兴趣与价值,由于休闲的发生是在社会体系中进行的,社会互动的结果会增强个体对休闲机会的认知。根据理论假设,本研究首先将体育休闲机会认知作为考察变量,对体育休闲价值观、社会互动两因素与体育休闲机会认知之间的关系进行了相关分析。相关矩阵所示(见表15-4),体育休闲价值观与体育休闲机会认知之间存在着显著的正相关关系($r=0.58,P<0.001$),而且体育休闲价值观的三个分维度(认同程度、喜欢程度、参与程度)与体育休闲机会认知之间都存在着正相关关系(分别为$r=0.43,P<0.001;r=0.55,P<0.001;r=0.53,P<0.001$)。同样,社会互动与体育休闲机会认知之间也存在着正相关关系($r=0.73,P<0.001$)。社会互动通过人际互动和媒体互动影响着体育休闲机会认知,变量之间也存在着有意义的正相关关系,包括人际互动($r=0.65,P<0.001$)、媒体互动($r=0.72,P<0.001$)。数据结果表明体育休闲价值观、社会互动与体育休闲机会认知变量之间表现出较强的相关。说明随着居民体育休闲价值观和社会互动的提高,体育休闲机会的认知程度也会提高。结果还显示,体育休闲价值观和社会互动之间也存在显著的相关关系($r=0.71,P<0.001$),并同时体现在两个变量的各个分指标中。这种相关关系倾向于解释体育休闲价值观和社会互动之间有着相互促进的作用:一方面随着社会互动的增加,居民对于体育休闲的认同、喜爱和参与程度也会随着提高;另一方面,随着居民体育休闲价值观的建立或提高,会促进居民更加关注与体育休闲有关的媒体报道和人际间的交流。这与已有的研究结论一致。

表15-4　本研究被试体育休闲价值观、社会互动、体育休闲机会认知及
生活满意感之间相关系数一览表($n=1531$)

	1	2	3	4	5	6	7	8	9
1.认知程度	1								

续表

	1	2	3	4	5	6	7	8	9
2.喜爱程度	0.64***	1							
3.参与程度	0.58***	0.76***	1						
4.价值观	0.82***	0.92***	0.90***	1					
5.人际互动	0.50***	0.69***	0.70***	0.72***	1				
6.媒体互动	0.45***	0.59***	0.59***	0.62***	0.77***	1			
7.社会互动	0.50***	0.68***	0.68***	0.71***	0.93***	0.95***	1		
8.机会认知	0.43***	0.55***	0.53***	0.58***	0.65***	0.72***	0.73***	1	
9.生活满意感	0.42***	0.42***	0.41***	0.47***	0.44***	0.38***	0.43***	0.46***	1

注: ** 表示 $P<0.01$; *** 表示 $P<0.001$。

根据理论模式,当休闲机会的认知度增加时,人们对生活质量的评估就会提高。所以,进一步我们以生活满意感为考察基点,对各因素与生活满意感的关系进行相关分析。在对体育休闲机会认知和生活满意感两个变量的关系考察中发现,体育休闲机会认知与生活满意感之间存在着有意义的正相关关系($r=0.46$, $P<0.001$)(见表 15-4)。可以推测,变量"体育休闲机会认知"对生活满意感具有显著的预测效应,说明当被试体育休闲机会认知度增强时,对生活满意感的评估也会提高。

对体育休闲价值观、社会互动与生活满意感之间的相关分析表明,体育休闲价值观和社会互动与生活满意感之间也存在着有意义的正相关关系(分别为 $r=0.47$, $P<0.001$; $r=0.43$, $P<0.001$)。也就是说,城镇居民随着体育休闲价值观的认识程度提高和社会互动的增加,生活满意感的自我评估也会随着提高。另外,被试的生活满意感与体育休闲价值观和社会互动的分指标之间也存在有意义的正相关关系,反映了城镇居民随着对体育休闲认同程度、喜爱程度和参与程度的提高,以及以体育休闲为内容的媒体互动和人际互动的增加,自我的生活满意感也会增加的趋势。说明城镇居民的生活的主观满意感与他们的体育休闲价值观、社会互动和体育休闲机会认知有关,体育休闲价值观、社会互动和体育休闲机会认知可能是生活满意感的预测变量,即在体育休闲的社会环境中,个体体育休闲价值观、社会互动和体育休闲机会认知可能是影响生活满意感主观评估的主要因素。

二、各变量之间的回归路径分析

基于以上的相关分析,结合本研究的理论,为了进一步探索各变量的路径关系,分别以社会互动对体育休闲价值观,体育休闲价值观对社会互动,社会互动、体育休闲价值观对体育休闲机会认知,社会互动、体育休闲价值观、体育休闲机会认知对生活满意感来考察各变量之间的路径关系(见表 15-5、表 15-6、表 15-7 和表 15-8),并构建了路径图(见图 15-1)。

表 15-5　本研究被试社会互动预测体育休闲价值观一览表($n=1531$)

	R	ΔR^2	β	ΔF	P
社会互动	0.71	0.50	0.71	37.85	0.000***

注:*** 表示 $P<0.001$;ΔR^2 为附加效应;ΔF 为 F 的变化比率;β 为标准区别功能系数。

表 15-6　本研究被试体育休闲价值观预测社会互动一览表($n=1531$)

	R	ΔR^2	β	ΔF	P
体育休闲价值观	0.71	0.50	0.71	39.37	0.000***

注:*** 表示 $P<0.001$;ΔR^2 为附加效应;ΔF 为 F 的变化比率;β 为标准区别功能系数。

表 15-7　本研究被试社会互动、体育休闲价值观预测体育休闲机会认知一览表($n=1531$)

		R	ΔR^2	ΔR^2	ΔF	β	t	P
第一步	社会互动	0.73	0.53	0.53	1744.19	0.65	26.18	0.000***
第二步	价值观	0.74	0.54	0.01	23.87	0.12	4.89	0.000***

注:*** 表示 $P<0.001$;ΔR^2 为附加效应;ΔF 为 F 的变化比率;β 为标准区别功能系数。

表 15-8　本研究被试社会互动、体育休闲价值观、体育休闲
机会认知预测生活满意感一览表($n=1531$)

		R	ΔR^2	ΔR^2	ΔF	β	t	P
第一步	机会认知	0.46	0.21	0.21	407.30	0.27	8.48	0.000***
第二步	价值观	0.53	0.28	0.07	68.31	0.31	9.83	0.000***
	社会互动					0.01	0.34	0.67

注:*** 表示 $P<0.001$;ΔR^2 为附加效应;ΔF 为 F 的变化比率;β 为标准区别功能系数。

从表 15-5 到表 15-8 中可见,社会互动和体育休闲价值观之间有着相互预测的作用($\beta=0.71$)。在体育休闲机会认知的预测模型中,社会互动和体育休闲价值观对体育休闲机会认知具有显著的预测作用,社会互动 $\beta=0.65$,体育休闲价值观 $\beta=0.12$。体育休闲价值观增加有意义的解释变化,

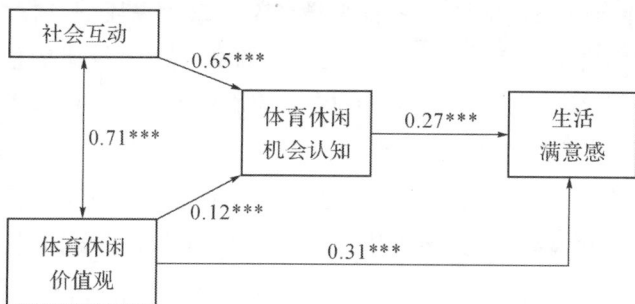

注：*** 表示 $P<0.001$。

图 15-1　体育休闲价值观、社会互动、体育休闲机会认知对生活满意感影响的路径图

$\Delta R^2 = 0.01$，$\Delta F = 23.87$，$P<0.001$，新增解释变量为 1％，达到显著水平。表明在控制社会互动变量的影响后，体育休闲价值观对体育休闲机会认知依然具有显著的预测作用。在以生活满意感为因变量的模型中，体育休闲机会认知、体育休闲价值观对生活满意感具有显著的预测作用。体育休闲价值观增加有意义的解释变化，$\Delta R^2 = 0.07$，$\Delta F = 68.31$，$P<0.001$，新增解释变量为 7％，达到了显著水平。表明在控制体育休闲机会认知变量的影响后，体育休闲价值观对生活满意感依然具有显著的预测作用。从回归系数 β 值看，体育休闲机会认知、体育休闲价值观对生活满意感都产生正向作用。模型还显示，社会互动没有进入方程，说明社会互动对生活满意感没有直接预测作用。

上述结果表明，体育休闲价值观与社会互动相互作用，正向影响体育休闲机会认知，体育休闲机会认知对生活满意感具有显著的预测作用，体育休闲价值观与社会互动对生活满意感的影响主要是通过对体育休闲机会认知的影响间接实现的。研究结果与王进对休闲与生活质量关系解释理论的阐述较为一致。实证说明人们对体育休闲机会的认知的提高，一方面通过社会学习和观察对自我体育休闲价值观的影响，另一方面还可以通过大众媒体和人际互动的形式。体育休闲的价值趋向和社会交流形成的体育休闲文化氛围为个体提供了一个社会认知的环境，从而增加了个体对体育休闲机会的认知度，进一步导致个体对生活满意感的主观评估增加。

从路径分析看，体育休闲价值观对生活满意感还具有直接的预测作用。结合相关矩阵，可以认为，人们对于体育休闲的认同程度、喜爱程度和参与程度等方面的不同，都会直接影响生活满意感的自我评估。这一结果可能与被试对于体育休闲价值观含义的理解有关。由于媒体的宣传及自身的认知和体验，人们更多地有着体育休闲能促进自我的身心健康的信念，在当今人们对健康日趋关注的社会环境中，愉悦的心情和健康的身体与生活满意感已密不可分。所以，随着城镇居民对体育休闲认同程度、喜爱程度和参与程度的提高，他们的生活满意感也在提高。这还值得我们进一步的探讨。

为了进一步考察体育休闲价值观和社会互动的各分指标对体育休闲机会认知及生活满意感的不同影响，研究分别以体育休闲价值观和社会互动的各分指标对体育休闲机会认知，体育休闲价值观和社会互动的各分指标、体育休闲机会认知对生活满意感进行路径分析（见表 15-9 和表 15-10）。最终构建路径模型如图 15-2 所示。

表 15-9　本研究被试社会互动、体育休闲价值观
各分指标预测体育休闲机会认知一览表（$n=1531$）

		R	R^2	ΔR^2	ΔF	β	t	P
第一步	媒体互动	0.72	0.52	0.52	1626.93	0.51	18.68	0.000***
第二步	人际互动	0.74	0.54	0.03	84.21	0.12	4.26	0.000***
第三步	喜爱程度	0.74	0.55	0.01	25.87	0.15	4.99	0.000***
第四步	认同程度	0.74	0.55	0.00	4.78	0.05	2.19	0.029*

注：* 表示 $P<0.05$；*** 表示 $P<0.001$。

表 15-10　本研究被试社会互动、体育休闲价值观各分指标、体育休闲
机会认知预测生活满意感一览表（$n=1531$）

		R	R^2	ΔR^2	ΔF	β	t	P
第一步	机会认知	0.46	0.21	0.21	407.30	0.29	9.04	0.000***
第二步	人际互动	0.54	0.29	0.08	35.06	0.17	4.36	0.000***
	认同程度					0.22	7.50	0.000***
	喜爱程度					0.03	0.68	0.49
	参与程度					0.05	1.47	0.14

注：*** 表示 $P<0.001$。

从表 15-4 可以看出，城镇居民的体育休闲机会认知与认同程度、喜爱程度、参与程度、媒体互动和人际互动等之间均存在着显著相关。因此，在体育休闲机会认知的预测模式中，我们引入这些分指标作为自变量，以体育休闲机会认知为因变量，回归分析得出了剔除参与程度以外的回归方程。这

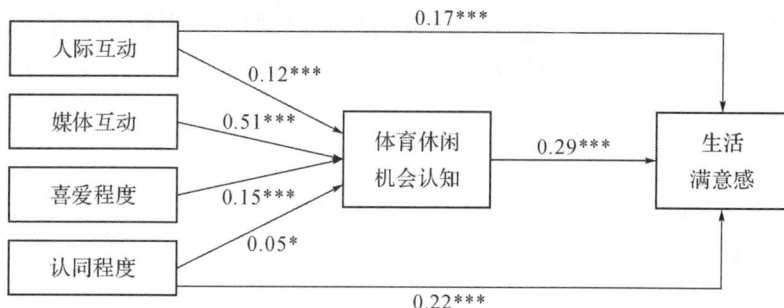

注：* 表示 $P<0.05$；*** 表示 $P<0.001$。

图 15-2　体育休闲价值观和社会互动各指标对体育休闲机会认知及生活满意感影响的路径图

可能与被试参与体育休闲的主观满足体验有关。根据逐步回归的结果(见表 15-9)，在体育休闲机会认知的预测模式中，有 4 种指标被选入回归方程，并建立了 4 个回归模型(数据略)。我们根据模型的 R^2 值选出统计意义最显著的预测模式。最终的回归方程包含了全部选中的 4 类指标，得出的结论是：影响居民体育休闲机会认知最大的是媒体互动，影响系数为 51；其次是喜爱程度，影响系数为 15；再次为人际互动，影响系数为 12；影响最小的是认同程度，影响系数是 5。由此说明，与其他分指标相比，媒体互动对体育休闲机会认知的影响较大，而认同程度的影响却非常小。

在生活满意感的预测模式中，采用分层回归的方法，首先输入变量体育休闲机会认知，第二步输入 5 个分指标，结果显示体育休闲机会认知、人际互动和认同程度表现出显著的预测作用(见表 15-10)。在控制体育休闲机会认知变量后，引入各分指标，人际互动和认同程度仍有着有意义的预测效应，增加有意义的解释变化，$\Delta R^2=0.08$，$\Delta F=35.06$，$P<0.001$，新增解释变量为 8%，达到了显著水平。从回归系数 β 值看，体育休闲机会认知、人际互动和认同程度对生活满意感都产生正向预测作用，分指标中认同程度对生活满意感的影响要强于人际互动。

路径分析说明媒体互动、人际互动、喜爱程度、认同程度一方面通过体育休闲机会认知间接作用于生活满意感，另一方面，人际互动和认同程度对生活满意感还具有直接的预测作用。分析认为，在与体育休闲有关的社会互动中，媒体互动、人际互动的共同作用，增进体育休闲机会的认知度；而体育休闲价值观的形成或改变过程，影响人们体育休闲机会认知的更多是喜爱程度和认同程度。它们共同通过体育休闲机会认知这个中间变量对生活满意感产生间接作用,同时人际互动和认同程度还直接对生活满意感产生作用。研究提示,对体育休闲的认同和以体育休闲为内容的人际互动已成为现代人评估生活满意感的指标之一。

第五节　体育休闲与生活满意感各变量之间的分层回归分析

一、年龄、体育休闲价值观、社会互动、体育休闲机会认知和生活满意感的路径分析

基于以上的相关分析,结合本研究的理论,进一步运用分层回归分析的方法来考察各变量之间的预测作用。首先,考察是否社会互动对体育休闲价值观会产生预测作用。具体步骤:第一步,输入社会互动;第二步,引入年龄这个变量,考察其对体育休闲价值观新增的解释量及其预测系数。其次,再考察是否体育休闲价值观对社会互动也同样会产生预测作用。具体步骤:输入体育休闲价值观,考察其对体育休闲价值观的预测系数。由于年龄对社会互动没有预测效应,故不输入年龄这个变量。第三,考察是否社会互动和体育休闲价值观会对体育休闲机会认知产生预测作用。具体步骤:第一步,输入社会互动;第二步,输入体育休闲价值观。由于年龄对体育休闲机会认知也没有预测效应,故不输入年龄这个变量。最后,考察是否社会互动、体育休闲价值观和体育休闲机会认知会对生活满意感产生预测作用。具体步骤:第一步,输入体育休闲机会认知;第二步,输入体育休闲价值观;第三步,输入社会互动;第四步,引入年龄这个变量,观察其对生活满意感新增的解释量极其预测系数。构建的路径模型如图 15-3 所示。

从表 15-11 到表 15-14 可见,社会互动和体育休闲价值观之间有着相互预测的作用,年龄正向预测体育休闲价值观。社会互动对体育休闲价值观的预测效应,在引入年龄变量后仍变得显著。在以体育休闲机会认知为因变量的模型中,社会互动和体育休闲价值观对体育休闲机会认知具有显著的预测作用,社会互动 $\beta=0.732$,体育休闲价值观 $\beta=0.113$。体育休闲价值观增加有意义的解释变化,$\Delta R^2=0.007$,$\Delta F=1749.830$,$P<0.001$,新增解释变量为 0.7%,达到显著水平。表明在控制社会互动变量的影响后,体育休闲价值对体育休闲机会认知依然具有显著的预测作用。在以生活满意感为因变量的模型中,体育休闲机会认知、体育休闲价值观和年龄对生活满意

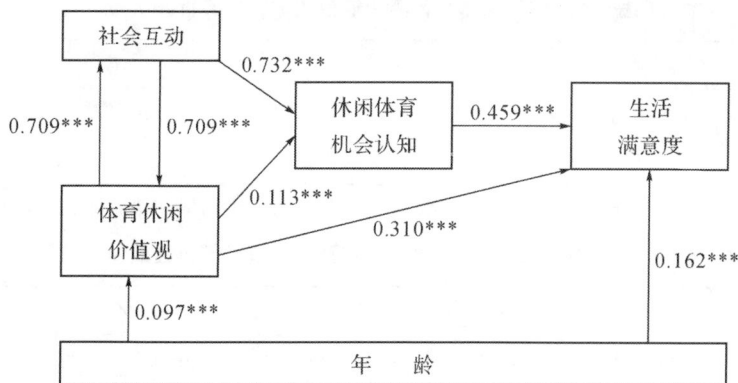

注：*** 表示 $P<0.001$。

图 15-3　休闲体育价值观、社会互动、体育休闲机会认知对生活满意度的影响路径图

感具有显著的预测作用。体育休闲价值观增加有意义的解释变化，$\Delta R^2 =$ 0.065，$\Delta F = 285.90$，$P<0.001$，新增解释变量为 6.5%；年龄也同样增加有意义的解释变化，$\Delta R^2 = 0.025$，$\Delta F = 161.936$，$P<0.001$，新增解释变量为 2.5%，都达到了显著水平。表明在控制体育休闲机会认知变量的影响后，体育休闲价值和年龄对生活满意感依然具有显著的预测作用。从回归系数 β 值看，体育休闲机会认知、体育休闲价值观和年龄对生活满意感都产生正向作用。此模型还显示，社会互动没有进入方程，说明社会互动对生活满意感没有直接的预测作用。

表 15-11　本研究被试社会互动预测体育休闲价值观一览表（$n=1531$）

	因变量	R^2	ΔR^2	ΔF	β	t
第一步	社会互动	0.502	0.502	1525.319***	0.709	39.055***
第二步	年龄	0.512	0.010	791.678***	0.097	5.422***

注：*** 表示 $P<0.001$；ΔR^2 为附加效应；ΔF 为 F 的变化比率；β 为标准区别功能系数。

表 15-12　研究被试体育休闲价值观预测社会互动一览表（$n=1531$）

因变量	R^2	F	β	t
体育休闲价值观	0.502	1525.319***	0.709	39.055***

注：*** 表示 $P<0.001$；β 为标准区别功能系数。

表 15-13 本研究被试社会互动、体育休闲价值预测体育休闲机会认知一览表($n=1531$)

	因变量	R^2	ΔR^2	ΔF	β	t
第一步	社会互动	0.536	0.536	1749.830***	0.732	41.831***
第二步	价值观	0.543	0.007	896.865***	0.113	4.571***

注:*** 表示 $P<0.001$;ΔR^2 为附加效应;ΔF 为 F 的变化比率;β 为标准区别功能系数。

表 15-14 本研究被试社会互动、体育休闲价值预测体育休闲机会认知一览表($n=1531$)

	因变量	R^2	ΔR^2	ΔF	β	t
第一步	机会认知	0.210	0.210	402.548***	0.459	20.065***
第二步	价值观	0.275	0.065	285.903***	0.310	11.569***
第三步	社会互动	0.275	0.000	190.561	0.016	0.429
第四步	年龄	0.300	0.025	161.936***	0.162	7.446***

注:*** 表示 $P<0.001$;ΔR^2 为附加效应;ΔF 为 F 的变化比率;β 为标准区别功能系数。

二、人际互动、体育休闲价值观、体育休闲机会认知和生活满意感的路径关系

为了进一步深入分析各变量及分变量的相互影响关系,研究采用路径分析的方法,从整体上考察体育休闲价值、社会互动、体育休闲机会认知和生活满意感的影响模型。

首先以人际互动对体育休闲价值观分变量认知程度、喜爱程度、参与程度,体育休闲价值观和人际互动对体育休闲机会认知,人际互动、体育休闲价值观、体育休闲机会认知对生活满意感来考察各变量之间的路径关系(见图 15-4)。

表 15-15 到表 15-17 显示,人际互动和体育休闲价值观分指标(认同程度、喜爱程度和参与程度)之间均有着预测效应,认同程度 $\beta=0.500$,喜爱程度 $\beta=0.680$,参与程度 $\beta=0.704$,$P<0.001$。在以体育休闲机会认知为因变量的模型中,人际互动和体育休闲价值观对体育休闲机会认知具有显著的预测作用,人际互动 $\beta=0.498$,体育休闲价值观 $\beta=0.215$,$P<0.001$,达到显著水平。表明人际互动和体育休闲价值对体育休闲机会认知具有显著的预测作用。在以生活满意感为因变量的模型中,体育休闲机会认知、体育休闲价值观和人际互动对生活满意感具有显著的预测作用,都达到了显著水平。表明体育休闲机会认知变量、体育休闲价值和人际互动对生活满意

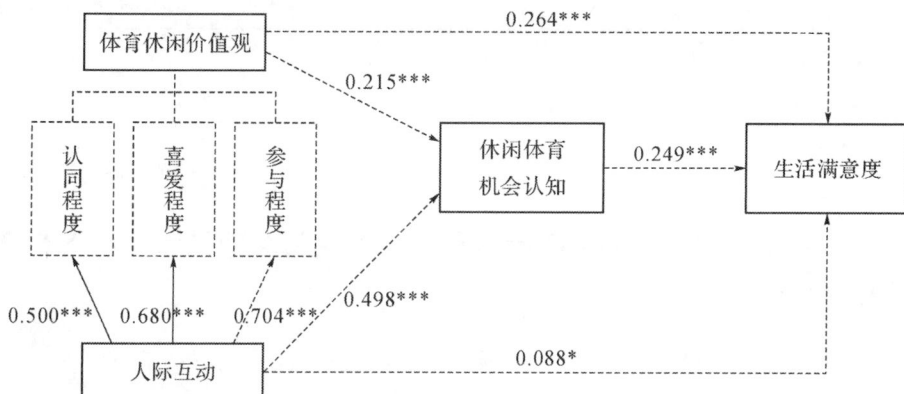

注：* 表示 $P<0.05$；*** 表示 $P<0.001$。

图 15-4　人际互动、休闲体育价值观、机会认知对生活满意度的影响路径图

感都具有显著的预测作用。从回归系数 β 值看，体育休闲机会认知、体育休闲价值观和人际互动对生活满意感都产生正向作用。模型还显示，人际互动和体育休闲价值观对生活满意感还具有直接的预测作用。

表 15-15　本研究被试人际互动对认知程度、喜爱程度、
参与程度的预测分析一览表（$n=1531$）

因变量	R^2	df	F	β	t	P
认知程度	0.250	1	508.073	0.500	22.540	0.000
喜爱程度	0.462	1	1305.801	0.680	36.136	0.000
参与程度	0.496	1	1491.549	0.704	38.621	0.000

表 15-16　本研究被试人际互动、体育休闲价值观
对体育休闲机会认知的预测分析一览表（$n=1531$）

因变量	R^2	df	F	β	t	P
价值观	0.449	2	614.863	0.215	6.472	0.000
人际互动				0.498	17.981	0.000

表 15-17　本研究被试休闲体育价值观、人际互动和休闲机会认知
对生活满意感的预测分析一览表（$n=1531$）

因变量	R^2	df	F	β	t	P
价值观	0.278	3	193.377	0.264	8.173	0.000

续表

因变量	R^2	df	F	β	t	P
人际互动				0.088	2.513	0.012
休闲机会认知				0.249	8.463	0.000

三、媒体互动、体育休闲价值观、体育休闲机会认知和生活满意度的影响的路径关系

以媒体互动对体育休闲价值观分变量的认知程度、喜爱程度、参与程度,体育休闲价值观和媒体互动对体育休闲机会认知,媒体互动、体育休闲价值观、体育休闲机会认知对生活满意度的影响来考察各变量之间的路径关系(见图 15-5)。

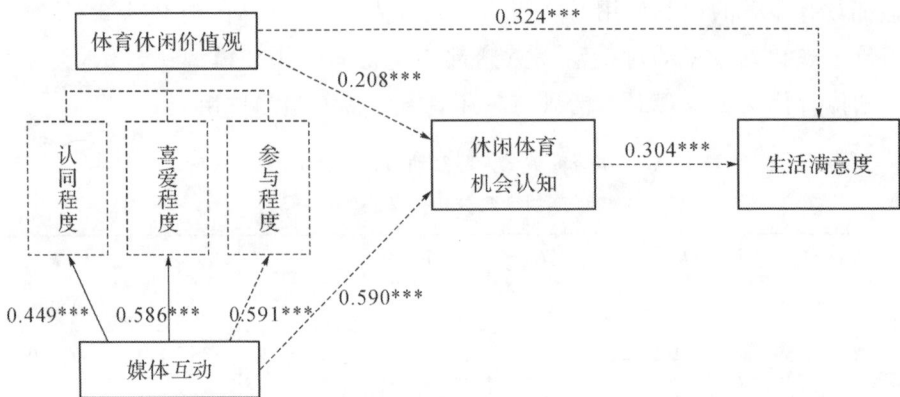

注:*** 表示 $P < 0.001$。

图 15-5 媒体互动、休闲体育价值观、机会认知对生活满意度的影响路径图

表 15-18、表 15-19、表 15-20 显示,媒体互动和体育休闲价值观分指标(认同程度、喜爱程度和参与程度)之间也均有着预测效应,认同程度 $\beta = 0.449$,喜爱程度 $\beta = 0.586$,参与程度 $\beta = 0.591$,$P < 0.001$。在以体育休闲机会认知为因变量的模型中,人际互动和体育休闲价值观对体育休闲机会认知具有显著的预测作用,人际互动 $\beta = 0.590$,体育休闲价值观 $\beta = 0.208$,$P < 0.001$,达到显著水平。这表明媒体互动和体育休闲价值对体育休闲机会认知具有显著的预测作用。在以生活满意度为因变量的模型中,体育休闲机会认知、体育休闲价值观和媒体互动对生活满意度具有显著的预测作用,都达到了显著水平。这表明体育休闲机会认知变量、体育休闲价值和媒

体互动对生活满意度都具有显著的预测作用。从回归系数 β 值看,体育休闲机会认知、体育休闲价值观和媒体互动对生活满意度都产生正向作用。模型还显示,体育休闲价值观对生活满意度还具有直接的预测作用,而媒体互动对生活满意度不存在直接的预测作用,只是通过体育休闲机会认知对生活满意度表现出间接的作用。由此可知,通常情况下,相对于人际互动,居民的媒体互动对生活满意度影响更小一些,对于体育休闲行为,参与群体的体育活动形式更有利于提升人们的生活满意度。

表 15-18　本研究被试媒体互动对认知程度、喜爱程度、
参与程度的预测分析一览表($n=1531$)

因变量	R^2	df	F	β	t	P
认知程度	0.202	1	385.165	0.449	19.626	0.000
喜爱程度	0.343	1	793.551	0.586	28.170	0.000
参与程度	0.349	1	814.624	0.591	28.542	0.000

表 15-19　本研究被试媒体互动、休闲价值观
对体育休闲机会认知的预测分析一览表($n=1531$)

因变量	R^2	df	F	β	t	P
价值观	0.544	2	903.084	0.208	9.360	0.000
媒体互动				0.590	26.623	0.000

表 15-20　本研究被试媒体互动、休闲价值观和休闲机会认知
对生活满意度影响的预测分析一览表($n=1531$)

因变量	R^2	df	F	β	t	p
价值观	0.275	3	191.395	0.324	11.243	0.000
媒体互动				-0.044	-1.293	0.196
休闲机会认知				0.304	9.374	0.000

四、认同程度、社会互动、体育休闲机会认知和生活满意感的路径关系

同样,以认同程度对社会互动分变量人际互动、媒体互动,社会互动和认同程度对体育休闲机会认知,认同程度、社会互动、体育休闲机会认知对

生活满意感来考察各变量之间的路径关系(见图 15-6)。

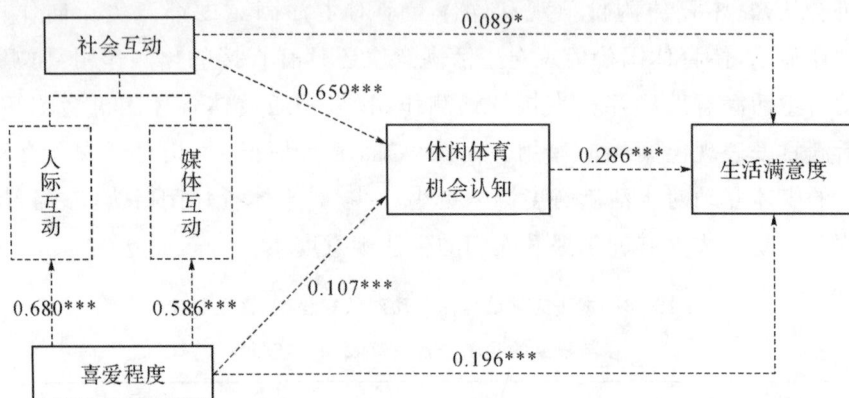

注:*** 表示 $P<0.001$。

图 15-6　认同程度、社会互动、机会认知对生活满意度的影响路径图

表 15-21、表 15-22、表 15-23 显示,体育休闲价值观分指标的认同程度和社会互动分指标(人际互动、媒体互动)之间均有着预测效应,人际互动 $\beta=0.500$,媒体互动 $\beta=0.449$,$P<0.001$。在以体育休闲机会认知为因变量的模型中,认同程度和社会互动对体育休闲机会认知具有显著的预测作用,社会互动 $\beta=0.688$,认同程度 $\beta=0.084$,$P<0.001$,达到显著水平。这表明社会互动和认同程度同时对体育休闲机会认知具有显著的预测作用。在以生活满意感为因变量的模型中,体育休闲机会认知、认同程度和社会互动对生活满意感具有显著的预测作用,都达到了显著水平。这表明体育休闲机会认知变量、认同程度和社会互动对生活满意感都具有显著的预测作用。从回归系数 β 值看,体育休闲机会认知、认同程度和社会互动对生活满意感都产生正向作用。模型还显示,社会互动和认同程度对生活满意感还具有直接的预测作用,且达到显著的水平。

表 15-21　本研究被试认同程度对人际互动、媒体互动的预测分析一览表($n=1531$)

因变量	R^2	df	F	β	t	P
人际互动	0.250	1	580.073	0.500	22.540	0.000
媒体互动	0.202	1	385.165	0.449	19.626	0.000

表 15-22　本研究被试认同程度、社会互动对体育休闲机会认知的预测分析一览表($n=1531$)

因变量	R^2	df	F	β	t	P
社会互动	0.538	2	884.446	0.688	34.139	0.000
认同程度				0.084	4.144	0.000

表 15-23　本研究被试认同程度、社会互动和休闲机会认知
对生活满意度影响的预测分析一览表($n=1531$)

因变量	R^2	df	F	β	t	P
社会互动	0.281	3	197.412	0.098	11.243	0.004
认同程度				0.260	10.278	0.000
休闲机会认知				0.277	8.642	0.000

五、喜爱程度、社会互动、体育休闲机会认知和生活满意感的路径关系

进一步,以喜爱程度对社会互动分变量人际互动、媒体互动,社会互动和喜爱程度对体育休闲机会认知,喜爱程度、社会互动、体育休闲机会认知对生活满意感来考察各变量之间的路径关系(见图 15-7)。

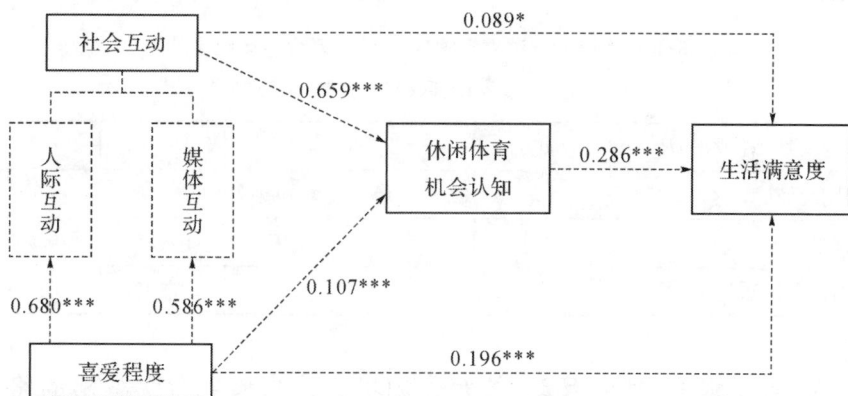

注:* 表示 $P<0.05$;*** 表示 $P<0.001$。

图 15-7　喜爱程度、社会互动、机会认知以及社会互动对生活满意度的影响路径图

表 15-24、表 15-25、表 15-26 显示,喜爱程度和社会互动分指标(人际互动和媒体互动)之间均有着预测效应,人际互动 $\beta=0.680$,媒体互动 $\beta=0.586$,$P<0.001$。在以体育休闲机会认知为因变量的模型中,喜爱程度和

社会互动对体育休闲机会认知具有显著的预测作用,社会互动 $\beta=0.659$;喜爱程度 $\beta=0.107$,$P<0.001$,达到显著水平。这表明社会互动和喜爱程度对体育休闲机会认知具有显著的预测作用。在以生活满意感为因变量的模型中,体育休闲机会认知、喜爱程度和社会互动对生活满意感具有显著的预测作用,都达到了显著水平。这表明体育休闲机会认知变量、社会互动和喜爱程度对生活满意感都具有显著的预测作用。从回归系数 β 值看,体育休闲机会认知、喜爱程度和社会互动对生活满意感都产生正向作用。模型还显示,社会互动和喜爱程度对生活满意感还具有直接的预测作用。

表 15-24　本研究被试喜爱程度对人际互动、媒体互动的预测分析一览表($n=1531$)

因变量	R^2	df	F	β	t	P
人际互动	0.462	1	1305.801	0.680	36.136	0.000
媒体互动	0.343	1	793.551	0.586	28.170	0.000

表 15-25　本研究被试喜爱程度、社会互动对体育休闲机会认知的预测分析一览表($n=1531$)

因变量	R^2	df	F	β	t	P
社会互动	0.540	2	892.030	0.659	28.263	0.000
喜爱程度				0.107	4.595	0.000

表 15-26　本研究被试喜爱程度、社会互动和休闲机会认知
对生活满意影响的预测分析一览表($n=1531$)

因变量	R^2	df	F	β	t	P
社会互动	0.250	3	168.311	0.089	2.418	0.016
喜爱程度				0.196	6.534	0.000
休闲机会认知				0.286	8.709	0.000

六、参与程度、社会互动、体育休闲机会认知和生活满意感的路径关系

最后,以参与程度对社会互动分变量人际互动、媒体互动,社会互动和参与程度对体育休闲机会认知,参与程度、社会互动、体育休闲机会认知对生活满意感来考察各变量之间的路径关系(见图 15-8)。

表 15-27、表 15-28、表 15-29 显示,参与程度和社会互动分指标(人际互

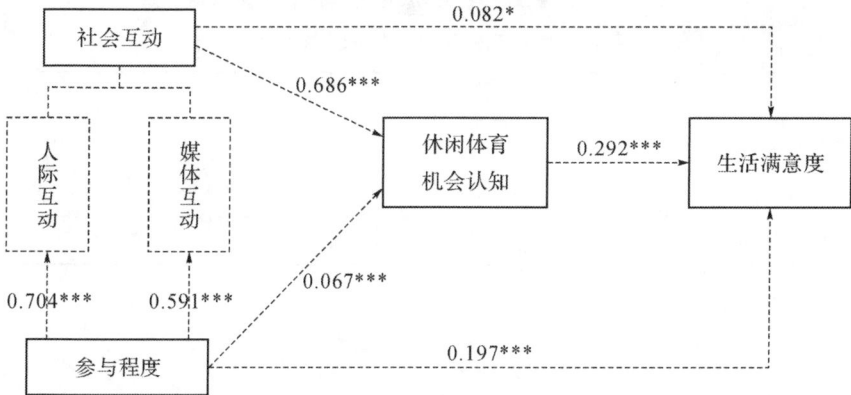

注:* 表示 $P<0.05$；*** 表示 $P<0.001$。

图 15-8　参与程度、社会互动、机会认知以及社会互动对生活满意度的影响路径图

动和媒体互动)之间均有着预测效应,人际互动 $\beta=0.704$,参与程度 $\beta=0.591,P<0.001$。在以体育休闲机会认知为因变量的模型中,喜爱程度和社会互动对体育休闲机会认知具有显著的预测作用,社会互动 $\beta=0.686$；参与程度 $\beta=0.067,P<0.001$,达到显著水平。这表明社会互动和参与程度对体育休闲机会认知具有显著的预测作用。在以生活满意感为因变量的模型中,体育休闲机会认知、参与程度和社会互动对生活满意感具有显著的预测作用,都达到了显著水平。这表明体育休闲机会认知变量、社会互动和参与程度对生活满意感都具有显著的预测作用。从回归系数 β 值看,体育休闲机会认知、参与程度和社会互动对生活满意感都产生正向作用。模型还显示,社会互动和参与程度对生活满意感还具有直接的预测作用。

表 15-27　本研究被试参与程度对人际互动、媒体互动的预测分析一览表($n=1531$)

因变量	R^2	df	F	β	t	P
人际互动	0.496	1	1491.549	0.704	38.621	0.000
媒体互动	0.349	1	814.624	0.591	28.542	0.000

表 15-28　本研究被试参与程度、社会互动对体育休闲机会认知的预测分析一览表($n=1531$)

因变量	R^2	df	F	β	t	P
社会互动	0.538	2	882.697	0.686	28.794	0.000
参与程度				0.067	2.817	0.005

表 15-29　本研究被试社会互动、参与程度和休闲机会认知
对生活满意度影响的预测分析一览表($n=1531$)

因变量	R^2	df	F	β	t	P
社会互动	0.249	3	16.150	0.082	2.159	0.031
参与程度				0.197	6.467	0.000
休闲机会认知				0.292	8.898	0.000

第六节　小　结

　　本研究运用休闲的社会心理学理论模式,把体育休闲作为主观现象放在社会系统中进行考察,运用实证研究探讨体育休闲与生活满意感的关系。结果证明了在体育休闲的社会环境中,个体体育休闲价值观、社会互动和体育休闲机会认知等是影响生活满意感评估的主要因素,并揭示了体育休闲对生活满意感的影响机制,即在体育休闲环境中,体育休闲价值观和社会互动相互作用,增加了个体的对体育休闲机会的认知度,从而增进对生活满意感的主观评估。同时实证研究还显示,体育休闲价值观具有直接对生活满意感产生预测的作用。

　　本研究抽取了不同性别、年龄、婚姻、月收入和文化程度等社会人口学因素的居民和学生为被试,对不同人口学特征的体育休闲价值观、社会互动和体育休闲机会认知进行了比较,结果发现,不同年龄组之间的体育休闲价值观存在显著差异,且 55 岁以上组>45～55 岁组>25～35 岁组>16～25岁组>35～45 岁组。55 岁以上年龄组的被试主要是退休人群,随着年龄的增长,他们从主观上比其他年龄组更关注自我的身体健康和休闲的生活,对体育休闲价值的认知程度较高。从客观条件上,退休后使他们有更多的时间和物质保障参与到体育休闲中去,体验到体育休闲带给他们的益处,从而进一步提升对体育休闲价值观的认识高度。同时参与体育休闲活动增加他们的人际交往,社会互动的结果又促进他们建立良好的体育休闲价值观。相比之下,35～45 岁年龄组的居民,正处于家庭、事业压力最大的时期,许多客观条件限制了他们参与体育休闲的机会,使他们比较少地关注或参与到体育休闲活动中,从而也影响了他们体育休闲价值观的建立。

　　对不同社会人口学被试的社会互动进行比较发现,社会互动在性别、年

龄、婚姻、月收入和文化程度的单因素方面无显著差异,但性别—月收入和性别—月收入—文化程度的交互效应显著。这说明被试性别、经济收入和文化程度三方面可能是影响社会互动的主要限制因素。也就是说,社会互动在有性别差异的同时还与经济收入和文化程度密切相关。从本研究被试分析,经济收入和文化程度较高的情况下,男性的社会互动明显高于女性。

研究同样对体育休闲机会认知进行了人口学差异比较,发现体育休闲机会认知在各因素主效应也都不显著。但婚姻—月收入的交互效应显著。未婚的月收入较高的被试有着较高的体育休闲机会认知度,这可能与这些被试群体主要选取学校里大、中学生有关,因为,相对于社会体育,学校体育课程和课外体育活动的开展以及目前学校体育场馆设施的齐全等条件,都会促进学生对体育休闲机会的认知度。

根据研究设计,我们对体育休闲的三个主观指标与生活满意感进行了相关分析。分析的结果显示,体育休闲价值观、社会互动与体育休闲机会认知以及体育休闲机会认知与生活满意感之间都存在着正相关关系,这一结果表明,把体育休闲放在社会系统中考察,个体体育休闲价值观和社会互动的认知度或参与程度提高时,体育休闲机会认知度也会随着增强;当人们对体育休闲认知度提高时,会增加生活满意感的主观评估。结果还显示,体育休闲价值观、社会互动与生活满意感之间也存在着正相关关系,说明休闲价值观、社会互动有可能具有直接预测生活满意感的作用。

为了总体上考察各个变量之间的关系,我们采用了回归分析的方法,结果表明,体育休闲价值观与社会互动相互作用,它们对生活满意感的影响主要是通过对体育休闲机会认知度的影响来实现的,因此,体育休闲机会认知是体育休闲价值观和社会互动影响生活满意感的中间变量。这说明人们对体育休闲机会的认知的提高,一方面通过社会学习和观察对自我体育休闲价值观的影响,另一方面还可以通过大众媒体和人际互动的形式。体育休闲的价值趋向和社会交流形成的体育休闲文化氛围为个体提供了一个社会认知的环境,从而增加个体对体育休闲机会的认知度,进一步,导致个体对生活满意感的主观评估增加。研究结果与理论模式的阐述较为一致。

从路径分析看,体育休闲价值观对生活满意感还具有直接的预测作用。结合相关矩阵,可以认为,人们对于体育休闲的认同程度、喜爱程度和参与程度等方面的不同,都会直接影响生活满意感的自我评估。这一结果可能与被试对于休闲价值观含义的理解有关。由于媒体的宣传和自身的体验,他们更多地有着体育休闲能促进自我的身心健康的信念,在当今人们对健康日趋关注的社会环境中,随着他们对体育休闲认知程度、喜爱程度和参与程度的提高的同时,他们的生活满意感也在提高。这还值得我们进一步的研究。通过以上实证研究得出以下结论:

体育休闲价值观和社会互动之间的相互作用可以增加城镇居民体育休闲机会的认知度,进而提高生活满意感的自我评估。同时,体育休闲价值观对生活满意感具有直接预测作用。

体育休闲价值观和社会互动的下位指标中,媒体互动、人际互动、喜爱程度和认同程度对体育休闲机会认知具有显著的预测作用,并通过体育休闲机会认知这个中间变量间接影响生活满意感。同时,人际互动和认同程度还具有直接影响生活满意感的作用。

最后,必须指出,由于受到方法学的限制,我们只能考察各因素间的单一影响路径,而难以测试和描述更复杂的因素结构,所以,在今后的研究中可尝试运用结构方程模式来进一步考察体育休闲与生活满意感的影响机制。另外,根据理论模式,人口学特征是体育休闲作用于生活满意感这个过程的客观限制因素,在不同的社会人口状况下,体育休闲对生活满意感的预测路径应有所区别。今后的研究可考虑观察更多的人口学因素的差异,且把人口学因素作为预测的协变量,测试不同人口学特征条件下体育休闲对生活满意感的预测作用。

主要参考文献

[1]艾尔·巴比.社会研究方法(第10版)[M].北京:华夏出版社,2006.

[2]奥利弗·博伊德—巴雷特,克里斯·纽博尔德.媒介研究的进路[M].北京:新华出版社,2004.

[3]蔡晓静.城市中年女性体育锻炼和生命质量现状调查研究[D].山西大学,2013.

[4]曹春宇.体育休闲与休闲体育关系之辩[J].广州体育学院学报,2009,29(1):57—60.

[5]曹继红.论休闲体育对人的个性发展的价值及其实现条件[J].沈阳体育学院学报,2005,24(2):31—33.

[6]柴志明,冯溪屏.社会学原理[M].杭州:浙江大学出版社,2005.

[7]陈建国,袁继芳.影响女性休闲运动的因素[J].安徽体育科技,2005,26(2):74—78.

[8]程娟.河南省农村居民生活质量满意度研究[D].西北农林科技大学,2007.

[9]陈立农,黄晓春.2008年广州国际休闲体育研讨会述评[J].广州体育学院学报,2008,28(2):8—11.

[10]陈玲.普通高校大学生休闲体育现状分析及影响因素的研究[D].华中师范大学,2007.

[11]陈钦.福州市居民休闲体育活动方式的阶层差异研究[D].福建师范大学,2006.

[12]陈世平,乐国安.城市居民生活满意度及其影响因素研究[J].心理科学,2001,24(6):664—666.

[13]陈天仁.从大众传播媒介的特点看体育信息传播的效果[J].体育科学,1989(4):16—19.

[14]陈新蕊.基于和谐社会建设视角的休闲体育功能和发展[J].重庆科技
学院学报(社会科学版),2013(6):181-182.

[15]陈新生等.我国城市社区休闲体育公共服务体系的结构与运行机制分
析[J].北京体育学报,2012,35(10):35-41.

[16]陈燕明.城市居民生活质量评价及影响因素研究[D].暨南大学,2011.

[17]陈珏芬.我国城镇居民生活质量的评估研究[J].数量统计与管理,
2006,25(2):178-185.

[18]陈章龙,周莉.价值观研究[M].南京:南京师范大学出版社,2004.

[19]崔凤华.休闲体育运动对人体健康的积极作用[J].石油教育,2002(5):
23-25.

[20]段文婷,江光荣.计划行为理论述评[J].心理科学进展,2008,16(2):315
-320.

[21]杜守东.老年人口的心理调适与健康老龄化[J].人口学刊,1997,6.

[22]董长云.城市居民休闲生活质量指标体系研究[D].浙江大学,2006.

[23]董进霞.影响我国女性休闲体育的几个社会问题[J].体育与科学,
2012,33(2):58-62.

[24]范柏乃.我国城市居民生活质量评价指标的构建与实际测度[J].浙江
大学学报(人文社会科学版),2006,36(4):122-131.

[25]方媛,季浏.我国老年人体育锻炼动机研究综述[J].北京体育大学学
报,2003,26(2):183-185.

[26]冯涛.能力型情绪智力对大学生生活满意度的预测研究[D].西南大
学,2006.

[27]符壮.岭南地区休闲体育可持续发展的思考[J].广州体育学院学报,
2011,31(2):34-37.

[28]高红艳.浙江省不同地域城镇居民体育休闲认知的调查[J].浙江体育
科学,2009,31(6):117-120.

[29]高红艳.浙江省城镇居民体育休闲价值观的人口学特征[J].浙江师范
大学学报,2010(1):112-116.

[30]高红艳,王进.城镇居民体育休闲与生活满意感的关系探索——以浙江
省居民为例[J].体育科学,2010,30(3):23-29.

[31]高红艳.基于体育休闲文化氛围下城镇居民社会互动的人口学特征分
析——以浙江省居民为例[J].浙江体育科学,2013,35(6):1-4.

[32]高红艳,姜小平.城镇居民体育休闲机会认知的人口学特征分析——以浙江省居民为例[J].浙江体育科学,2014,36(5):1—6.

[33]葛耀君,陆遵义.论大众传媒在体育信息传播活动中的作用[J].首都体育学院学报,2003(4)50—53.

[34]郭邦士.传播媒介对体育运动的影响[J].山西师大体育学院学报,2001(1):16—18.

[35]郭鲁芳.中国休闲研究综述[J].商业经济与管理,2005,161(3):76—79.

[36]郭茜.我国生活质量影响因素分析[D].首都经济贸易大学,2004.

[37]顾红.休闲体育锻炼对都市职业女性生活质量的影响[J].上海体育学院学报,2009,33(3):30—32.

[38]顾兴全,于可红.杭州城市居民体育休闲旅游行为及倾向特征研究[J].中国体育科技,2006,42(6):47—50.

[39]韩会君,饶纪乐.休闲体育的本质探析[J].广州体育学院学报,2006,26(1):90—93.

[40]何玲.青少年身体自尊与生活满意感的关系[D].北京体育大学,2002.

[41]胡春兰,赵仙伟.论休闲与体育休闲[J].体育与科学,2003,24(3):34—36.

[42]胡春旺,郭文革.我国城市休闲体育市场的消费阶层分析及发展对策[J].北京体育大学学报,2004,27(11):1461—1463.

[43]胡小明.体育休闲论[M].成都:四川科学技术出版社,2008.

[44]黄喆.浙江省高职大学生休闲体育内在动机和体验的调查研究[J].浙江体育科技,2006,29(3):47—50.

[45]黄长发.大学生休闲满意度与幸福感关系之研究[J].运动休闲餐旅研究,2006,1(1):25—41.

[46]黄志荣,谭先明,许惠玲等.不同经济地区居民体育价值观的差异比较[J].军事体育进修学院学报,2007,26(1):20—22.

[47]纪建敏,孙伟.中国休闲体育发展趋势研究[J].重庆大学学报(社会科学版),2009,15(4):130—132.

[48]贾晶.太原市中年女性休闲生活质量研究[D].山西财经大学,2010,3.

[49]蒋艳,李洪波.杭州市居民休闲时间的利用特征研究[J].经济导刊,2011,12:56—58.

[50]金盛华.社会心理学[M].北京:高等教育出版社,2005.

[51]靖芳,孙秀文.基于 SPSS 的无锡居民休闲生活满意度评价[J].现代商业,2011,27:260－261.

[52]孔祥华,王俊奇."休闲体育"的概念及理论诠释[J].广州体育学院学报,2007,27(3):70－73.

[53]赖勇泉.文化视野下的休闲体育观[J].广州体育学院学报,2007,27(1):59－63.

[54]兰久富.社会转型时期的价值观念[M].北京师范大学出版社,2005.

[55]李德明.论余暇体育与我国人民的生活质量[J].体育科刊,1999,(3):74－76.

[56]李金平,徐德均,邓科维等.体育锻炼对老年人生命质量的影响及相关因素分析[J].中国老年学杂志,2007,27(15):1505－1507.

[57]李睿恒,张学雷,张宝荣等.城市中青年人群休闲体育活动与生活质量关系的实证研究[J].现代预防医学,2010,37(4):706－708.

[58]黎霞芳.江西省城市居民休闲体育开展现状及其发展对策研究[D].江西师范大学体育学院,2006.

[59]林南,卢汉龙.生活质量的结构模型探讨[J].体育科刊,1989(4):75－97.

[60]林艳,陈章明.社会互动与老年人生活满意度相关性研究[J].中国老年学杂志,2007,27(12):1196－1197.

[61]林志超.余暇体育[M].北京:人民出版社,1994.

[62]刘德佩.体育价值观念的形成和变迁[J].体育科学,1987(3):5－9.

[63]刘华平.21 世纪初的中国休闲体育[J].北京体育大学学报,2000,23(1):15－16.

[64]刘娜.多维度视角下的高校休闲体育价值审视[J].山西师大体育学院学报,2009(2):53－55.

[65]刘一民.余暇体育[J].天津体育学院学报,1996(3):35－38.

[66]刘霞,蒲燕,胡明文等.休闲时代与体育休闲功能[J].内蒙古体育科技,2011,24(1):66－72.

[67]卢锋.休闲体育的社会功能探析[J].成都体育学院学报,2004,30(2):1－4.

[68]卢锋,刘喜山,温晓媛等.休闲体育活动的分类研究[J].成都体育学院学报,2006,40(12):59－61.

[69]陆小聪,张修枫.休闲与生活世界重建——上海都市休闲现状的实证研究[J].体育科学,2006,26(9):13—21.

[70]卢元镇.论消遣与娱乐[J].体育科学,1983(1):8—14.

[71]卢元镇.休闲的失落:中国传统文化的遗憾[J].体育文化导刊,2007,(1):7—8.

[72]罗春潮,黄碧珍.休闲:一个备受关注的研究领域[J].经济与社会发展,2005,3(9):178—180.

[73]罗林.休闲体育的认识深化及在我国的发展研究[D].苏州大学,2006.

[74]马惠娣,刘耳.西方休闲学研究评述[J].自然辩证法研究,2001,17(5):45—49.

[75]马惠娣.休闲—文化哲学层面的透视[J].自然辩证法研究,2000,16(1):59—64.

[76]梅尔文·德弗勒,埃弗雷特·丹尼斯.大众传播通论[M].颜建军等译.北京:华夏出版社,1989.

[77]孟庆方,林勇虎.关于体育活动与生活质量关系的研究现状及前景展望[J].山东体育学院学报,2003,19(4):17—18.

[78]倪欣.对南京市高校不同年级大学生的体育价值观特点分析[J].南京体育学院学报,2003,17(1):86—88.

[79]彭说龙,黄炜皓.普通高校生和高校运动员体育价值观的比较[J].广州体育学院学报,1995,15(4):82—87.

[80]彭说龙.广州东京两地大学生体育价值观的比较[J].广州体育学院学报,1997,17(4):15—19.

[81]皮学菊.嘉兴市社区休闲体育的现状调查与对策研究[J].浙江体育科学,2007,29(5):86—90.

[82]岑传理.电视传媒的发展对体育产业的影响[J].北京体育大学学报,2002(25):433—436.

[83]邱亚君.基于文化因素的中国女性休闲限制模型构建[J].中国体育科技,2007,43(4):10—14.

[84]邱亚君.休闲体育行为发展阶段动机和限制因素研究[D].浙江大学,2009.

[85]邱亚君.中国女性休闲体育行为限制因素的质性研究——基于社会性别理论的视角[J].体育科学,2012,32(8):25—39.

[86]任娜.生活质量主观指标研究——一项关于城市居民生活质量的调查
[D].武汉大学,2013.

[87]闪媛媛.休闲城市评价指标体系研究[J].昆明大学学报,2008,19(4):
52—55.

[88]盛克庆,王志刚等.大众传播媒介对大学生参与体育的作用和力度研究
[J].浙江体育科学,1999,21(5):53—56.

[89]石晓萍.民俗体育文化对城镇居民休闲体育价值观念的影响[J].体育
科技文献通报,2007,15(4):71—73.

[90]石振国,陈培友,田雨普等.我国城市居民休闲体育社会影响因素调查
分析[J].武汉体育学院学报 2006,40(6):59—63.

[91]石振国,孙冰川,田雨普等.我国五城市居民休闲体育现状的调查分析
[J].武汉体育学院学报,2007,41(4):84—95.

[92]施拉姆·波特.传播学概论[M].陈亮等译.北京:新华出版社,1984.

[93]司磊,沈久城,刘元强等.试论"休闲体育"与"休闲体育"[J].体育文化
导刊,2006(2):53—55.

[94]宋瑞.休闲与生活质量的量化考察:国外研究进展与启示[J].旅游学
刊,2006,21(12):48—52.

[95]孙晓伟,付道华.我国休闲体育传播的现状和趋势[J].体育文化导刊,
2008(3):81—84.

[96]苏富高.杭州居民休闲生活质量影响因素研究[D].浙江大学,2007.

[97]孙利红.大学生休闲运动与主观幸福感[J].咸宁学院学报,2006,26
(6):147—149.

[98]孙敏.休闲体育对北京市城区居民生活质量影响的研究——以北太平
庄街道为例[D].首都体育学院,2013.

[99]孙永梅.大学生休闲体育活动与生活质量的关系[J].安徽体育科技,
2011(4):81—89.

[100]郜小丽,朱春阳.当前媒体引导休闲文化的批判研究[J].国际新闻界,
2006(11):44—48.

[101]田慧,周虹.休闲、休闲体育及其在中国的发展趋势[J].体育科学,
2006,26(4):67—70.

[102]田芝兰.中职教师休闲体育活动与生活质量关系的实证研究[J].群体
研究,2012(1):89—91.

[103]屠文淑.社会心理学理论与应用[M].北京:人民出版社,2002.

[104]童清艳.超越传媒——揭开媒介影响受众的面纱[M].北京:中国广播电视出版社,2002.

[105]童莹娟,李秀梅.城镇居民休闲体育的影响因素研究[J].体育文化导刊,2007(11):10—12.

[106]王斌.对影响休闲体育文化价值取向的社会因素的分析[J].广州体育学院学报,2004,24(5):120—122.

[107]王洪明.整合的调节——缓冲模型:一种新的主观幸福感理论[J].中国心理卫生杂志,2003,17(12):817—819.

[108]王进.态度与行为[R].浙江大学讲义,2006.

[109]王进.论休闲经济时代中休闲体育的价值[J].解放军体育学院学报,2005(2):71—73.

[110]王进.休闲与生活质量的理论辨析[J].体育科学,2005,25(11):62—65.

[111]王凯,周长城.生活质量研究的新发展:主观指标的构建与运用[J].国外社会科学,2004(4):38—42.

[112]董丽岩.休闲体育:人性的回归[J].沈阳体育学院学报,2004,23(2):24—25.

[113]王玲玲.大众传播对现代休闲理念的影响与作用[J].浙江社会科学,2005(4):82—86.

[114]王俊.我国休闲体育可持续发展的若干思考[J].武汉体育学院学报,2007,41(2):94—96.

[115]王俊奇.论休闲体育的价值[J].天津体育学院学报,2008(2):137—139.

[116]王克静,王振宏,戴雅玲等.主观幸福感影响因素的理论与实证简析[J].西安文理学院学报(社会科学版),2013,16(2):45—49.

[117]王素云.影响国民休闲生活质量的因素分析[J].河南商业高等专科学校学报,2012,25(6):66—72.

[118]王小波.女性休闲——解析女性的新视角[J].浙江学刊,2002(5):201—206.

[119]王晓红.2008北京奥运会对我国休闲体育的影响[J].前沿,2008(1)85—87.

[120]王裕桂.城镇居民媒体传播与体育休闲价值观的关系[D].浙江大学,2008.

[121]魏薇.休闲体育与生活质量[J].浙江体育科学,1997,19(1):56—59.

[122]吴宝升,沈建华.香港与大连两地大学生体育价值观的比较研究[J].体育科学研究,2001,5(1):9—11.

[123]吴超.我国女性休闲初探[J].中华女子学院山东分院学报,2002(4):19—22.

[124]吴崇旗.休闲参与、休闲满意度及主观幸福感之间线性结构关系模式建构与验证[J].休闲运动,2006(5):153—165.

[125]吴德勤,朱磊.略论休闲体育的两重象征意义[J].体育科学,2006,26(9):79—81.

[126]吴明霞.30年来西方关于主观幸福感的理论发展[J].心理学动态,2000,8(4):23—28.

[127]席玉宝,高升,杨彬.试论休闲与休闲体育[J].中国体育科技,2004(1):51—54.

[128]熊欢.论休闲体育对城市女性社会空间的建构与影响因素[J].北京体育大学学报,2012,35(8):11—16.

[129]许琳琳.城市居民休闲生活质量评价研究[D].福建师范大学,2010.

[130]许仲槐等.广东开放城市居民体育价值观的新积淀[J].体育科学,1994,14(1):4—9.

[131]徐芸,刘松.城市居民休闲生活质量评价实证研究[J].常州工学院学报,2013,26(3—4):65—68.

[132]闫永江,程冬艳,何洋.休闲体育行为特征分析[J].沈阳体育学院学报,2006,25(5):37—40.

[133]叶秀山.思・史・诗——现象学和存在哲学研究[M].北京:人民出版社,1988.

[134]殷晓旺,张力为.大学生身体、学业自我与生活满意感的关系[J].体育科学,2005,2(2):38—41.

[135]游松辉,花常花,汪继兵等.长三角区域体育休闲城市建设研究——基于上海的实证分析[J].北京体育大学学报,2012,35(7):31—35.

[136]俞继英.体育与健身[M].北京:人民体育出版社,1996.

[137]俞琳.上海市居民休闲体育参与行为研究[C].首届中国体育产业学术

会议文集,2005.

[138]约翰·费斯克等.关键概念——传播与文化研究辞典[M].李彬译注.
北京:新华出版社,2004.

[139]约翰·凯利.走向自由——休闲社会学新论[M].昆明:云南人民出版
社,2000.

[140]曾芊.论休闲体育的心理健康价值[J].广州体育学院学报,2006,26
(3):25-27.

[141]曾其令,郑小平.高校教师休闲体育活动与生活质量的关系的实证研
究[J].军事体育进修学院学报,2011,30(2):107-109.

[142]赵臣.体育休闲与生活满意度理论模型分析[D].浙江大学,2008.

[143]张宝荣,葛艳荣,常彦君等.城市居民休闲体育活动与生活质量关系
[J].中国公共卫生,2008,24(7):869-870.

[144]张广瑞,宋瑞.关于休闲的研究[J].社会学家,2001,16(5):21-23.

[145]张广林,王俊奇.论休闲体育的价值[J].天津体育学院学报,2008,23
(2):137-139.

[146]张洪忠,传播学的议程设置理论与框架理论关系探讨[EB/OL].
www.66wen.com,2006-09-17.

[147]张力为,张立敏.主观身体评价与生活满意感:开放式问卷的检验[J].
体育科学,2002,22(5):114-118.

[148]张敏.教练员休闲体育活动与生活质量关系的实证研究[J].科技文
汇,2011(6):152-154.

[149]张娜.城镇居民体育休闲机会认知的性别差异分析[J].科技信息,
2012(12):263.

[150]周爱光.体育休闲本质的哲学思考[J].体育学刊,2009,16(5):1-6.

[151]周爱光.儒家休闲哲学与体育休闲观[J].体育科学,2008,28(11):72
-77.

[152]周兵等.休闲体育[M].桂林:广西师范大学出版社,2000.

[153]邹大华.运动、休闲、健身[M].上海:上海科学技术文献出版社,1996.

[154]周蓉晖.休闲体育的生物学价值[J].广州体育学院学报,2007,27(1):
66-68.

[155]周韵.电视传媒对青少年价值观影响探析[D].南京师范大学,2007.

[156]ALLEN L. Benefits of Leisure Attributes to Community Satisfaction

[J]. J Leisure Res,1990,22(2):183-196.

[157]ARAI S P A. Building Communities through Leisure: Citizen Participation in a Healthy Communities Initiative[J]. J Leisure Res, 1997,29:167-182.

[158]AULDC J, CASE A J. Social Exchange Processes in Leisure and Non-leisure Setting: A Review and Exploratory Investigation [J]. J Leisure Res,1997,29(2):183-200.

[159] Park B K. The relationship between leisure sports participation and lifestyle of adult women[C]. Proceedings of the 9th Russian-Korean International Symposium, 26 June-2 July, 2005:970-973.

[160]DIENER E. Subjective Well-being[J]. Psychological Bulletin,1984,95 (3):542-575.

[161]CHICKG D. Constraints to Leisure,Cultural Constraints on Leisure [M]. State Collage: Venture Publishing Inc,2005.

[162]CLARKSM, HARVEYAS, SHAWSM. Time Use and Leisure: Subjective and Objective Aspects [J]. Social Indicators Research, 1990,23(4),337-352.

[163]CRAWFORDDW, JACKSONEL, GODBEYG. A Hierarchical Model of Leisure Constrains [J]. Leisure Sci, 1991,13(4):309-320.

[164]CSIKSZENTMIHALYIJ E. Flow: The Psychology of Optimal Experience [M]. New York: Harper Row,1990.

[165]COBB P. Where is the Mind? Constructivist and Socio-cultural Perspectives on Mathematical Development[J]. Edu Res,1994,23(7): 13-20.

[166] DOWARDL C, MCKENNA S P, MEADSD M . Effectiveness of Needs-based Quality of Life Instruments[J]. Value in Health,2004,7 (1):35-38.

[167]FELCE D, PERRY J. Assessment of Quality of Life [M].// SCHALOCK R L. Quality of Life, Volume1: Conceptualization and Measurement. Washington: American Association on Mental Retardation,1996:63-73.

[168]GELLER E, NIMMER J . Integration of Applied Behaviour Analysis

and Social Marketing[M]. // SAMLI A. Marketing and the Quality of Life Interface. New York: Quorum Books,1987:253-276.

[169]GLANCY M, LITTLE S L . Studying the Social Aspects of Leisure: Development of the Multiple-method Field Investigation Model (MMFI)[J]. J Leisure Res, 1995, 27(4): 305-325.

[170]GODBEY G. Leisure in your life: an exploration Leisure[M]. State College: Venture Publishing Inc,1994.

[171]HAWKINS B,FOOSE A K,BINKLEY A L. Contribution of Leisure to the Life Satisfaction of Older Adults in Australia and the United States[J]. World Leisure J,2004,46(2):4-12.

[172] Helmut Digel. Sports in a Changing Society [M]. Schomdorf Germany: Verlag Karl Hofmann,1995.

[173] HEMINGWAY J. Critique and Emancipation: To wards a Critical Theory of Leisure[M]. // BURTON T L, JACKSON E L. Leisure Studies: Prospects for the 21' Century. State College, PA: Venture, 1999:487-506.

[174] HENDERSON K A. The Meaning of Leisure for Women: An Integrative Review of the Research[J]. J Leisure Res, 1990, 22: 228-243.

[175] HENDERSON K A, PRESLER J, BIALESCHKI M D. Theory in Recreation and Leisure Research: Reflections from the Editors[J]. Leisure Sci,2004,26(4):411-425.

[176]JEFFER L W, DOBOS J. Perception of Leisure Opportunities and the Quality of Life in a Metropolitan Area[J]. J Leisure Res,1993,25(2): 203-217.

[177]JOHNSEN E P, CHRISTEJ F. Play and Social Cognition[M]. // Smith S B, Byrne K D. The Masks of Play. New York: Leisure Press,1984:109-119.

[178]KAHN R L, JUSTER F T. Welling-being: Concept and Measure[J]. J Social Issnes,2002,58(4):627-644.

[179]KAHN R L, JUSTER F T. Well-being: Concept and Measures[J]. J Social Issues, 2002,58(4):627-644.

[180]KATHY L. Planning for Leisure: Issues of Quality of Life[J]. Social Alternative, 1996,15(2):19-23.

[181]KELLY J R. Leisure Identities and Interaction[M]. London: Allen Unwin,1983.

[182]KERNAN J, UNGER L. Leisure, Quality of Life, and Marketing [M]. // SAMLI A. Marketing and the Quality of Life Interface. New York: Quorum,1987:236-252

[183]KRAVS R. Recreation and Leisure in Modern Society(6th ed)[M]. Sudbury,MA:Jones Bartlett,2001.

[184]LACKSON L. Leisure Activities and Quality of Life[J]. Parks Rec, 1988,23(4):19-20.

[185]LEUNG J P, LEUNG K. Life Satisfaction Self-concept, and Relationship with Parents in A adolescence[J]. J Youth Adolescence, 1992(21):653-665.

[186]LUGER M I. Quality-of-life Differences and Urban and Regional Outcomes: A Review [J]. Housing Policy Debate, 1996, 7 (4): 749-771.

[187]Mannell R C,Kleiber D A A. Social psychology of leisure[M]. PA: Venture Publishing Inc,1997.

[188]MARQUEZ D X, MCAULEY E, OVERMAN N. Psychological Correlaes and Outcomes of Physical Activity among Latinos: A Review[J]. Hispanic J Behavioral Sci,2004,26(2):195-229.

[189]MARSDEN P V, REED J S, KENNEDY M D, et al. American Regional Cultures and Differences in Leisure Time Activities [J]. Social Forces,1982, 60(4):1023-1049.

[190]MEGONE C . The Quality of Life-Starting from Aristotle[M].// SBALDWIN C, GODFREY C P. Quality of Life: Perspectives and Policies. London:Routledge, 1990: 28-41.

[191] DROOMERS M, SCHRIJVERS C T M, MHEEN H, et al. Educational differences in leisure-time physical inactivity: a descriptive and explanatory study[J]. Social Science & Medicine, 1998, 47(11): 1665-1676.

[192] McCOMB M, SHAW D. The Agenda—Setting Function of Mass Media[J]. Public Opinion Quarterly,1972:176-187.

[193] MOORE B. Is,Quality of Life, Suffi-ciently well Defined to be an Outcome of Leisure Services? [J]. J Phy Edu,Rce Dance,2002,73 (6):20-26.

[194]MOLLERV. Spare Time Use and Perceived Well-being among Black South African Youth[J]. Social Indicators Res,1992,26:309-351.

[195]MURRAYM, NELSONG, POLANDB, et al. Assumptions and Values of Community Health Psychology[J]. J Health Psy,2004,9 (2):323-333.

[196]MYERS D. Community-relevant Measurement of Quality of Life: A Focus on Local Trends' Urban[J]. Affairs Q,1987,23(1):108-125.

[197]SCHALOK R L. The Concept of Quality of Life: What We Know and do not Know[J]. J Intellectual Disability Res,2004,48(3):203-216.

[198]SCHALOCK R L, BONHAM G S. Measuring Mutcomes and Managing for Results [J]. Evaluation Program Plan, 2003, 26: 229-235.

[199]SHAW S M . The Concept of Leisure: A Comparison of Subjective and Objective Approaches to Operationalization[C]. //Avedon E M, Le Lievre M, Stewart T O. Contemporary Leisure Research. Proceedings of the Canadian Congress on Leisure Research, Second Toronto, Ontario: Ontario Research Council on Council on Leisure, 1979.

[200]SHAW M. The Meaning of Leisure in Everyday Life [J]. Leisure Sci, 1985,7:1-24.

[201]STORRMANN W. The Recreation Profession,Capital,and Democracy [J]. Leisure Sciences,1993,15:49-66.

[202]PARRM G, LASHUAB D . What is Leisure? The Perception of Recreation Practitioner and Others[J]. Leisure Sci,2004,26:1-17.

[203]PETRENKO V F, MITINA O V. A Psychosemantic Analysis of the Dynamics of Russian Life Quality(1917 to 998)[J]. Eur Psy,1998,6 (1):1016-9040.

[204]UNGER L S, KEMAN J B. Leisure and the QOL Construct: A Review and Some Modest Proposals[J]. Advances Consumer Res, 1981,81(1):607-611.

[205]UNGER L S. The Effect of Situational Variables on the Subjective Leisure Experience[J]. Leisure Sci, 1984,6(3): 291-312.

[206]WATKINS M. Ways of Learning about Leisure Meanings [J]Leisure Sci,2000,22: 93-107.

[207]WENDELVOS G C W,SCHUIT A J,TIJHUIS M A R. Lisure Time Physical Activity and Health-related Quality of Life: Cross-sectional and Longitudinal Association[J]. Q Life Res,2004,13(3):667-677.

[208]WINTERS E R, PETOSA A R L, BUT-B T E C. Using Social Cognitive Theory to Explain Discretionary, "Leisure time"Physical Exercise among High School Students[J]. J Adolescent Health, 2003,32(6):436-442.

索　引